本书列入

2017年国家社会科学基金重大委托项目
"十三五"国家重点图书出版规划项目

中华传统文化百部经典

水经注（节选）

郦道元 著

李晓杰 解读

科学出版社

图书在版编目（CIP）数据

水经注：节选／（北魏）郦道元著；李晓杰解读 . ——
北京：科学出版社，2022.6
（中华传统文化百部经典／袁行霈主编）
ISBN 978-7-03-072637-7

Ⅰ. ①水… Ⅱ. ①郦… ②李… Ⅲ. ①古水道－历史－
地理－中国 ②《水经注》－注释 Ⅳ. ① K928.4

中国版本图书馆 CIP 数据核字（2022）第 107117 号

科学出版社官方微信　　科学商城二维码

书　　名	水经注（节选）
著　　者	（北魏）郦道元　著　李晓杰　解读
责任编辑	李春伶　李秉乾
责任校对	张亚丹
封面设计	敬人工作室　黄华斌

出版发行　科学出版社（100717　北京市东城区东黄城根北街 16 号）
　　　　　010-64031293　64017321　64030059　64034548
　　　　　64009435（图书馆）　64034142（网店）
E－Mail　lichunling@mail.sciencep.com
网　　址　www.sciencep.com
印　　装　北京科信印刷有限公司
版次印次　2022 年 6 月第 1 版　2025 年 5 月第 2 次印刷

开　　本　710×1000（毫米）　1/16
印　　张　28.5　插页 1
字　　数　252 千字
书　　号　ISBN 978-7-03-072637-7
定　　价　82.00 元（精装）

编纂缘起

文化是民族的血脉，是人民的精神家园。党的十八大以来，围绕传承发展中华优秀传统文化，习近平总书记发表了一系列重要讲话，深刻揭示出中华优秀传统文化的地位和作用，梳理概括了中华优秀传统文化的历史源流、思想精神和鲜明特质，集中阐明了我们党对待传统文化的立场态度，这是中华民族继往开来、实现伟大复兴的重要文化方略。2017 年初，中共中央办公厅、国务院办公厅印发《关于实施中华优秀传统文化传承发展工程的意见》，从国家战略层面对中华优秀传统文化传承发展工作作出部署。

我国古代留下浩如烟海的典籍，其中的精华是培育民族精神和时代精神的文化基础。激活经典，熔古铸今，是增强文化自觉和文化自信的重要途径。多年来，学术界潜心研究，钩沉发覆、辨伪存真、提炼精华，做了许多有益工作。编纂《中华传统文化百部经典》（简称《百部经典》），就是在汲取已有成果基础上，力求编出一套兼具思想性、学术性和大众性的读本，使之成为广泛认同、传之久远的范本。《百部经典》所选图书上起先秦，下至辛亥革命，包括哲学、文学、历史、艺术、科技等领域的重要典籍。萃取其精华，加以解读，旨在搭建传统典籍与大众之间的桥梁，激活中华优秀传统文化，用优秀传统文化滋养当代中国人的精神世界，提振当代中国人的文化自信。

这套书采取导读、原典、注释、点评相结合的编纂体例，寻求优秀传统文化与社会主义核心价值观之间的深度契合点；以当代眼光审视和解读古代典籍，启发读者从中汲取古人的智慧和历史的经验，借以育人、资政，更好地为今人所取、为今人所用；力求深入浅出、明白晓畅地介绍古代经典，让优秀传统文化贴近现实生活，融入课堂教育，走进人们心中，最大限度地发挥以文化人的作用。

《百部经典》的编纂是一项重大文化工程。在中宣部等部门的指导和大力支持下，国家图书馆做了大量组织工作，得到学术界的积极响应和参与。由专家组成的编纂委员会，职责是作出总体规划，选定书目，制订体例，掌握进度；并延请德高望重的大家耆宿担当顾问，聘请对各书有深入研究的学者承担注释和解读，邀请相关领域的知名专家负责审订。先后约有 500 位专家参与工作。在此，向他们表示由衷的谢意。

书中疏漏不当之处，诚请读者批评指正。

2017 年 9 月 21 日

凡　例

一、《中华传统文化百部经典》的选书范围，上起先秦，下迄辛亥革命。选择在哲学、文学、历史、艺术、科技等各个领域具有重大思想价值、社会价值、历史价值和学术价值的一百部经典著作。

二、对于入选典籍，视具体情况确定节选或全录，并慎重选择底本。

三、对每部典籍，均设"导读""注释""点评"三个栏目加以诠释。导读居一书之首，主要介绍作者生平、成书过程、主要内容、历史地位、时代价值等，行文力求准确平实。注释部分解释字词、注明难字读音，串讲句子大意，务求简明扼要。点评包括篇末评和旁批两种形式。篇末评撮述原典要旨，标以"点评"，旁批萃取思想精华，印于书页一侧，力求要言不烦，雅俗共赏。

四、原文中的古今字、假借字一般不做改动，唯对异体字根据现行标准做适当转换。

五、每书附入相关善本书影，以期展现典籍的历史形态。

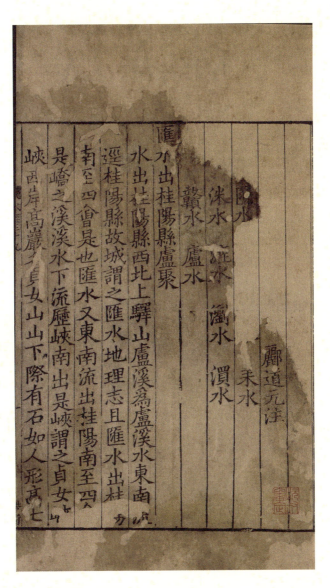

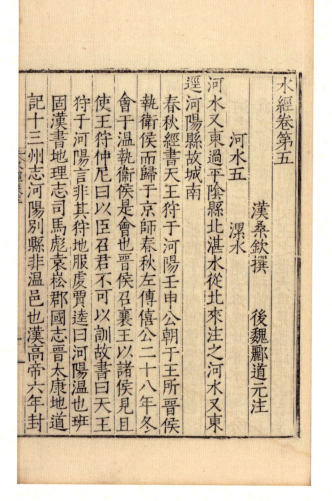

漢桑欽撰　　後魏酈道元注

河水五

漯水

河水又東過平陰縣北湛水從北來注之河水又東

逕河陽縣故城南

春秋經書天王狩于河陽壬申公朝于王所晉侯

執衛侯而歸于京師春秋左傳僖公二十八年冬

會于溫執衛侯是會也晉侯召襄王以諸侯見且

使王狩仲尼曰以臣召君不可以訓故書曰天王

狩于河陽言非其狩地服虔賈逵曰河陽溫也班

固漢書地理志司馬彪袁崧郡國志晉太康地道

記十三州志河陽別縣非溫邑也漢高帝六年封

水经注四十卷　　（北魏）酈道元撰　明嘉靖十三年（1534）黄省曾刻本
国家图书馆藏

目　录

卷四十

　　渐江水　斤江水　江以南至日南郡二十水　《禹贡》山水泽地

导　读

　　北魏郦道元撰写的《水经注》，是中国古代以水道为纲记载区域地理信息最为著名的典籍。它以西汉王朝的版图（若干地区兼及域外）为基础，对许多重要河流及其流域进行综合性的描述，所涉及的内容包括自然地理与人文地理两大部分。英国著名的中国科技史专家李约瑟在其代表作《中国科学技术史》中称《水经注》是"地理学的广泛描述"①。同时，不少至今已经散佚的书籍，由于《水经注》的征引而得以部分保存。因而，《水经注》一书在研究中国古代的历史、地理及文学等诸多方面都有极高的参考价值，受到学人的广泛推重。清初学者刘献廷称赞《水经注》是一部"宇宙未有之奇书"②。另一位清代学者沈德潜视《水经注》为古代记载河流水道著述中"不可无一，不容有二"的佳构③。

　　然而，自宋代开始，《水经注》在传抄刊刻过程中便出现了较多的散佚，原本四十卷的内容，有五卷不复得见。现在我们看到的《水经注》虽然依旧为四十卷本，但已是后人离析所存原三十五卷内容而得的结果。

由于《水经注》在具体内容与版本流传方面具有复杂性，想要真正读懂《水经注》绝非一件易事，下面即就《水经注》作者生平及与《水经注》相关的一系列问题做概略性的介绍。

一、郦道元的家世与生平

郦道元，字善长，是北魏时期著名的地理学家。现在一般认为他出生在今天河北省涿州市一个自然风景优美、被称为郦亭（今称道元村）的地方。借助他自己在《水经·巨马水注》的描述，可以对其家乡有所了解：

> 巨马水又东，郦亭沟水注之。水上承督亢沟水于遒县东，东南流，历紫渊东。余六世祖乐浪府君，自涿之先贤乡，爰宅其阴。西带巨川，东翼兹水，枝流津通，缠络墟圃，匪直田渔之赡可怀，信为游神之胜处也。其水东南流，又名之为郦亭沟。其水又西南转，历大利亭南入巨马水。

其中提及的"巨马水""郦亭沟水"等都属于今拒马河流域。倘若认为家乡美丽的自然环境对日后郦道元撰写《水经注》产生了一种潜移默化的影响，似乎并不为过。

不过，对于郦道元的出生地，学界尚有不同意见。这主要是因为在《水经·淄水注》中有关"石井水"的描述中，郦道元提到了如下一段文字：

> 余生长东齐，极游其下，于中阔绝，乃积绵载，后因王事，复出海岱，郭金紫惠同石井，赋诗言意，弥日嬉娱，尤慰羁心，但恨

　　此水时有通塞耳。

　　这段文字中的"余生长东齐"，以及在淄水流域的石井水瀑布之下游玩的自述，被认为是正值其父郦范首次出任青州刺史之时。因此也有学者据此认为他应该是生于山东青州，而郦亭仅是其祖籍之所。

　　郦道元家世显赫。从上引《水经·巨马水注》之文中可知其六世祖在定居涿县之前曾为"乐浪府君"（乐浪郡是西汉武帝时在今朝鲜半岛设置的汉四郡之一，管辖朝鲜半岛中部地区。西晋末年，乐浪郡地区为高句丽占据，郡遂废弃）。郦道元的曾祖父郦绍在慕容氏建立的后燕政权中任濮阳太守，后在北魏大兵伐燕时，投效北魏，被道武帝拓跋珪授以兖州监军。郦道元的祖父郦嵩，曾任西北地区天水郡的太守④。

　　郦道元的父亲郦范，字世则，由于《魏书·郦范传》《北史·郦范传》有传，因而其一生的事迹较为清晰。郦范曾先后在北魏太武帝、景穆帝、文成帝、献文帝及孝文帝等五位帝王执政时期担任过高官。其中，在魏太武帝拓跋焘时，他任给事东宫，这是一个在太子身边帮忙办事的职务。他所服侍的这位太子，即后来的文成帝拓跋濬。从中可以看出郦氏家族在北魏王朝中的地位。等到拓跋濬即位后，追记郦范在先朝的旧功，赐爵永宁男，任命为宁远将军。献文帝拓跋弘时，郦范随征南大将军慕容白曜南征，任左司马。在北魏进攻刘宋的青兖诸州时，颇多献策，立有功劳，晋爵为侯，并经慕容白曜举荐任青州刺史。不久，慕容白曜以反叛之名被诛，郦范因受牵连而被免去青州刺史之职。之后，在孝文帝拓跋宏太和年间（477—499），郦范又以平东将军之名号二次出任青州刺史，并晋升公爵，称范阳公。数年后曾遭部下谗言，但孝文帝最终查清此事，惩戒了诬告之人。之后，郦范还朝。年六十二，卒于京师。郦范育有五子。根据《魏书·郦范传》所载的郦氏世系，可以整理为下图所示（图导读-1）⑤。

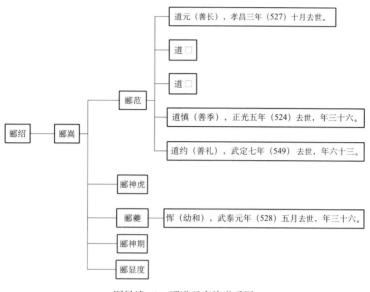

图导读-1　郦道元家族世系图

　　郦道元为郦范的长子，其出生的年代，由于记载其生平事迹的《魏书·郦道元传》与《北史·郦道元传》都没有留下相关内容，因而至今已无法得出明确的结论。郦道元自己在《水经·巨洋水注》中曾说："先公以太和中作镇海岱，余总角之年，侍节东州。"意思是说他父亲郦范在太和年间出任青州刺史时，他正在其父身边，其时恰为他的"总角"之年⑥。由于对"总角"一词所指具体年龄的判断存在争议，故有关郦道元的确切生年至今没有定论。在已有的观点中，最早的年代是北魏献文帝和平六年（465）⑦，最晚的时间是北魏孝文帝太和九年（485）⑧。现在一般的观点是将郦道元的出生年份大体定在北魏孝文帝延兴二年（472）⑨。

　　至于郦道元的籍贯，相关正史中的记载也是模糊不清，甚至存在错误。上面提及的《魏书·郦道元传》只记载郦道元为"范阳人也"，而《北史·郦道元传》则称他是"范阳涿鹿人"（应该是据《魏书·郦范传》所载郦范为范阳涿鹿人而来）。不过由于北魏范阳郡下辖的涿、固安、范阳、苌乡、方城、容城及遒等七县中，并没有涿鹿县（属今桑干河流域），所以《北史》的记载显然有误。《魏书》中的模糊记载，则幸好可借前文所引郦道元在《水经·巨马水注》留下的一段文字而得以明确，从而认定郦道元的籍贯为范阳涿县人⑩。

郦道元在二十岁左右开始步入仕途。《水经·河水注》载："余以太和十八年，从高祖北巡，届于阴山之讲武台。"又载："余以太和中为尚书郎，从高祖北巡。"这两处文字记录的应该是同一件事。其中所提及的郦道元本人于"太和中为尚书郎"，正与《魏书·郦道元传》"太和中，为尚书主客郎"的记载相合。可见，其时郦道元以尚书主客郎之职随高祖（即北魏孝文帝）北巡，主要担任为皇帝起草文书的职务。年纪轻轻即担任此要职，说明郦道元非凡的才能很早便为孝文帝所赏识。频繁地跟随孝文帝至各地巡视，无疑开阔了郦道元的视野，增长了他的见闻。对于日后他立志撰写《水经注》，也可能起了很大的作用⑪。

除了尚书主客郎一职外，郦道元还先后在北魏政权中担任过不少要职。在身为北魏朝廷要员的其父郦范去世后，郦道元承继了其父亲永宁伯的爵位。随后在《魏书·郦道元传》中有这样的记载："御史中尉李彪以道元秉法清勤，引为治书侍御史。"《北史·郦道元传》亦有相同的记载，文字略有差异："御史中尉李彪以道元执法清刻，自太傅掾引为书侍御史。"综合以上二则史料，可知郦道元在经御史中尉李彪推荐担任治书侍御史一职之前，还做过太傅掾。太傅掾的主要工作也是为帝王起草文书与诏令，而治书侍御史则是执掌依据法律审理疑狱的官职。这两个官职与尚书郎一样，都是与文书条文制度有关的职务，说明郦道元在这些方面颇为擅长。不过，他担任治书侍御史不久，便因李彪遭到仆射李冲的弹劾而受到牵连，丢掉了官职。

此后，记载中郦道元担任的职务开始由中央转向地方行政长官。

《魏书·郦道元传》载："累迁辅国将军、东荆州刺史……久之，行河南尹……除安南将军、御史中尉。"《北史·郦道元传》载："景明中，为冀州镇东府长史。……道元行事三年。……后试守鲁阳郡……延昌中为东荆州刺史……后除御史中尉。"上述《魏书》与《北史》中记载的郦道元为官的情况，虽然不甚完备，且所述亦存在不甚相同之处，但经过分析，并在结合其他相关史料之后，仍可将前后史实的发展脉络梳理清楚。

宣武帝拓跋恪景明年间（500—503），郦道元先任颍川郡太守，之后至正始年间又为冀州镇东府长史。《水经·洧水注》载："（洧水）又东迳长社县故城北，郑之长葛邑也。……魏颍川郡治也。余以景明中，出宰兹郡，于南城西侧，修立客馆。"其中提及的"余以景明中，出宰兹郡"，可证郦道元在景明年间执掌颍川。不过上面所引《北史》中讲郦氏还在"景明中，为冀州镇东府长史"，且"行事三年"。而景明一共四年，那么郦道元是先任职颍川郡，还是先为冀州镇东府长史便自然成了一个问题。好在《魏书·蛮传》中提及了"永平初，东荆州表太守桓叔兴前后招慰大阳蛮归附者一万七百户，请置郡十六、县五十，诏前镇东府长史郦道元检行置之"一事。由此可知郦氏出任东荆州之职前担任的是镇东府长史，也即《北史》提到的"冀州镇东府长史"。而年号"永平"又在"景明"与"正始"之后，这样，也就清楚郦道元担任颍川太守与冀州镇东府长史这两个职务的前后关系了。

宣武帝永平年间（508—511），郦道元在完成了赴东荆州置郡事后，又出任鲁阳郡太守。《水经·汝水注》载："余以永平中蒙除鲁阳太守。"正可与前引《北史》所载"后试守鲁阳郡"相应。在任期间，郦氏治郡有方，重视百姓的基础教育，"表立黉序，崇学劝教"。而且也对郡内的治安严加整治，取得了很好的效果，"山蛮伏其威名，不敢为寇"。

宣武帝延昌年间（512—515），郦道元担任东荆州刺史。除上面提及的《魏书》与《北史》的《郦道元传》对此事有所提及外，在《水经·沘水注》里还有一段文字记载得更为明确："余以延昌四年（515），蒙除东荆州刺史，州治比阳县故城。"不过，由于行事过于威猛严厉，郦氏担任这一官职的时间不长，便遭到当地民众的举报而被免职。《魏书·郦道元传》所载"（道元）累迁辅国将军、东荆州刺史。威猛为治，蛮民诣阙讼其刻峻，坐免官"可以为证。

孝明帝拓跋诩正光年间（520—524），郦道元升任河南尹。上引《魏书》对此事虽有记载，但并未说明具体的时间。《北周书·赵肃本传》所载"魏正光五年（524），郦道元为河南尹，辟肃为主簿"恰好弥补了这一缺环。

其后郦道元又在孝明帝孝昌年间（525—527），为安南将军，御史中尉。在御史中尉一职上，郦道元依然保持了威严的态势，秉公执法，不与强权妥协，"权豪始颇惮之"。《魏书·郦道元传》与《北史·郦道元传》共同记载了郦道元为人耿介正直，为官执法清刻严峻的如下一则故事：

北魏孝文帝的幼子汝南王元悦对丘念宠爱有加，在选举州官时，完全听其操纵。郦道元对丘念的行径十分不满，找到机会将他关进监狱。元悦得知消息后，上告胡太后，请求释放丘念。但郦道元抢在胡太后释放令下达之前便把丘念处死，还用此事检举了元悦的违法行为。

郦道元的上述做法无疑造成元悦对他的不满，最终招致杀身之祸。其时雍州刺史萧宝夤已有反叛之意，元悦等于是借故劝说朝廷，在孝昌三年（527），派郦道元出任关右大使。果不其然，在赴任的路上，郦道元就被萧宝夤所派之人杀死，一同遇害的还有他的弟弟及两个儿子。据《北史》的记载，当时郦道元被围困的地点为"阴盘驿亭"，"既被围，穿井十余丈不得水。水尽力屈，贼遂逾墙而入。……道元瞋目叱贼，厉声而死"。撰写《水经注》的作者，最终居然因缺水而亡，实在令人不胜唏嘘。后来，萧宝夤发动叛乱，旋被平定，郦道元又被追封为吏部尚书、冀州刺史。

二、郦道元撰写《水经注》的缘由与成书时间

郦道元一生好学，历览奇书，生前著述本不限于地理，但流传后世的，唯有《水经注》一种。那么，郦道元为什么会写《水经注》呢？从

这部书的自序中可以看出一些端倪。

首先，他认为虽然自古即有《尚书·禹贡》《周礼·职方》《汉书·地理志》等先秦至秦汉时期记载水道及其分布的典籍，但这些地理书中的内容都不是很详细，不是"周而不备"，就是"简而不周"，皆存在一定的缺陷，因此决定要撰写著述做相应的弥补。

其次，郦道元所处的南北朝时期是所谓的分裂割据时期，政权时常更替，各民族的迁徙频繁。同时，由于战争，很多城郭被废弃，很多地理面貌也都发生了变化，一些河流发生改道，不少河流与地方的名称也出现更改。正如他在自序中所说的"绵古芒昧，华戎代袭。郭邑空倾，川流戕改。殊名异目，世乃不同。川渠隐显"。面对这种情况，作为北魏要员的郦道元感触颇深，撰写一部反映这些变迁的历史地理著作也就自然成了他的一种迫切愿望。

最后，在魏晋南北朝时期，记载风土人情与地理的各种地志的撰述颇为盛行。这些书籍的出现也为郦道元提供了丰富的文献参考，在客观上为他最终撰写完成《水经注》提供了可能。不过，这些文献也常常会有矛盾之处，存在的问题也不少，即郦氏所说的"书图自负。或乱流而摄诡号，或直绝而生通称"。因此，在郦道元看来，如何辨析这些记载而不致以讹传讹也是一件亟须做的事情，撰写《水经注》这样一部书便不失为一个好的解决办法。同时，从郦道元在自序里提及的这一点，我们也可以得出一个结论，即《水经注》实际上和我们一般想象的成书情况不一样，书中的大部分内容都应该来自六朝及其以前时期各类相关文献，而仅有很少一部分才是依据他自己的亲见亲闻而记录下来的文字。很多地方郦道元实际上没有到过，但描述得依然很正确，这个正确不取决于郦道元本人是否实地到过，而取决于他是否采用了记载准确的文献，或者是否从矛盾的记载中经合理辨析后得出了正确的看法。

至于《水经注》的成书时间，由于史籍失载，学界虽不乏讨论，但至今尚无定说。学者大都是据《水经注》文字中郦道元所提及的相关信息进行估计而得出一种说法。

胡适在《试考〈水经注〉写成的年岁》一文中经过发掘相关史料，并加以分析考证，最后得出如下的结论：

> 郦道元一生最闲暇的时期，大约是他从东荆州刺史任上还京被免官，到他做河南尹的时期。他作东荆州是在延昌四年（515）；他做河南尹，据《北周书·赵肃传》，是在正光五年（524）。这中间有九年的时间。《水经注》里没有在正光初年以后的史事。也许这部大书是他免官之后，起复之前，发愤写成的[12]。

继胡适之后，又有一些学者对《水经注》的成书时间做了进一步的探讨。贺昌群认为《水经注》撰成于延昌、正光年间[13]，与胡适观点大体相同。岑仲勉则认为"郦注之成，应在延昌至孝昌（512—527）时代"[14]。陈桥驿以"（《水经注》）书中所出现的最后一个年代是延昌四年（515），而郦道元于孝昌三年（527）被害，所以此书的写就，必在这十余年时间之间。总之，是在郦道元在世的最后十多年时间之中"[15]。另外，还有学者认为《水经注》成书于孝昌元年至三年十月[16]，或者认为《水经注》成书的最早时间是在正光二年至四年，最晚在孝昌三年郦道元被害之前[17]。

除了中国的学者，国外的汉学家对郦道元的《水经注》成书时间也有过涉及，其中日本治郦名家森鹿三认为《水经注》的写作年代为北魏延昌四年到正光五年[18]，此说也正与前文提及的胡适观点相合。

总之，虽然在郦道元撰成《水经注》的具体时间上，学者存在分歧，但他们所认为郦道元完成书稿的时代区间则区别不大。因此，倘认为《水经注》这部书撰成于郦道元被害之前的一段时间里，应该与当时的实际情况相去不远。

三、《水经》与《水经注》

提及《水经注》时，自然无法绕开且需要了解的一个问题是《水经注》和《水经》的关系。《水经注》注的是《水经》，那么《水经》成书于何时？它又是一部怎样的书籍？

在郦道元撰写《水经注》之前，关于水道记载的"水经"，实际上有很多。中国是一个农业国，先民对于水道，很早就非常关注。举例来讲，在成书于春秋战国之交的《尚书·禹贡》与战国秦代之际《山海经》的《山经》中，就可以看到关于水道分布的记载。其后，在东汉班固所撰《汉书》的《地理志》中，用极简的文字，将西汉时期三百零四条水道的情况做了勾勒。东汉许慎《说文解字》虽说是一部按汉字部首进行编排的字典，但在其《水部》中也留下了一百零九条单名水道的简略记载。可以想见其时应该有一类关于水道记载的书籍出现。

郦道元注的这部《水经》，本亦系单独流传，大体成书于东汉末年三国时期。书中出现的政区名称，是以三国时期为主的，记载的河流共一百三十七条，一万余字，包括每条水道的发源、流程及归宿[19]。

就是这样的一部书，郦道元将其发扬光大了。那么在有这么多相关书籍的情况下，为什么郦道元要注这部《水经》？主要还应该是这部《水经》在同类著述中可能是记载最为系统的。不过，郦道元觉得这部《水经》是"粗缀津绪，又阙旁通"[20]，无法令其满意。所谓"粗缀津绪"，就是说对水道的记载还不够详细，只是大体言明了；所谓"又阙旁通"，意思是说除了水道之外还应该记载一些其他方面的情况。因此，郦道元就以《水经》为纲，主要利用他所搜集到的各种相关资料，重做编排与注释，"因水以证地，即地以存古"[21]，等于说把《水经》作为他描述的纲要和基础，然后把相关历史和地理的很多信息都放进去，完成了超过《水经》原文近三十万字的《水经注》，涉及大小河流、湖泊、陂、泽、泉、渠、池等各种水体多至三千余条[22]，真正做到了他所希望的"旁通"，构筑了一个完整的中古时期的地理系统。

《水经注》撰成后，《水经》的独立性便逐渐丧失，人们对其文本的重视程度亦几乎为《水经注》所取代。

四、《水经注》的编排次序

郦道元撰写的《水经注》有四十卷，所记载的水道顺序是先北方，后南方。其中涉及河水（今黄河）、济水、淮水（今淮河）及江水（今长江）四大水系，另外还有河水以北、山东及江水以南以独流为主的诸水，条理还是较为清晰的。不过，细读《水经注》，就会发现在内容的叙述次序上，尚存在一些不甚合理之处。

如在记载的河水水系中，夹进了济水与河水以北诸水，而在河水的支流顺序中，本应该列在汾水等今山西省境内诸水之次的渭水，却被置于洛水流域诸篇之后。记载淮水水系时，在叙述淮水干流之前，却先插入了几卷入淮的诸水。沔水有三卷的内容，但在最后一卷中又将沔水入江后的一段本属江水的部分记载其中，且仍称沔水而不是江水，另外还将单独入江的潜水（今潜江）列在此卷之中。至于江水及其他入江诸水，则相对比较集中，只有少数支流散见在其他卷中，问题显现得相对较少[23]。

鉴于上述情况，清代学者全祖望首先开始着手调整《水经注》的水道叙述顺序，并在其《五校水经注》（以下简称"《五校》稿本"）中加以呈现。戴震也曾撰《〈水经〉考次》，并在自订《水经注》（不分卷）中按照其自己调整的《水经》次序重新编排了郦道元的文字。现结合前人研究成果，将《水经注》通行本的卷目编次与据水系调整后的卷目顺序列为一表，加以对照比较（表导读-1）[24]。

经过对照表中卷目的调整后，将其中所列出的一百四十三条水道名

表导读 -1　《水经注》卷目次序调整前后对照表

序号	通行本编次		校合理次序		备注（水系）
1	卷一	河水一	卷一	河水一	河水
2	卷二	河水二	卷二	河水二	
3	卷三	河水三	卷三	河水三	
4	卷四	河水四	卷四	河水四	
5	卷五	河水五	卷五	河水五	
6	卷六	汾水 浍水 涑水 文水 原公水 洞过水 晋水 湛水	卷六	汾水 浍水 涑水 文水 原公水 洞过水 晋水 湛水	
7	卷七	济水一	卷十七	渭水上	
8	卷八	济水二	卷十八	渭水中	
9	卷九（之一）	清水 沁水	卷十九	渭水下	
10	卷九（之二）	淇水 荡水 洹水	卷十六（之二）	漆水 浐水 沮水	
11	卷十	浊漳水 清漳水	卷十五	洛水 伊水 瀍水 涧水	
12	卷十一	易水 滱水	卷十六（之一）	榖水 甘水	
13	卷十二	圣水 巨马水	卷九（之一）	清水 沁水	
14	卷十三	㶟水	卷七（之一）	济水一	济水
15	卷十四	湿余水 沽河 鲍丘水 濡水 大辽水 小辽水 浿水	卷八（之二）	济水二	
16	卷十五	洛水 伊水 瀍水 涧水	卷二十四（之二）	瓠子河 汶水	
17	卷十六（之一）	榖水 甘水	卷九（之二）	淇水 荡水 洹水	河以北诸水
18	卷十六（之二）	漆水 浐水 沮水	卷十	浊漳水 清漳水	
19	卷十七	渭水上	卷十一	易水 滱水	
20	卷十八	渭水中	卷十二	圣水 巨马水	
21	卷十九	渭水下	卷十三	㶟水	
22	卷二十（之一）	漾水	卷十四	湿余水 沽河 鲍丘水 濡水 大辽水 小辽水 浿水	
23	卷二十（之二）	丹水	卷三十	淮水	淮水
24	卷二十一	汝水	卷二十一	汝水	
25	卷二十二	颍水 洧水 潩水 潧水 渠	卷三十一（之一）	滍水 灈水 瀙水 沃水	
26	卷二十三	阴沟水 汳水 获水	卷三十二（之二）	决水 批水 泄水 肥水 施水	
27	卷二十四（之一）	睢水	卷二十二（之三）	颍水 洧水 潩水 潧水 渠	
28	卷二十四（之二）	瓠子河 汶水	卷三十一（之三）	瀙水	
29	卷二十五	泗水 沂水 洙水	卷二十三	阴沟水 汳水 获水	
30	卷二十六（之一）	沭水	卷二十四（之一）	睢水	
31	卷二十六（之二）	巨洋水 淄水 汶水 潍水 胶水	卷二十五	泗水 沂水 洙水	
32	卷二十七	沔水一	卷二十六（之一）	沭水	
33	卷二十八	沔水二	卷二十六（之二）	巨洋水 淄水 汶水 潍水 胶水	山东诸水
34	卷二十九（之一）	沔水三	卷三十三	江水一	江水
35	卷二十九（之二）	潜水	卷三十四	江水二	
36	卷二十九（之三）	湍水 均水 粉水 白水 比水	卷三十五	江水三	
37	卷三十	淮水	卷二十九（之一）	沔水三	
38	卷三十一（之一）	滍水 灈水 瀙水 沃水	卷三十六（之一）	青衣水 若水 沫水 延江水	
39	卷三十一（之二）	溳水	卷二十（之一）	漾水	
40	卷三十一（之三）	瀙水	卷三十二（之四）	羌水 涪水 梓潼水	
41	卷三十二（之一）	漻水 蕲水 夏水 涝水	卷二十九（之二）	潜水	
42	卷三十二（之二）	决水 批水 泄水 肥水 施水	卷三十二（之三）	沮水 漳水	
43	卷三十二（之三）	沮水 漳水	卷二十七	沔水一	
44	卷三十二（之四）	羌水 涪水 梓潼水	卷二十八	沔水二	
45	卷三十三	江水一	卷二十（之二）	丹水	
46	卷三十四	江水二	卷二十九（之三）	湍水 均水 粉水 白水 比水	
47	卷三十五	江水三	卷三十二（之一）	漻水 蕲水 夏水 涝水	
48	卷三十六（之一）	青衣水 若水 沫水 延江水	卷三十七（之一）	淹水 夷水 油水 澧水 沅水	
49	卷三十六（之二）	桓水	卷三十八（之一）	资水 涟水 湘水	江以南诸水
50	卷三十六（之三）	存水 温水	卷三十九（之二）	深水 钟水 耒水 洣水 漉水 浏水 㵋水 赣水 庐江水	
51	卷三十七（之一）	淹水 夷水 油水 澧水 沅水	卷四十（之一）	渐江水	
52	卷三十七（之二）	叶榆河	卷三十六（之三）	存水 温水	
53	卷三十七（之三）	浪水	卷三十七（之三）	浪水	
54	卷三十八（之一）	资水 涟水 湘水	卷三十八（之二）	离水 溱水	
55	卷三十八（之二）	离水 溱水	卷三十九（之一）	溵水	
56	卷三十九（之一）	溵水	卷四十（之二）	斤江水	
57	卷三十九（之二）	深水 钟水 耒水 洣水 漉水 浏水 㵋水 赣水 庐江水	卷四十（之三）	江以南至日南郡二十水	
58	卷四十（之一）	渐江水	卷三十六（之二）	桓水	
59	卷四十（之二）	斤江水	卷三十七（之二）	叶榆河	
60	卷四十（之三）	江以南至日南郡二十水			

目，再结合《水经注》所注《水经》的具体内容，可大致绘制成卷目所载水道的干支流关系示意图（图导读-2）㉕。

此示意图反映的干支流关系，用今天的科学眼光去审视，仍然会发现其中存在不少问题，但我们从中大致可以了解《水经》时代人们对河流水道的认知程度。

五、《水经注》的叙述体例与主要内容

《水经注》一书体大思精、缜密谨严、资料详赡，叙述时不疾不徐，主次有序，有条不紊，凸显出郦道元成竹在胸的高超撰写水平。

河流水道是《水经注》记载的主体，郦道元虽然以《水经》所载的水道为纲，但突破了《水经》只记干流的简单叙述方式，对每条水道干流的发源、流向、一二三甚至四级支流的汇入、最终归宿等，一一做了详细而有条不紊的描述。具体到某条河流时，郦道元会先讲干流和支流交汇的地方，然后从交汇的地方再上溯支流，从支流的源头讲起，最后再回到和主流交汇的地方。所以，他虽然记载了那么多条河流，但是每条河流的具体情况都非常清晰。郦道元就是用这样的叙述方法将千余条大小支流统领于几十条干流之下，并且在其间穿插大量湖泊、沼泽、泉源及水利工程，体现了完善的河流水系概念，这是此前任何著述都不能企及的。

《水经注》不仅体例完善，而且所载内容也极为宏富。对书中内容的时间断限问题，传统的观点认为其记载所反映的是北魏时期的基本情况。然而，通过进一步的研究后发现，《水经注》实际上是一部内容丰富的历史地理著作，郦道元在书里除对北魏时期的地理信息有所反映外，更主要关注的是北魏之前的情况。对《水经注》所载的这些具体内容，当代学者陈桥驿曾有过非常细致的分类研究。下面就以其研究成果为主㉖，

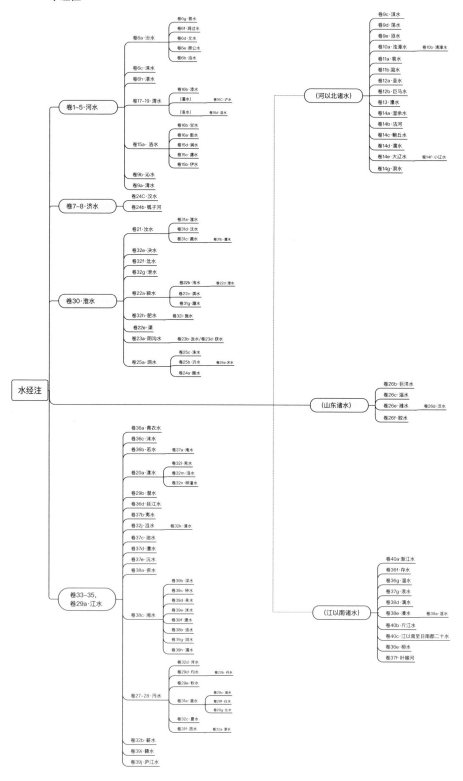

图导读 -2 《水经注》卷目所载水道干支流关系示意图

将《水经注》一书中所载的主要内容，大致介绍如下。

（一）《水经注》中所记载的地理学方面的资料

《水经注》一书中记载的有关自然地理学与人文地理学方面的资料非常丰富。兹分类叙述说明。

1. 自然地理学

第一，由于《水经注》这部书以水道为纲来展开叙述，因此首先应该提及的是与河流学和水文地理有关的内容。在书中所记载的一千二百余条水道中，干支流的一些基本情况都有十分具体的反映。如《水经·渭水注》载：

> 渭水又东，伯阳谷水入焉。水出刑马之山伯阳谷。北流，白水出东南白水溪，西北注伯阳水。伯阳水又西北历谷，引控群流，北注渭水。

郦道元这段有关渭水东流的描述，虽然文字不长，但已将渭水主干及其一级支流伯阳谷水，以及伯阳谷水的一级支流（亦即渭水的二级支流）白水各自情况与彼此两两接纳（白水纳入伯阳谷水，伯阳谷水又纳入渭水）的相互关系清晰地表述了出来。从历史地理的角度看，《水经注》有关河流水道的记载，学术价值极高。按照《水经注》记载的水道和支流的状况，并结合相关史料，完全可以对历史时期的水系进行复原，从而展现其时的河流水文地貌，绘制出非常完整的水道流域图[27]。

除了对水道的干支流进行描述外，《水经注》还对流域内出现的湖泊、陂池、瀑布、急流、井泉、伏流以及季节河等，尽可能详细地加以记录。

如《水经注》中记载的湖泊，在名称上就细分为海、泽、薮、湖、淀、陂、池等。有的面积很大，方圆可达数百里（如《水经·湘水注》

所载的洞庭湖，“湖水广圆五百里”）；有的则十分狭小（如《水经·河水注》所载的华池，“池方三百六十步”）。有些地区湖泊分布众多（如《水经·淮水注》中记载有大量的陂湖），有些地方则湖泊稀少（如在西北地区）。《水经注》反映的这些湖泊情况，对研究古今湖泊的变迁是极好的资料。

又如在《水经注》一书中，有关瀑布的记载就超过六十余处[28]，有关温泉的记载也近四十处[29]，其分布涉及许多区域。这些资料对于我们今天了解历史时期的河流水量变化与温泉的变迁，也都有很大的帮助。

不仅如此，郦道元还对一些河流的特殊水文现象有所关注，并不乏较为详细的记录。如对黄河含沙量的描述，在《水经注》中就颇有代表性。《水经·河水注》载：

> 《尔雅》曰：河出昆仑虚，色白，所渠并千七百一川，色黄。《物理论》曰：河色黄者，众川之流，盖浊之也。百里一小曲，千里一曲一直矣。汉大司马张仲议曰：河水浊，清澄一石水，六斗泥……是黄河兼浊河之名矣。《述征记》曰：盟津、河津恒浊……

由上述记载可以知道，黄河在河源一带，水质并不混浊。只是随着河流主干逐渐接纳了众多支流之后，尤其是在中游以下，黄河才变得含沙量大增，形成了盟津（今孟津）等地“恒浊”的水文现象。

第二，《水经注》中还记载了大量的地貌资料。不仅有山、岳、峰、岭、坂、冈、丘、阜、固、障、峄、矶、原等高地地貌的描述，也不乏川、平川、野、沃野、平原、平地、原隰等低地地貌的描写。据统计，书中仅山岳、丘阜等地名的收录，就近两千处，由此可见《水经注》一书相关资料的丰富。不过，在此需要指出的是，限于当时的科技条件，郦道元对这些地貌的记载，还停留在定性描述的阶段，书中虽有一些地貌数据资料（如《水经·鲍丘水注》载无终山高达八十里），但绝大多数并不可靠，明显有夸大之嫌。

除了各种类型的高地与低地，在一些地区出现的特殊地貌，如喀斯特地貌与西北地区的沙漠地理景观，在《水经注》中也有不少记录。全书有关各种洞穴的记载共计七十余处，其中可以确定为喀斯特地貌的至少有十余处（如《水经·漂水注》载"代城东南二十五里有马头山，其侧有钟乳穴"）㉚。而西北地区的塔克拉玛干沙漠、额济纳沙漠、鄂尔多斯沙漠等干燥区地理景观，在《水经注》中也能见到有关的描述（如《水经·〈禹贡〉山水泽地所在》中就对居延海一带的额济纳沙漠所存在的流动沙丘的状况进行了形象的描述）。

另外，值得提及的是《水经注》中大量的有关峡谷地貌的记载。峡谷是河谷的一种类型，在书中称"峡"的地名（含"门"或"隘门"）有七十多处㉛，几乎都与现代峡谷的定义相符合。从《水经注》中对峡谷的具体描述来看，郦道元主要是针对峡谷两岸险要的地势（如《水经·渭水注》载新阳峡"崖岫壁立"）与谷中水道的湍急（如《水经·湘水注》载空泠峡"惊浪雷奔"）这两大特点着力用墨。

第三，《水经注》中对各种有用矿物的地理分布也做了较为翔实的记录。诸如燃料矿物中的煤炭、石油、天然气，金属矿物中的金、银、铜、铁、锡、汞，非金属矿物中的雄黄、雌黄、硫黄、盐、石墨、云母、石英、琥珀、玉、建筑石材等的性状、用途及其地理分布都做了较为详细的记载。如《水经·河水注》即有对石油的描述：

> 清水又东迳高奴县，合丰林水。《地理志》谓之洧水也。故言高奴县有洧水，肥可燃，水上有肥，可接取用之。《博物志》称酒泉延寿县南山出泉水，大如筥，注地为沟。水有肥如肉汁，取著器中，始黄后黑，如凝膏，然极明，与膏无异。膏车及水碓缸甚佳，彼方

人谓之石漆。水肥亦所在有之,非止高奴县洧水也。

其中提及的"水肥",如"肉汁","取著器中,始黄后黑,如凝膏,然极明","然"即"燃",说的就是今天的石油。郦道元在这里综合了《汉书·地理志》与《博物志》中的说法,不仅清晰地描述了石油的性状及用途,还将石油在西北地区有着广泛分布的特点揭示出来了。类似这样的记载,对于我们现今勘探、开采以及利用有用矿物,仍具一定的参考价值。

第四,在《水经注》一书中,有关地史与古生物方面的资料也时常可见。如《水经·淮水注》中即有"吴伐楚,堕会稽,获骨焉,节专车"的记载(此句文字郦道元当引自《国语·鲁语》),其中提及的"获骨焉,节专车",指的应该是地质时期巨大的爬虫类古骨化石。又如《水经·涟水篇》载:

> (涟水)东入衡阳湘乡县,历石鱼山下,多玄石,山高八十余丈,广十里,石色黑而理若云母。开发一重,辄有鱼形,鳞鬐首尾,宛若刻画,长数寸,鱼形备足。烧之作鱼膏腥,因以名之。

这段文字描述其时在衡阳湘乡县石鱼山发现的鱼类古化石情况。其中"开发一重,辄有鱼形,鳞鬐首尾,宛若刻画,长数寸,鱼形备足。烧之作鱼膏腥"的"鱼形"石,显然就是我们今天说的鱼化石。这样的记载,可为地史与古生物学方面的研究提供参考。

第五,《水经注》中还有不少有关土壤地理学、植物地理学及动物地理学方面的资料。如《水经·沔水注》中描述今汉水山地河谷地带分布有"黄壤"的情况,在今天依然可以得到印证。又如《水经·汾水注》讲到汾水的发源地管涔山"重阜修岩,有草无木",其时这一地区的植物分布情况，借助郦道元的记载而得以有所了解。据统计，《水经注》中出现的植物种类就有一百四十多种[32]，从针叶的松、柏到阔叶的樟、栎等，其地理分布均有记录。至于《水经注》中的动物地理学的记载同样丰富，包括鱼、象、犀、蛇、鸟、猩猩等一百多种动物[33]，都有提及，可谓不胜枚举，不一而足。在此以一则《水经·叶榆河注》中记载为例，以窥一斑：

> 山多大蛇，名曰髯蛇，长十丈，围七八尺，常在树上伺鹿兽。鹿兽过，便低头绕之，有顷鹿死。先濡令湿讫，便吞，头角骨皆钻皮出。山夷始见蛇不动时，便以大竹签签蛇头至尾，杀而食之，以为珍异。故杨氏《南裔异物志》曰：髯惟大蛇，既洪且长。采色驳荦，其文锦章。食豕吞鹿，肪成养创。宾享嘉宴，是豆是簋。言其养创之时，肪腴甚肥，搏之，以妇人衣投之，则蟠而不起走，便可得也。

郦道元这里提到的"髯蛇"，应是今天所说的蟒蛇，生活在热带、亚热带地区的丛林之中，属大型爬行动物。《淮南子·精神训》中也有"越人得髯蛇，以为上肴"的记载，可与郦道元在书中所记载的南方交趾郡人们喜吃这种大蛇"以为珍异"的习俗相印证。

除以上所述，在此方面最后需要指出的是，虽然《水经注》记载有关自然地理学方面的内容宏丰，但囿于其所处的时代，书中记载也有不少失实甚至是错误之处，这是需要特别注意的。兹以《水经注》中记载的地下河流的情况加以具体说明。

郦道元在书中常将地下河流称为伏流或重源（即水道发源后又潜入地下一段距离，再从另一处流出地面）。据统计，书中有关伏流的记载有三十多处[34]，可见郦道元对此水文现象的重视。然而，由于古人对此现象形成的真正原理认知有限，因而在记录时便会产生以讹传讹的情况，甚至会荒诞不经。郦道元对河水（黄河）重源（伏流）的记载即如此。《水经·河水注》载：

> 高诱称河出昆山，伏流地中万三千里，禹导而通之，出积石山。

又曰：

> 余（按，指郦道元自己）考群书，咸言河出昆仑，重源潜发，沦于蒲昌，出于海水。故《洛书》曰：河自昆仑，出于重野。谓此矣。

又曰：

> 河水重源有三，非唯二也。

又曰：

> 河自蒲昌，有隐沦之证，并间关入塞之始。……河水重源，又发于西塞之外，出于积石之山。

上面郦道元在《水经·河水注》中多次提及的河水"伏流""重源"，即其时流行的"黄河重源"说。古人认为黄河由昆仑山发源后，在蒲昌海而潜流地下，然后再到积石山（今青海东南部阿尼玛卿山）才又流出地面。其实，这是古人对于黄河河源认识不清所致。所谓"黄河伏流（重源）"前的昆仑山至蒲昌海一段，应该说的是今塔里木河的情况，与黄河的河源了不相涉。郦道元在这个问题上也不可避免地扮演了以讹传讹的角色，这是由其时代局限性所决定的。对此应该客观看待，而无须求全责备。

2. 人文地理学

除了以上有关自然地理学方面的记载之外,《水经注》中对人文地理学方面的记载也十分注重。

第一,《水经注》对水道所流经的大小城邑及其建置沿革做了比较详尽的记录。据统计,全书记载的县级城市及其他城邑有两千八百余座,古都一百八十余座[㉟]。其中对某些古都的记载,尤为详尽。如《水经·穀水注》对汉魏洛阳城的描述,不仅叙述了城周边与城内水道的走向,而且还对城门,城郭,城内宫殿、苑囿、官署,城内外的道路、佛寺、桥梁等诸多方面进行了详细的描述。《水经注》中的这部分文字,恰好可与另一部记载北魏洛阳城细节的名著——杨衒之的《洛阳伽蓝记》相互补充。二书合观,可以将汉魏洛阳城的面貌基本复原。

第二,《水经注》对水道沿岸所建造的宫殿、苑囿、园圃、寺庙、陵墓等,也颇为关注,留下了大量的相关资料。如《水经·浊漳水注》载:

> 漳水又对赵氏临漳宫,宫在桑梓苑。多桑木,故苑有其名。三月三日及始蚕之月,虎帅皇后及夫人采桑于此。今地有遗桑,墉无尺雉矣。

其中提及的“桑梓苑”,即一处颇与书中记载的一般以人造山水为主的皇家园林不同的宫廷苑囿,专以种植桑树便利养蚕为目的。

又如《水经·穀水注》载:

> 水西有永宁寺,熙平中始创也。作九层浮图,浮图下基方十四丈,自金露盘下至地四十九丈,取法代都七级,而又高广之,虽二京之盛,五都之富,剎剎灵图,未有若斯之构。按《释法显行传》,

西国有爵离浮图，其高与此相状，东都西域，俱为庄妙矣。

北魏洛阳城内的永宁寺，是当时全国最大的一处寺院。郦道元在记录这座皇家寺院时，并没有面面俱到，而是就寺中那座高耸入云的标志性建筑九层浮图（佛塔）进行了重点描述，在凸显这座佛塔壮观的同时，也反衬出永宁寺在当时佛教界的显赫地位。当代通过对永宁寺的考古发掘，并结合郦道元的记载，使寺内的这座九层木结构浮图得以拟构复原。

第三，《水经注》对古代的桥梁、水利工程等也有大量的记载，于此可推知这方面是郦道元所热衷的内容。据统计，书中对各类桥梁的记载超过五十座㊱，对于探究中国古代的桥梁建筑，是极为有用的资料。如《水经·穀水注》载：

> 穀水又东，屈南，迳建春门石桥下，即上东门也。……桥首建两石柱，桥之右柱铭云：阳嘉四年乙酉壬申，诏书以城下漕渠东通河、济，南引江、淮，方贡委输所由而至，使中谒者魏郡清渊马宪监作石桥梁柱，敦敕工匠尽要妙之巧，攒立重石，累高周距，桥工路博，流通万里云云。河南尹邳崇魒、丞渤海重合双福、水曹掾中牟任防、史王荫、史赵兴、将作吏睢阳申翔，道桥掾成皋卑国，洛阳令江双、丞平阳降、监掾王腾之，主石作右北平山仲，三月起作，八月毕成。其水依柱，又自乐里道屈而东出阳渠。

此处提及的这座建春门外石梁桥，不仅由于郦道元的记载而得知其大致的形制，而且还由于保留了桥首石柱上的铭文，使我们对这座桥的兴建时间、目的、工期以及负责施工的官员籍贯、姓名等诸多细节，皆有所了解。这些记载对探究中国古代桥梁的兴建与相关技术，可谓弥足珍贵。

不仅桥梁如此，水利工程在《水经注》中的记载同样受到特别的重视。建于北魏及其之前的许多水利工程，在书中都有或多或少的记载。这些水利工程在书中以陂、堤、塘、堰、堨、渠、水门、石逗等名称出现，所起的作用涉及农田灌溉、防洪、航运等方面。著名的有都江堰（《水经·江水注》）、成国渠（《水经·渭水注》）、芍陂（《水经·肥水注》）等。兹以书中一处有关的记载为例，加以进一步说明。《水经·穀水注》载：

> 旧渎又东，晋惠帝造石梁于水上。按桥西门之南颊文称：晋元康二年十一月二十日，改治石巷、水门，除竖枋，更为函枋，立作覆枋屋，前后辟级，续石障，使南北入岸，筑治漱处，破石以为杀矣。到三年三月十五日毕讫。并纪列门广、长、深、浅于左右巷，东西长七尺，南北龙尾广十二丈，巷渎口高三丈，谓之皋门桥。

《水经注》在这里记载的"皋门桥"，实是一座水门，位于汉魏洛阳城西北自西而东流的穀水（文中称"旧渎"）之上，虽然称不上是什么大型的水利工程，但由于其主要功能是调节穀水从西北进入洛阳城的水量，因而其作用非同一般。郦道元将桥上所记载的改建时间与涉及水门改造的技术特点（"改治石巷、水门，除竖枋，更为函枋，立作覆枋屋，前后辟级，续石障，使南北入岸，筑治漱处，破石以为杀矣。"）全部清晰地记录了下来。虽然后世要完全破译这段文字并非易事，但一旦理解语义，则完全可以依照文字所述将皋门桥的形制加以等比例复原[37]。于此一例，便可以使我们又一次意识到《水经注》中保留的这些史料是何等的重要。

第四，《水经注》中涉及古代战争遗址方面的军事地理资料，亦有不少，且颇具史料价值。从《水经·渭水注》中对曹魏与蜀汉之间的陈仓之战的记载，可见一斑。其中记载道：

　　　魏明帝遣将军太原郝昭筑陈仓城，成，诸葛亮围之。亮使昭乡
　　人靳详说之，不下，亮以数万攻昭千余人，以云梯、冲车、地道逼
　　射昭；昭以火射、连石拒之，亮不利而还。今汧水对亮城，是与昭
　　相御处也。陈仓水出于陈仓山下，东南流注于渭水。

《水经注》这段文字记录了诸葛亮未能成功攻下郝昭所守的陈仓城一事，
有因有果，还不乏细节描述。不过，需要指出的是，类似的军事战争场
景描写在书中虽不乏见，但并不是郦道元的原创。此处有关陈仓之战的
场景再现，便出自《三国志》卷三《魏书·明帝纪》所载"曹真遣将军
费曜等拒之"一句下裴松之注引《魏略》。郦氏在这里只是巧妙地将《魏
略》原文置入自己的前后行文之中而已。

　　此外，《水经注》中还对设于险要之地的关隘有所记载。据统计，书
中有关各种关隘的记录有一百四十余处[38]。如《水经·穀水注》中对函
谷关有这样的描述：

　　　穀水又东迳函谷关南，东北流，皂涧水注之。水出新安县，东
　　南流，迳毋丘兴墓东，又南迳函谷关西。关高险峡，路出廛郭。汉
　　元鼎三年，楼船将军杨仆数有大功，耻居关外，请以家僮七百人，
　　筑塞徙关于新安，即此处也。昔郭丹西入关，感慨于其下，曰：不
　　乘驷马高车，终不出此关也。去家十二年，果如志焉。皂涧水又东
　　流入于穀。穀水又东北迳函谷关城东，右合爽水。

郦道元在这里不仅描述了函谷关的险要、周边的地理环境，而且还穿插
了相关的历史故事，将这一汉代著名关隘全方位地呈现在读者眼前。

　　此外，《水经注》一书中还有道路、津渡、内河航运、各地风土人
情等诸多涉及人文地理学方面的记录，读者诸君自可前去查找原书翻检，

在此不再一一枚举详述。

（二）《水经注》中所汇集的历史学方面的资料

《水经注》中有关秦汉至北魏时期的历史资料颇丰，其中最为集中地体现在对这一时期政区地理资料的收录方面，涉及州、郡（国）、县、侯国等各级行政区划。甚至有一些不见于正史地理志中的史料，却在《水经注》中得以保留。如《晋书·地理志》失载的县级政区名称，在《水经注》中就至少保留了四个[39]。清代学者毕沅撰写《晋书地理志新补正》时就曾采用过《水经注》中的相关资料。又比如，《水经注》中对汉代乡亭的记载十分丰富，近代学者王国维曾专门针对这些资料加以搜集整理，最终辑成《水经注乡亭》一卷[40]。仅此二例，即可见《水经注》记载相关史料的重要性。

不过，需要强调的是，对于《水经注》记载的这类史料，尚应持审慎的态度加以鉴别。举例来说，有关汉初功臣侯国的封邑所在，东汉史家班固在撰写《汉书》时已无法说清楚了，但我们发现郦道元对此问题却记载颇详，达到“十之六七”的程度。为此，有人即贸然以为可以用《水经注》补《汉书》之缺。清代著名学者钱大昕清醒地认识到：班固《汉书》不载，是“史家之谨慎”，而“郦氏生于后魏，距汉已远，虽勤于采获，未必皆可尽信”。并列举了一些同一侯国在《水经注》不同的篇目里说法不一的例子加以补充说明[41]。

诚然，《水经注》虽然存在上述问题，却不必因噎废食。郦道元撰写《水经注》的时代距今久远，书中的只言片语，对历史研究来讲都极为珍贵。如果我们能正确区分与考订书中所载政区资料的不同时代与准确性，便依然可以利用这些资料，对《水经注》所记载城邑地望、县级政区边界以及州、郡级政区的设置情况分别做出合理的、精确的时代还原，使断代政区地理的研究最大限度地细化，从而对千余年前的政区地理情况有更为清晰的了解。

另外,《水经注》一中还记载了大量的地名。据统计,有超过两万多个地名为郦道元所记录,在书中进行渊源解释的就有两千三百多处^㊷。这些信息无疑为研究北魏及其以前的地名流变,提供了宝贵的资料。陈桥驿曾将书中所记载的这些有渊源解释的地名分为二十四类,较为详细地揭示了各类地名的具体情况,认为"《水经注》在地名学研究上的成就,是我国古代地名学研究趋于成熟的标志"^㊸。

(三)《水经注》中所保留的文献学与金石学方面的资料

通过大量征引各类文字典籍来描述论证水道沿岸的情况,是《水经注》的又一特色。在《水经注》里虽然时或看到郦道元进行实地考察,并对文献记录矛盾之处进行辨析的记载,然其足迹所至,毕竟有限,书中那些他未亲临之处的文字描写,虽依然生动鲜活,给人身临其境之感,但究其实都是郦道元利用手头资料的"纸上谈兵"。他分类排比各类资料并连缀成文的功夫,实在了得。据统计,《水经注》中征引的书籍多达四百三十六种,其中经部类八十四家,史部类二百零八家,子部类六十二家,集部类八十二家^㊹。由此可见史载"道元好学,历览奇书"^㊺,洵非虚语。

从上面的统计数字中,可以看出在《水经注》所引书中史部类的书籍所占比例最大。而在史部类书籍中,又以征引的各种地理类文献为最多,竟占全部征引书籍总数的百分之二十以上。其中既有如《禹贡》《山海经》《十三州记》等所涉地域范围广阔的文献,也有如《关中记》《中山记》《荆州记》等区域性地志;既有如《水经》《江水记》《汉水记》等记载水道的专书,又有如《昆仑说》《庐山记》《罗浮山记》等描述山岳的文献。此外,还有如《法显传》《外国事》《林邑记》等记述域外地理的书籍,以及《督亢地图》之类的图籍。在传世至今的隋唐以前的古籍中,《水经注》征引地理类书籍之丰富,恐无出其右。

另外,还有一点极为重要的是,在《水经注》征引的各类书籍中,后来有不少已经亡佚。现在只有通过《水经注》才可以管窥一二。明清有很多学者,利用《水经注》,将北魏及其之前出现的一些地理书重新辑佚,变成今天可以参考的书籍。因此,《水经注》也是后代学者辑佚书籍的渊薮。

除了征引大量各类书籍之外,在《水经注》中还记载了多达三百五十七种的碑刻资料[46],而今天这些石碑大都也已经找不到了,全赖《水经注》将这些资料较为完整地保留了下来。自明代杨慎撰《水经注所载碑目》[47]起,便有不少学者注意整理《水经注》中的金石资料。当代以施蛰存的《水经注碑录》[48]、陈桥驿的《水经注·金石录》最为有名。

(四)《水经注》中所蕴藏的文学方面的资料

与一般的地理书不同,《水经注》在叙述谨严详赡的同时,还极富文采,尤其是其中一些写景的优美文字,皆成了脍炙人口的名篇佳作,在中国文学史上占有一席之地。最为人熟知的当属《水经·江水注》中所描绘的"三峡":

> 自三峡七百里中,两岸连山,略无阙处。重岩叠嶂,隐天蔽日,自非亭午夜分,不见曦月。至于夏水襄陵,沿溯阻绝。或王命急宣,有时朝发白帝,暮到江陵,其间千二百里,虽乘奔御风,不以疾也。春冬之时,则素湍绿潭,回清倒影。绝巘多生怪柏,悬泉瀑布,飞漱其间,清荣峻茂,良多趣味。每至晴初霜旦,林寒涧肃,常有高猿长啸,属引凄异。空谷传响,哀转久绝。故渔者歌曰:巴东三峡巫峡长,猿鸣三声泪沾裳。

此段对三峡描述的文字之优美，至今恐无出其右。不过，在赞叹《水经注》这段佳文的同时，还需要知道原作者并不是郦道元本人。现已查明，这段美文最早见于南朝刘宋盛弘之的《荆州记》。宋代的类书《太平御览》把盛弘之《荆州记》中的一部分文字记载下来，其中恰巧有这段三峡的描述。但是再仔细研究又发现，这段描写三峡的文字也不是盛弘之本人所撰，而是他引用的"旧云"。换句话说，他也是转引了他看到的一段文字。那么这段文字的作者究竟是谁，现在还无法知晓。这样说来，自然有人会有这样的疑问：《水经注》里的文字有多少是出自郦道元本人的手笔，他的文学造诣到底如何？其实，当我们把这段美文的来龙去脉搞清楚之后，恰恰可以说明郦道元本身的文学素养和文学见识。试想一下，如果他当时不将这段"三峡"文字收入《水经注》，自然就不会在今天得到这么多人的关注。这个例子恰恰从一个侧面印证了郦道元的文学眼光。

　　另外，《水经注》还十分注意叙述的趣味性，力避枯燥，尤其是在行文中经常插入的一些历史或志怪故事，不仅起到了吸引读者的良好效果，还借机表达了自己的主观意愿。如《水经·渭水注》中在描述今天的渭河支流灞河流经虎圈之地时，就曾记载这样一则故事：

> 今霸水又北迳秦虎圈东，《列士传》曰：秦昭王会魏王，魏王不行，使朱亥奉璧一双。秦王大怒，置朱亥虎圈中。亥瞋目视虎，眦裂，血出溅虎，虎不敢动，即是处也。

这段文字描写的是战国时期魏国的侠客朱亥在被生气的秦王投入虎圈（秦国养虎之地）后，并没有惊慌失措，而是立定发威，瞪大眼睛怒视老虎，以致眼角瞪裂，鲜血溅到对面的老虎身上，这一举动竟然吓得那只老虎也不敢轻举妄动了。这则故事选用了西汉刘向《列士传》里的描写，他之所以在谈到灞水时，要选取这样一则故事，实际上就把他想表达的主观色彩体现了出来，从中可以看出他对朱亥这样勇猛之士的钦佩之情。读者阅读至此，自然也会引起共鸣。

郦道元不仅好奇闻佚事，还对各地民歌谣谚也非常留意。一旦搜集到这方面的信息，他便会不遗余力地在《水经注》中加以记载。其中有关旅行者与渔夫的歌谣，是郦道元在描述水道及其周边的地理环境时常爱引用的。如《水经·江水注》载：

江水又东迳流头滩，其水并峻激奔暴，鱼鳖所不能游，行者常苦之。其歌曰：滩头白勃坚相持，倏忽沦没别无期。

旅行者所歌"滩头白勃坚相持，倏忽沦没别无期"这句的意思是说：在滩头乘船渡江遇到汹涌的白浪时，一定要坚持住。不然，倏忽之间就有可能被江水吞没，再也没有相见的时候了。亲历者最有发言权，郦道元用旅行者所歌的短短十四个字，便将长江之上流头滩险峻难渡的景象生动地衬托出来。又如《水经·湘水注》载：

衡山东南二面临映湘川，自长沙至此，江湘七百里中，有九向九背。故渔者歌曰：帆随湘转，望衡九面。山上有飞泉下注，下映青林，直注山下，望之若幅练在山矣。

这里渔者所唱的"帆随湘转，望衡九面"，与湘江河道多曲"九向九背"的景象相映衬，宛如一幅江水长卷画，给人以异常生动形象之感。

（五）《水经注》中所显现的语言学方面的资料

郦道元《水经注》撰写于北魏时期，因此书中保留了大量的中古时期的汉语词汇，是研究汉语史的珍贵资料。郦道元在书中经常会使用一些独特的词汇。如在前文提及的把河流发源之后流入地面，在地下流经一段距离重出地面的景象称为"重源"（如《水经·河水注》）；描述一条水道的两个源头汇合在一起时，常用"合舍"一词（如《水经·渭水注》）；在描述水流涨积的状态时，会用"潭涨"一词（如《水经·汾水注》）[49]；在形容山峰陡峭高耸时，爱用"峭秀"一词（如《水经·滱水注》）[50]；在描述湖水、陂塘中物产丰富时，常用"佳饶"一词（如《水经·伊水注》）[51]；在描述一些小城内高外低、城中平实，小而坚固时，则会用"实中"一词（如《水经·浊漳水注》）[52]，等等，不一而足。

此外，在《水经注》中还保留了不少其时的方言词汇信息。如对河水中沙滩的称谓，书中有的地方称"碛"，如《水经·榖水注》所载的"石碛"；有的地方称"濑"，如《水经·浙江水》所载的"严陵濑"、《水经·资水注》所载的"关羽濑"；还有的地方称"究"，如《水经·温水注》所载的"南陵究"、《水经·叶榆河注》所载的"金溪究"，等等。从中可以看出，称"碛"的是北方地区，称"濑"的是吴楚地区，而称"究"的则是民族杂处的西南地区[53]。于此可见各地方言的变化。另外，在《水经·若水注》《水经·温水注》《水经·叶榆河注》记载的地名名称、少数民族称谓等方面，也有不少能反映方言的信息，在此不再赘述。

除了上述五大方面，《水经注》一书还涉及宗教学、民族学、艺术学等诸多内容，所包括的内容之广泛，绝非一般传统典籍可比。倘称《水经注》为一部北魏以前的百科全书，实不为过。

不过，正如上文所提及的，郦道元以一己之力撰写这样的一部大书，也并非完美无瑕，其中不可避免地存在一些或大或小的问题，无法做到对其所载之事皆有真知灼见。特别是当他利用的文献本身即有记载错误时，出现偏差就会在所难免。但这些问题与全书所具有的诸多资料价值相较，皆可称微不足道。

六、《水经注》的流传及版本系统

《水经注》成书后的五百多年间，靠写（钞）本得以流传，最早见于官方记载的是《隋书·经籍志》。在隋至北宋的一些类书（如隋代的《北堂书钞》、唐代的《初学记》、北宋的《太平御览》）与地理总志（如唐代的《元和郡县图志》、北宋的《太平寰宇记》）中，可以见到《水经注》被征引的文字。至北宋景祐年间（1034—1038），原本四十卷本的《水经注》出现了散佚，仅存三十五卷[54]。

在雕版印刷出现之后，《水经注》也有刊刻本流行。迄今已知最早的刻本，是北宋中期的成都府学宫刊本。而现存最早的刻本，则是人们习称的"残宋本"[55]，大约刊于南宋初期，仅存十一卷半，且没有一叶是完整的，字数尚不及全书的三分之一。虽然如此，书中所反映的版式、行款，可以使我们得知宋刻《水经注》的原貌，仅从此点上来说，已弥足珍贵。

降至明代，在《水经注》版本流传方面形成了两大系统，一为古本系统，一为今本系统。所谓古本，即刊刻、抄写时以保留宋本（或影宋本）行款与文本原貌为准则，即使底本有明显讹误，亦不做改动，尚不涉及校勘研究的版本。如前述的残宋本，还有明《永乐大典》本《水经注》（以下简称"《大典》本"），以及现存的五部明钞本《水经注》[56]，即属于古本系统。所谓今本，即已经对底本进行研究、校改的版本。自明代最早的刊刻本《水经注》黄省曾刊本以降的诸明、清刻本（或稿本），皆属今本系统。现今一般所能读到的《水经注》版本，也皆为今本系统之列。

下面将《水经注》的主要版本流传关系图示如下（图导读 -3）：

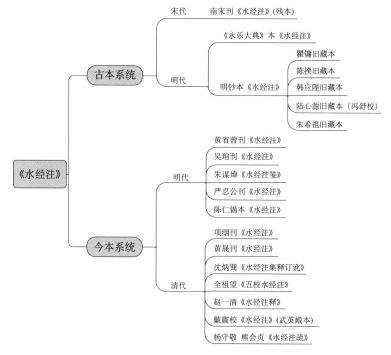

图导读 -3 《水经注》主要版本源流系统示意图

七、《水经注》的研究：明代

自金人蔡珪撰《补正水经》，学者开始对《水经注》作专门的探究，而系统的研究，则肇兴于明代，并逐渐形成一种专门之学——"郦学"。

现今最早的明刻本为嘉靖十三年（1534）黄省曾刊刻的《水经注》（以下简称"黄本"）。其时这部《水经注》并不是单行本，而是与《山经》放在一起合刻的。一方面，黄本全仿宋本的行款，包括字体都与今天看到的"残宋本"类似。另一方面，黄本已经开始对《水经注》文字略作校勘。在此需要指出的是，黄本虽然自称以宋本为底本，但是这个底本的质量并不太高，由其中没有郦道元原序、卷十八文字中缺了一整页四百多字即可窥知。尽管如此，黄本的刊行终究便利了学者对《水经注》的探究，其意义不容小觑。

万历十三年（1585），吴琯、陆弼校刊的《水经注》（以下简称"吴本"）是以黄本为基础刊刻的，也是《山经》《水经》合刻本。吴本利用郦道元所征引的一些书籍，在黄本基础之上，对《水经注》文字和错简做了一些订正。

真正在《水经注》研究的思路和方法上有所突破的，则是万历四十三年李长庚刊刻的朱谋㙔撰《水经注笺》（以下简称"《注笺》本"）。明末清初的学者顾炎武对此书评价甚高，称为"三百年一部书"，可见其价值之大。该书以吴本为底本，在校订上颇下了一番功夫。

首先，《注笺》本开始了《水经注》的《经》文与《注》文的区别。在《水经注》的文本中，《水经》的《经》文本身是顶格写，《注》文则低一格写，但随着流传转抄，《经》文与《注》文的文字就不免会发生错乱，出现《经》《注》混淆的问题，给阅读《水经注》带来麻烦。朱谋㙔已经注意到了这一问题，并在《注笺》本里进行了《经》文与《注》文的鉴别。当然这个工作当时还是比较基础的，鉴别工作要到清代才由学者最终完成，但《注笺》本已经做的一些有价值的区分，则是无可否认的。

其次，调整错简。《水经注》描述水道是按照一定顺序来讲的，但是在有些地方会发现讲不通，文字描述的前后位置颠倒了，这就是错简。产生错简的原因较多，其中之一就跟前面提及的明钞本所反映的古本信息有关。这些明钞本皆为影宋本，书中不标页码，反映了古本应即如此。这样的写（钞）本，在流传过程中极易造成前后页错乱，形成错简。还有一个原因就是《水经注》在刊刻之前是靠抄写流传的，这个过程本身也非常容易造成错简。

再次，《注笺》本对郦《注》原文进行了笺注，并订正了具体行文中的一些错误。比如，郦《注》常将重要史实系于某地之下，其中细节或与所引史籍记载有所出入，此时《注笺》本即会详细摘录史籍原文，与郦《注》比较，时或质疑甚至订正。又如，郦《注》中某些字句不通，《注笺》本或依古本指出"宋本作某"，或以按语说明"某当作某"。不过，《注笺》本对郦《注》原文的处理还是十分谨慎的，除了出于错简调整的需要外，一般不径改原文。《注笺》本所运用的治郦风格，影响了之后一百余年的郦学发展。

此外，受当时治学风气的影响，明代还涌现了以关注《水经注》中精彩文句为主的"词章学派"。比如朱之臣的《水经注删》、锺惺的《水经注钞》，二书中所节选的内容都是《水经注》文字优美的部分。崇祯年间（1628—1644），先后出现了谭元春等以《注笺》本为底本刊刻而成的《水经注》（以下简称"谭本"）和陈仁锡以吴本为底本校勘的《水经注》，其侧重点皆在评点郦《注》辞藻。之后，清康熙五十四年（1715）项纲以谭本为底本刊行的《水经注》（以下简称"项本"）与乾隆十八年（1753）黄晟的槐荫草堂对项本进行的翻刻本，继续延续了"词章学派"的风格，除在郦书的普及与推广方面起到一定作用外，在郦《注》研究方面则没有任何实质性拓展。

八、《水经注》的研究：清代及其以后

清代康熙年间（1662—1722），对《水经注》的考证研究重新占据了主导地位。其时编纂《大清一统志》的几位人物，如胡渭、黄仪及阎若璩等，对《水经注》研究的贡献很大。特别是黄仪，比较详细地绘制了《水经注图》（后佚），还把地理的概念，引入了《水经注》研究之中。而胡渭的《禹贡锥指》，以《水经注》文字来呈现渭水、沔水的水道，极

大地启发了康熙以后的郦学者，尤其影响了乾隆年间（1736—1795）研治"郦学"的四大名家：沈炳巽、全祖望、赵一清及戴震。

沈炳巽撰有《水经注集释订讹》（以下简称"沈本"）一书，其中底本以黄本为主。他吸收了顾炎武、阎若璩、胡渭、何焯等人的研究成果，用今地注古地，用史源区分郦《注》中的正误，并且开始大幅调整错简，这些在当时都极富开创性。沈本只有《四库全书》的钞本，未曾刊刻，书中的《凡例》称"是书经始于雍正三年（1725），脱稿于雍正九年（1731）"，可见这个钞本并没有反映沈氏晚年的治郦心得，不免令人遗憾。

全祖望有关《水经注》的研究集中体现在其《五校》稿本与《七校水经注》钞本（以下简称"《七校》钞本"）之中[57]。乾隆十五年（1750），他曾与沈炳巽一起讨论过《水经注》，在其《五校》稿本中即可见引用沈氏观点的文字。另外，他与赵一清之间在《水经注》的研究上也是成果共享。作为《五校》稿本工作底本的小山堂钞本，就是赵一清亲自誊抄后赠予全祖望的。全氏《七校》钞本则是后人据全氏手稿整理并结合他人（包括赵一清与戴震）研究成果之后的一部钞本，与全氏研究的本来面貌已有一些不同[58]。前文已经提及，《水经注》在流传的过程中，出现了《水经》的正文与郦道元的《注》文互相混淆的现象。如何将《经》文从《注》文中区别开来，是研究者极为关注的问题。全氏在此方面便做了一定的工作。不仅如此，他还提出了郦书文字"注中有注""双行夹写"的观点[59]。

赵一清撰有《水经注释》（以下简称"《注释》本"）及《水经注笺刊误》，不过这两部书在赵氏生前一直未有刊行，只以汇总他研究成果的稿本存世[60]，现在看到的刻本是经赵氏后人整理而成的[61]。与沈炳巽相比，赵一清治《水经注》有诸多优越条件。首先是版本方面的优势。凭借其父赵昱创设的藏书楼小山堂的丰富藏书，赵一清有机会接触到众多的《水经注》版本。比如他从孙潜所过录的明代柳大中的影宋本中抄得了一部分郦道元原序、卷十八脱页的内容等，这在当时无疑是令人极其兴奋的事情，连他自己都禁不住感叹道："真希世之宝也！"他还依据孙潜校本、何焯校本订正了许多《注笺》本未能发现的字句讹误。其次，沈炳巽主要是参考《明一统志》来审订《水经注》中地名所对应的今地，而赵一清则充分利用了诸多地理志来与郦《注》对勘，梳理各条水路。与沈炳巽以今地注古地相比，赵一清舆地研究方面更好地继承了黄仪、胡渭等人的研究思路。再次，赵一清通过这些考证来推理《经》《注》混淆、脱文错简的可能性，用大小两种字体，来标示全祖望提出的"注中注"的观点。并且根据从各种地志中节录的《水经注》佚文，尝试辑补《水经注》中脱去的数篇文字。如在卷十九《渭水下》文字之后，即辑补了丰水、泾水、汭水等篇目。除此之外，他还将与校勘相关的字句订讹从《注释》本按语中分离开来，单独撰成《水经注笺刊误》（共十二卷）。综上所述，对郦《注》进行如此详尽研究的，在此之前并未有过。郦学研究至此已经初具规模了。

乾隆三十九年（1774），由戴震主持校勘的武英殿聚珍版《水经注》（以下简称"殿本"）刊行，可谓清代最负盛名的《水经注》版本。殿本在校勘中提到以"原本"做参考，补充了不少文字。但"原本"究指何书，并未说明。不过据殿本的提要文字，"原本"应即当时从内府发现的《大典》本。借助"原本"，殿本中第一次收录了完整的郦道元《水经注》原序。另外殿本还将许多文字佶屈、无法卒读之处疏理通畅，对错简阙文也进行了大规模的厘清补正。当然，现在已知这些郦学研究史上的重要推进，并非完全依据《大典》本的发现而取得的。但是，在当时看不到各种校本、不知道沈本和《注释》本存在的情况下，读到殿本时由其中"原本"所感受到的权威性是可以想见的。然而，这恐怕也是殿本最令人诟病之处，即用过于简略的按语对校改缘由一笔带过，导致许多校订看起来不免过于武断或证据不足。倘若作为一种通行的《水经注》版本，殿本自有其超越之前相关著述之处；但是作为郦学研究的著作来讲，殿本中的一些校订则显然缺乏说服力。这也是后来在沈炳巽、全祖望、赵一清等的著作为更多人所知晓，加之残宋本和《大典》本等古本从内府流出后，殿本依托"原本"的版本优势便几乎被摧毁的原因。非但如此，殿本还卷入到"戴赵相袭"案的聚讼纷争之中，又不免令其学术价值打了不少折扣。不过，客观来讲，殿本的问世对《水经注》的研究还是有相当大的促进作用的。

之后，清代的治郦学者开始在舆地方面有了更多的侧重。咸丰年间（1851—1861），汪士铎以《水经注释》为底本，进行了细致的地望考证和河道流路梳理，除撰有《水经注释文》（稿本）外[62]，还绘制了示意性的《水经注图》。光绪年间（1875—1908），杨守敬及其弟子熊会贞绘制的《水经注图》代表了传统舆地制图类郦学研究的巅峰。在制图过程中，他们不满于殿本过于依赖臆校和体例而对郦《注》文字更改后所产生的与实际地理形势有别的问题，又以王先谦的《合校水经注》为工作底本，撰写《水经注疏》（以下简称"《注疏》本"），在吸收前人校勘成果的同时，重点探讨郦《注》所载河流的地理形势，在地理学上取得了超越前人的成就。是书几经易稿，历数十年至杨、熊二氏身后流传下来数个稿钞本，其中科学出版社影印的钞本与台北中华书局影印的稿本，基本可以反映出《注疏》本最终的撰写面貌。

近代王国维、胡适等学者对《水经注》的研究都用力甚多。当代陈桥驿对《水经注》的研究，最为世人所知。近年来笔者率领的研究团队，在《水经注》版本与地理学研究方面进行了不懈的探索，并出版了《水经注校笺图释》系列三种（渭水流域诸篇、汾水涑水流域诸篇、洛水流域诸篇）。随着时代的推移，一定会有更多的郦学成果涌现。

九、本书的编撰体例

在本书之前，《水经注》的选本已刊行多种，如明代有锺惺《水经注钞》、朱之臣《水经注删》，清代有马曰璐《水经注摘抄》、倪涛《水经注类钞》，近现代则有徐德培《水经注类纂》、范文澜《水经注写景文钞》、谭家健等《〈水经注〉选注》、赵望秦等《水经注选译》、陈庆元《水经注选》、赵永复等《水经注选评》、陈桥驿等《水经注》（选本）、叶当前等《水经注》（选本）、黄忏华《水经注捃华》、张伟国《水经注》（选本），等等，不一而足。如何避免与已有选本的创意重合，且在有限的篇幅里尽可能较为全面地展现《水经注》的面貌，是本书在编选时重点思考的问题。有关本书的具体编纂体例，条陈如下。

一、本书采用的《水经注》底本为商务印书馆《四部丛刊初编》史部所收上海涵芬楼影印的清武英殿聚珍本（殿本），其中卷十七至卷十九《渭水篇》中的文字，依李晓杰主编《水经注校笺图释·渭水流域诸篇》做了校改，并在相应之处以校勘的形式注明。至于本书所选《水经注》其他各卷的文字，则依据《水经注》的一些主要版本，略作校勘，择善而从。另外，还有两点补充说明：其一，殿本《河水》《济水》《渭水》《沔水》《江水》等篇名后面没有"一""二""三"……或"上""中""下"等顺序文字，今依《水经注》的主要版本分别做相应的添加；其二，为方便读者理解，个别节选段落之首括注添加了相应的水名。

二、今本《水经注》共有四十卷，三十余万字。为了能够在有限的篇幅内，较为全面地展示《水经注》的原貌，本书在所选文字方面做了仔细的考虑。具体节选原则说明如下：

其一，保留《水经注》原序与各卷的次序，各卷的水道篇名一般也依照原书，不做改动。

其二，为了从郦道元本人的文字中揭示《水经注》的撰写缘起与具体的撰写过程，特将郦氏本人的原序全文收录。

其三，基于《水经注》"因水以证地，即地以存古"的撰写特点，将正文选释的重点放在了反映这部书所体现的地理学方面。为此，特别将有代表性的卷十七至十九《渭水篇》文字全文收录，在具体注释之外还随文附有《渭水水系示意分图》（六幅）与《长安城及其周边示意图》，另将《〈水经·渭水注〉所载河流名称古今对照表》与《〈水经·渭水注〉所载渭水水系示意全图》置于本书附录，希冀将郦道元所记载的渭水流域干支流的相对位置情况清晰地反映出来，以使读者更好地理解《水经注》这部分的具体内容。

其四，考虑到《水经注》所载内容的丰富性，除原序与卷十七至十九之外，其余各卷文字均选取一则或数则具有一定特色的文字，力图做到"点"与"面"的结合，为读者提供多方位的《水经注》阅读体验。

其五，遇同一卷内有多个水道篇名并列时，在所摘选的每则内容之后括注篇名，方便读者与《水经注》原书参照查考。

其六，为区别《水经》的《经》文与郦道元的《注》文，在本书所选文字中，《经》文用 3 号宋体，《注》文用 4 号宋体排印。

三、为了便于阅读，本书注释以句为单位，一句一个注码；凡遇一句数注时，则各注连写。每一个自然段为一个注释群，注码各自为序。

四、本书注释力求简明扼要，凡涉及古代山川、城邑名称时，仅简单释出对应的今名与今地[63]；凡涉及历史人物、事件、政区及典章制度时，亦皆仅做简要介绍；凡遇生僻字，加注汉语拼音。

五、本书点评着重通释，着眼点依据文字内容而各有侧重，故本书每编所置的点评之处与详略程度各有不同，"有话则长，无话则短"，并不强求做一致处理。

六、本书旁注侧重信息补充，随文视具体需要而出，文字力求简洁，点到为止。

　　要之，《水经注》一书因其开创性的体裁、开放性的内容而堪称"宇宙奇书"，本书因篇幅体例等方面的限制，只能借"选读"之体而"管窥"郦书之"吉光片羽"。也正因如此，书中难免挂一漏万，不足之处，敬请方家不吝指正。本书在具体撰写过程中，得到了中西书局编辑王宇海先生的鼎力支持；复旦大学历史地理研究中心博士后杨智宇帮助校读了书稿的全部内容，并提出了一些修正意见；复旦大学历史地理研究中心 2021 级博士生孟娇、田家尧、杨志国三人协助绘制了本书所附的渭水水系示意各分图及渭水水系示意全图；复旦大学中文系博士后杨萧杨悉心校订了书稿的排印稿，对其中的不确表述提出了修改建议；复旦大学历史地理研究中心 2019 级博士生龚应俊协助核订了书稿的水道与地名部分，提出了一些改正意见；2022 届硕士鲍明晗专门对书稿中济水河道的流向表述提供了修订意见。在此，一并对他们的辛勤付出表示衷心的感谢。

　　此外，中国科学院地理科学与资源研究所研究员王守春先生、中华书局编审许逸民先生及安徽大学中文系教授杨应芹先生曾悉心审读过本书的样稿，并提出了许多宝贵的修改意见；"百部经典"编纂办公室的张洁女士，在本书的撰写过程中提供了多方面的支持，在此谨向他们表示深深的谢意。

①　Joseph Needham, *Science and Civilisation in China, Vol. I*, Cambridge: University of Cambridge Press, 1954, p.259.

②　（清）刘献廷《广阳杂记》卷四。

③　（清）沈德潜《沈炳巽〈水经注集释订讹〉序》。

④　《北史·郦范传》。

⑤　参见胡适《论赵一清的〈水经注释〉稿本的最后状态》，见季羡林主编《胡适全集》第 15 卷，安徽教育出版社 2003 年版，第 204 页。

⑥　"总角"一词最早出现于《诗经》之中，泛指童年。古代儿童将头发分作左右两半，在头顶各扎成一个结，形如两个小"羊角"，故称"总角"。

⑦　赵贞信《郦道元之生卒年考》，《禹贡》1937 年第 7 卷第 1—3 合期。

⑧　杨守敬《水经注疏》之《巨洋水注》下按语。

⑨　陈桥驿《爱国主义者郦道元与爱国主义著作〈水经注〉》，《郑州大学学报（哲学社会科学版）》1984 年第 4 期。又收入氏著《水经注研究二集》，山西人民出版社 1987 年版，第 133 页。另，也有一些学者认为郦道元出生于北魏献文帝拓跋弘皇兴三年（469），参见［日］森鹿三《郦道元传略》，《东洋史研究》1950 年第 6 卷第 2 号；段熙仲《〈水经注〉六论》，收入《水经注疏》附录，江苏古籍出版社 1989 年版。

⑩　参见陈桥驿《郦道元评传》第 2 章"郦道元及其家世"，南京大学出版社 1994 年版，第 28—29 页。

⑪　王守春《郦道元与〈水经注〉新解》，海天出版社 2013 年版，第 6—7 页。

⑫　胡适《试考〈水经注〉写成的年岁》，见季羡林主编《胡适全集》第 17 卷，第 254 页。

⑬　贺昌群《影印〈水经注疏〉的说明》，见杨守敬纂疏，熊会贞参疏《水经注疏》卷首，科学出版社 1957 年版，第 1 页。

⑭　岑仲勉《〈水经注〉卷一笺校》，《中外史地考证》（上册），中华书局 1962 年版，第 210—211 页。

⑮　陈桥驿《郦道元与〈水经注〉》，上海人民出版社 1987 年版，第 40 页。

⑯　徐中原《〈水经注〉研究》，民族出版社 2012 年版，第 18 页。

⑰　张鹏飞《郦道元年谱拾遗补正》，《甘肃社会科学》2012 年第 5 期。

⑱　［日］森鹿三《〈水经注〉（抄）》，《中国古典文学大系》第 21 卷，平凡社 1974 年版，第 387—388 页。

⑲　《唐六典》卷七。

⑳　（北魏）郦道元《水经注》原序。

㉑　王先谦《合校水经注》序。

㉒　赵永复《〈水经注〉究竟记述多少条水》，《历史地理》第 2 辑，上海人民出版社 1982 年版。传统观点认为《水经注》记载的水道有 1252 条，见《唐六典》卷七。

㉓　参见王成组《中国地理学史（先秦至明代）》，商务印书馆 1988 年版，第 139 页。

㉔　此表参考王成组所作表格（《中国地理学史（先秦至明代）》，第 139 页）经大幅修订后改制而成。

㉕　图中的卷目（为简洁改用阿拉伯数字）后面所标的英文字母为该卷内所载水道篇名的顺序。另，篇目所无的文字外加括号，以示区别。

㉖　陈桥驿相关研究成果参见其所著《〈水经注〉研究》一书，天津古籍出版社 1985 年版。本节除一些分类统计数字之处外，其余所涉内容不再一一出注，特此说明。

㉗　清人汪士铎与杨守敬曾分别绘有《水经注图》（参本书下节所述）。当代李晓杰带领的研究团队也已绘出渭水、汾水、涑水及洛水流域符合现代学术规范的大比例尺《水经注图》。参见李晓杰主编《水经注校笺图释》（渭水流域诸篇，复旦大学出版社 2017 年版；汾水涑水流域诸篇，科学出版社 2020 年版；洛水流域诸篇，科学出版社 2021 年版）。

㉘　陈桥驿《〈水经注〉记载的瀑布》，《〈水经注〉研究》，第 53 页。

㉙　陈桥驿《〈水经注〉记载的温泉》，《〈水经注〉研究》，第 78 页。

㉚　陈桥驿《〈水经注〉的地貌描述》，《〈水经注〉研究》，第 99 页。

㉛　陈桥驿《〈水经注〉对于峡谷的描述》，《〈水经注〉研究》，第 103 页。

㉜　陈桥驿《〈水经注〉记载的植物地理》，《〈水经注〉研究》，第 111 页。

㉝　陈桥驿《〈水经注〉记载的动物地理》，《〈水经注〉研究》，第 124 页。

㉞　陈桥驿《〈水经注〉记载的伏流》，《〈水经注〉研究》，第 43 页。

㉟　陈桥驿《郦道元评传》，第 163 页。

㊱　陈桥驿《〈水经注〉记载的桥梁》，《〈水经注〉研究》，第 196 页。

㊲　李晓杰主编《水经注校笺图释・洛水流域诸篇》，第176—177页。

㊳　陈桥驿《〈水经注〉记载的兵要地理》，《〈水经注〉研究》，第179页。

㊴　陈桥驿《郦道元与〈水经注〉》，第108页。

㊵　王国维《两汉魏晋乡亭考》，《王国维全集》第11卷，浙江教育出版社2009年版。

㊶　（清）钱大昕《潜研堂文集》卷12《答问九》。另，陈桥驿以钱氏在《答问》中的提问表述而视作对郦氏记载的肯定，显系未察而致误，参见氏著《郦道元与〈水经注〉》，第107—108页。

㊷　陈桥驿《〈水经注〉与地名学》，《〈水经注〉研究》，第319页。

㊸　陈桥驿《〈水经注〉与地名学》，《〈水经注〉研究》，第319—327页。

㊹　郑德坤《水经注引书考》序，艺文印书馆1974年版。另，陈桥驿《水经注・文献录》（收入氏著《水经注研究二集》），将《水经注》引书分成地理、历史、人物、图籍、论说、杂文、诗赋等十八类，共著录了477家，可资参考。

㊺　《魏书》卷八九《郦道元传》。

㊻　陈桥驿《水经注・金石录》序，《水经注研究二集》，第521页。

㊼　（明）杨慎《水经注所载碑目》，《四库全书存目丛书》史部，第278册，齐鲁书社1996年版。

㊽　施蛰存《水经注碑录》，天津古籍出版社1987年版。

㊾　方向东《〈水经注〉词语举隅》，《语文研究》2002年第4期；王彦坤、王红美《"潭涨"商榷》，《古汉语研究》2010年第2期。

㊿　王东《〈水经注〉词语拾零》，《古汉语研究》2005年第2期。

51　鲍善淳《〈水经注〉词语札记》，《古汉语研究》2003年第2期。

52　刘新光《"实中城"考原》，《国学学刊》2020年第3期。

53　陈桥驿《中国古代的方言地理学——〈方言〉与〈水经注〉在方言地理学上的成就》，《中国历史地理论丛》1988年第1期。

54　今《水经注》四十卷本，是后人离析所存原三十五卷内容所致。

55　现藏于国家图书馆。

㊞　这五部明钞本分别是常熟瞿镛铁琴铜剑楼旧藏本、常熟陈揆稽瑞楼旧藏本、松江韩应陛读有用书斋旧藏本、湖州陆心源十万卷楼旧藏的明末清初的冯舒校勘本及民国史学家朱希祖当年得到的一部明钞本。除冯舒校勘的明钞本现藏日本静嘉堂文库外，其余四部明钞本现皆藏于国家图书馆。

㊟　全祖望《五校》稿本与《七校》钞本二书，现皆藏于天津图书馆。

㊠　至于光绪年间薛福成出资刊刻的《全氏七校水经注》，夹杂后人根据他书掺入的观点更多，与全氏《七校水经注》原稿本相去也就更远了。

㊡　按，比照古本《水经注》的版式，经过最新的研究，全祖望的这一观点恐怕并不能成立。

㊢　即《四库全书》采进本。

㊣　赵一清后人刊刻的《水经注释》（附《水经注笺刊误》）有多种版本，如小山堂初刻本、初刻修改本、初刻重修本、重刻本、重刻修改本、张氏花雨楼刻本及会稽章氏刻本等。

㊤　此稿本现藏于复旦大学图书馆。

㊥　本书卷十七至十九选读中有关水道与城邑的今地释文采用了李晓杰主编《水经注校笺图释·渭水流域诸篇》中的结论，限于体例不再一一出注，特此说明。

水经注

原序 [1]

从郦道元原序中，可以了解他撰写《水经注》的缘起与方式方法。

序曰 [2]：《易》称天以一生水 [3]，故气微于北方 [4]，而为物之先也 [5]。《玄中记》曰 [6]：天下之多者水也，浮天载地，高下无所不至，万物无所不润。及其气流屆石 [7]，精薄肤寸，不崇朝而泽合灵宇者，神莫与并矣 [8]。是以达者不能测其渊冲 [9]，而尽其鸿深也 [10]。

[注释]

[1] 明代各种《水经注》刊本卷首皆无郦道元的原序。清代

乾隆年间，治郦名家赵一清撰写《水经注释》时，由孙潜所过录的柳大中本中抄录到部分郦道元原序。而世人所见到的完整郦氏原序文字，则是由四库馆臣从《大典》本中移录并刊于殿本之中的。　[2]序曰：指以下内容为《水经注》之"序"。此二字可能是后人所加。　[3]《易》称天以一生水：指按照《周易》的说法，自然界首先生成水。《易》，即《周易》，又可称《易经》，儒家重要经典之一，内容包括《经》和《传》两部分。天，天道，泛指自然，可引申为世界的本原。一，古人认为一是对应于天道的数字。按，"天以一生水"一句是《汉书·律历志上》中对《易·系辞》的演绎，并非出自《周易》。　[4]气微于北方：精气隐行在北方。气，精气，指天地的灵气。微，隐秘地行走。按，根据八卦和五行的搭配，水所在卦爻也是北所在卦爻，所以可以以水来引出北方的概念。　[5]为物之先：成为万物的先驱。换言之，万物随后生成。《易·系辞上》有"精气为物"的说法。　[6]《玄中记》：东晋郭璞撰，专记地理、博物、志怪小说等，原书已经亡佚，今有辑本。　[7]"及其气流届石"三句：是说水气触山崖石壁而出，细致、微小，顷刻之间润泽天地众物。届，到。肤寸，古代长度概念，指巴掌大小的地方；肤，约四指宽，寸约一指宽，四寸为一肤。崇朝，即终朝，一个早晨的时间，喻指时间之短。　[8]神莫与并矣：神灵也不可与之相比。　[9]达者：通达事理的人。渊冲：如渊之深，喻指奥妙。　[10]鸿深：深广。

［点评］

　　水无处不在，万物无不受到水的滋润。早在郦道元撰写《水经注》之前，先民就已认识到水在自然界中的重要性。在序文的开篇，郦道元便引经据典，强调水的普遍性与重要意义，为下文进一步论述起兴铺陈。

昔大禹记著山海[1]，周而不备[2]；《地理志》其所录[3]，简而不周；《尚书》《本纪》与《职方》俱略[4]；都赋所述[5]，裁不宣意[6]；《水经》虽粗缀津绪[7]，又阙旁通[8]。所谓各言其志[9]，而罕能备其宣导者矣[10]。今寻图访赜者[11]，极聆州域之说[12]，而涉土游方者[13]，寡能达其津照[14]，纵仿佛前闻[15]，不能不犹深屏营也[16]。

［注释］

[1]昔大禹记著山海：指《山海经》，郦道元认为是大禹所著。按，有观点认为"大禹记"是书名，抑或是指《禹本纪》或《禹贡》，但本书不取其说。《禹本纪》或《禹贡》在此段后文中都已经提到（后几句中《尚书》即指《尚书·禹贡》，《本纪》即《禹本纪》，详参注释[4]），唯独缺少《山海经》；而纵观《水经注》全书，《山海经》是郦道元引经据典的重要依据，注文中屡屡提及，所以此句中"大禹记著山海"一句所指应该是《山海经》一书，否则难以解释郦道元为何独独在序言中对如此重要的地理著作《山海经》只字不提。另可参见卷二《河水篇》"《山海经》"条注释。大禹，又称夏禹、禹，姒（sì）姓，名文命，疏通江河、兴修沟渠，是《史记》记载的夏代建立者。　[2]周：周到。备：完备。　[3]《地理志》：指东汉班固所作《汉书·地理志》，由三部分内容组成。第一部分收录《尚书·禹贡》和《周礼·职方》两篇文字，作为前代地理变化的叙述；第二部分记载了西汉末年

103 个郡国和 1587 个县邑道侯国的建置沿革，以及相关的自然、经济、人口等方面的信息；第三部分收入刘向的《域分》和朱赣的《风俗》，相当于汉代的全国区域和风俗地理。　[4]《尚书》：此处指《尚书》中的《禹贡》篇。《尚书》是一部汇集上古历史文件和追述古代事迹的儒家经典，其中的《禹贡》是一篇成书于战国时期的地理著作，主要以自然分区方法将全国分为九州，假托为夏禹治水以后的政区，记载各区域的山川泽薮（sǒu）、物产贡赋。《本纪》：指《禹本纪》，原书早已亡佚。按，《禹本纪》一名最早见于《史记·大宛列传》所载太史公曰："《禹本纪》言'河出昆仑。昆仑其高二千五百余里，日月所相避隐为光明也。其上有醴泉、瑶池'。今自张骞使大夏之后也，穷河源，恶睹本纪所谓昆仑者乎？故言九州山川，《尚书》近之矣。至《禹本纪》《山海经》所有怪物，余不敢言之也。"由此可以看出，《禹本纪》的内容也和地理山川有关，至郦道元撰《水经注》时，或许还能得见。《职方》：指《周礼》中的《职方》篇，又称《职方氏》，是大体成书于战国时期的地理著作，主要记载了九州的区域和境内重要的山镇、泽薮、川浸、物产等。　[5] 都赋：文学体裁的一种，采用铺张的手法，描写都城、宫宇、园苑等，以东汉班固所撰《两都赋》和西晋左思撰《三都赋》为代表，尤其是《两都赋》中的《西都赋》，详细叙述了长安的形势、物产、宫廷等情况。都，京都，中央政府所在的城市。　[6] 裁不宣意：指受到体裁限制而不能确切地表达地理信息。　[7]《水经》：现存中国第一部记叙河道水系的专书。相传为东汉桑钦所撰。据文本分析，《水经》作者当是三国时曹魏人。自北魏郦道元注《水经》后，《水经》一书便依附于郦氏《水经注》而流传至今。《水经》以水道为纲，每水为一篇，专记其源流和流经地方。粗缀（zhuì）津绪：指粗略地用文字联结起水道源头及其流向。缀，联结。绪，头绪，开端，这里指水道源头。 [8] 阙：同"缺"，缺少。旁通：此处指水道的支流及其相关的其他信息。 [9] 各言其志：指不同著作各自表达自己的想法。 [10] 罕能备其宣导者：很少有著作能详细叙述水系脉络的。罕，稀少。备，完备。宣导，疏通，引导，这里指水道的走向、脉络。 [11] 寻：沿着，顺着。赜（zé）：指幽深难见的地方。 [12] 极聆州域之说：听遍了关于州郡疆域的谈说。极，尽。聆，听。 [13] 涉土游方者：指游历四方的人。 [14] 寡能达其津照：很少能够比照著述来观察河流。寡，缺少。达，通晓。津照，指与河流对照印证。 [15] 纵仿佛前闻：即使与之前所听到的内容依稀相似。纵，即使。仿佛，好像。 [16] 不能不犹深屏营也：还是会深深感到惶恐而无所适从。犹，还，仍然。屏营，惶恐。

[**点评**]

郦道元在列举前代出现的几部有代表性的地理典籍的同时，分别指出了其中存在的各自缺陷与不足。然后又提到与其同时代的人，虽然见多识广，却没能补充修订前代的记载。郦道元行文至此，仍是为引出他本人撰写《水经注》的动机做铺垫。

余少无寻山之趣[1]，长违问津之性[2]。识绝深经[3]，道沦要博[4]。进无访一知二之机[5]，退无观隅三反之慧[6]。独学无闻[7]，古人伤其孤陋[8]；捐丧辞书[9]，达士嗟其面墙[10]。默室求深[11]，闭舟问远，故亦难矣。然毫管窥天[12]，

《论语·述而》："举一隅不以三隅反，则不复也。"

《礼记·学记》："独学而无友，则孤陋而寡闻。"

历筒时昭，饮河酌海^[13]，从性斯毕。窃以多暇^[14]，空倾岁月，辄述《水经》，布广前文。

[注释]

[1] 寻山之趣：探索名山的兴趣。　[2] 违：背离。问津之性：探访江河的性情。　[3] 识绝深经：学识上不能理解深奥的经书。绝，断绝，不通，引申为不能理解的意思。经，作为典范的书籍。　[4] 道沦要博：方法上沉沦于求大求广。　[5] 机：素质，禀赋。　[6] 观隅三反：举一反三、由此识彼的意思。隅，方面，角落。反，类推。　[7] 独学无闻：指独自学习，无人切磋，因而孤陋寡闻，见识不多。　[8] 伤：感伤，悲哀。　[9] 捐：舍弃。丧：丧失。　[10] 嗟（jiē）：忧叹，感叹。面墙：比喻没有学识，像面对墙一样一无所见。　[11]“默室求深”三句：郦道元意指自己足不出户，闭门造车，要想在学识上有所精进的话，难度很大。　[12]“然毫管窥（kuī）天”二句：是说虽然用小管子看天，但多看几次（多用几根管子）就能看清楚。　[13]“饮河酌（zhuó）海”二句：是说像“偃鼠饮河”“以蠡测海”的典故说的那样，顺应这样的本性就可以了。饮河，见《庄子·逍遥游》“偃鼠饮河，不过满腹”，比喻胃口不大，所需有限，郦道元的谦辞。酌海，见东方朔《答客难》“以管窥天，以蠡测海。”蠡，贝壳做的瓢。用贝壳来量海，比喻观察和了解很狭窄很片面，也是郦道元的谦辞。从性，顺应本性。斯，乃。毕，完结。　[14]“窃以多暇”四句：郦道元指自己余暇时间不少，与其虚度光阴，不如就阐述《水经》这本书，丰富前人的文字。辄（zhé），同“则”，就，即。布广：流布增广。

[点评]

　　此段文字中，郦道元一方面谦虚地说自己学识有限，另一方面表达了他自己知难而上的意愿，希望利用闲暇时间，通过做些增补《水经》的工作来丰富前人的著述。

　　《大传》曰 [1]：大川相间 [2]，小川相属，东归于海。脉其枝流之吐纳 [3]，诊其沿路之所躔 [4]，访渎搜渠 [5]，缉而缀之 [6]。《经》有谬误者 [7]，考以附正。文所不载，非经水常源者，不在记注之限 [8]。

[注释]

　　[1]《大传》：汉初伏胜所著《尚书大传》的简称，久已残缺，今存清代陈寿祺重校补本五卷。　　[2]"大川相间"三句：是说大的河流相互隔开，而小的河流都纷纷交汇到大的河流上，一起东流入海。　　[3]脉：原指血脉、脉搏，引申为连贯而有条理的事物，这里用作动词，察视的意思。吐纳：吞吐，吞进吐出，这里指河流的融汇与分流。　　[4]诊：原指看病，引申为察看。躔（chán）：原指兽走过的足迹，此处是经历的意思。　　[5]访渎（dú）搜渠：指找寻各种河流。"访""搜"二字都有寻求的意思。渎、渠，泛指各种河流。按，此处的"访渎搜渠"由上下文意可知是指郦道元在前人书籍中对"渎""渠"的查找，而非到实地的亲自踏勘。　　[6]缉：通"辑"，收集起来依次编排的意思。缀之：参见前文"粗缀津绪"条注释。　　[7]《经》有谬误者：指《水经》文字

中有错误的地方。   [8] 不在记注之限：不在记录、注释的规定范围内。换言之，不纳入记载。

[点评]

前一段文字中，郦道元谈及撰写《水经注》的缘由和指导思想，而此段首起《大传》引文，详细介绍了"记注"的过程和体例。其中需要注意的是，"访渎搜渠"不能单纯理解为实地考察，而应当看作郦道元在众多历史资料中爬梳，之前两句"脉其枝流之吐纳，诊其沿路之所躔"所指，便是他爬梳史料的具体方法，然后将所得材料"缉而缀之"，并考证《经》文的谬误。之后两句则指出特例的处理方式：所谓"文中不载"，指的是那些不在文献中出现的河流；而"非经水常源者"则指那些虽然出现在史料中，但却不属常流不断的水源；凡此二者，郦道元都不会纳入《水经注》一书中"记注"的范围。因此，结合前一段文字中郦道元提到自己并无探访名山大川的兴趣和性情，显然"记注"的主要来源不是实地走访而是各种文献资料，这恰好和"访渎搜渠，缉而缀之"相暗合。

但绵古芒昧[1]，华戎代袭[2]。郭邑空倾[3]，川流戕改[4]。殊名异目[5]，世乃不同。川渠隐显[6]，书图自负。或乱流而摄诡号[7]，或直绝而生通称[8]。枉渚交奇[9]，洄湍决渡。躔络枝烦[10]，条贯系夥。十二经通^[11]，尚或难言。轻流细漾，固难辩究。正可自献迳见之心^[12]，备陈舆徒之说^[13]，其所不知^[14]，盖阙如也。所以撰证本《经》，附其枝要者^[15]，庶备忘误之私^[16]，求其寻省之易^[17]。

［注释］

[1] 绵古芒昧（mèi）：指古代延续久远，许多事情已模糊不清。绵，延续，连续。芒，通"茫"。　[2] 华戎代袭：指华族、外族的王朝相互更替承继。袭，继承，因袭。　[3] 郭邑空倾（qīng）：指城邑或已无人居住，或已倒塌毁坏。空，罄尽，空其所有。倾，倒塌，覆灭。　[4] 川流戕（qiāng）改：指河流湮没改道。戕，本义为残杀，残害，形容程度剧烈。　[5] "殊名异目"二句：是说河流名称在各个朝代都有改变。　[6] "川渠隐显"二句：是说河流有隐有现，书上的记载和图上的不尽相同。负，违背。　[7] 或：有的。乱流：指两条或多条规模相近的河流交汇后，彼此水流相互影响，产生混乱的情况。摄：持有。诡：诡异，奇特。　[8] 直绝：径直穿越，指一条河流径直穿过另一条河流的情形。通称：通名。　[9] "枉渚（zhǔ）交奇"二句：是说水道曲折交错，急流回旋冲击。枉，弯曲，绕。渚，水中小块陆地。奇，《水经注》中"奇"字常常作"歧"解，含有"岔路、汊道"的意思。洄（huí），水逆流或旋流。湍，水势急速。澓（fù），回旋的水流。　[10] "躔络枝烦"二句：形容水系众多，水网错综。躔，本义是兽走过的足迹，此处引申为水流轨迹。络，环绕。夥（huǒ），多。　[11] "十二经通"二句：是说就算是要搞懂大河大川的流通走向，也都很难

说清。十二经，常见有两种解释，一种解释为十二部经典，比如《庄子·天道》中说孔子"翻十二经"；另一种指十二经脉，如《素问》提到"此十二经之所败也"。结合郦道元前段序言中将河流比作经脉的说法，并联系此处与下句中"轻流细漾"对举的情况，此处将"十二经"理解为"大河大川"则显得更加合理些。　[12] 自献迳（jìng）见之心：指郦道元自己提出直率见解的一片诚心之举。　[13] 备陈舆徒之说：详细罗列各种观点。舆徒，车马徒众。　[14] "其所不知"二句：是说对那些未知的东西，也只能保持它们缺省的样子了。阙，缺失，残缺。如，这里作形容词后缀，表示"……的样子"。　[15] 所以撰证本《经》、附其枝要者：之所以撰写考证《水经》的文字并附记各条支流和要点的原因。所以……者，（事物）之所以……（的原因）。　[16] 庶备忘误之私：指希望能给自己留下参考，以免遗忘和疏误。庶，希望，但愿。　[17] 求其寻省（xǐng）之易：图求寻找和查阅的方便。

[**点评**]

　　叙述完注述《水经》的体例之后，郦道元在本段文字中，详细表达了为《水经》作注的具体困难。时间上，距离《水经》成书年代已经久远；空间上，城郭兴废，河湖改易；人们的记述中，地名、水名既有变易又有重复，与图籍所载常难以相合；加之《水经》所涉水系本身庞大而且繁复，后人欲厘清其中源流、辨明古今变迁，实非易事。在这种情况下，郦道元谦逊地表示，撰成《水经注》的主要用意，就是想整理一份方便自己查阅的资料，以防遗忘或谬误。然而，正是在这样一种"无用之用"

的创作追求之下，其求实存真、博采众说之举，在开创
了一种新的文体的同时，为后世留下了一份极其珍贵的
文献资料。我们今天了解中古时期及其以前的地理问题，
须臾不能离开这部旷世奇书。

卷一

河水一 [1]

河水 [2]

《春秋说题辞》曰 [3]：河之为言荷也 [4]。荷精分布 [5]，怀阴引度也 [6]。《释名》曰 [7]：河，下也，随地下处而通流也。《考异邮》曰 [8]：河者，水之气，四渎之精也 [9]，所以流化 [10]。《元命苞》曰 [11]：五行始焉 [12]，万物之所由生，元气之腠液也 [13]。《管子》曰 [14]：水者，地之血气，如筋脉之通流者，故曰，水具财也。五害之属 [15]，

《水经注》以河流为篇名。因为各条河流长短不一，所以《水经注》在分卷上并没有特定的规律可言，对于较长的河流，一水可分为若干卷，如济水占二卷，江水占三卷，等等。若是遇到流程较短的河流，郦道元则将相关若干条水并入一卷中叙述，如卷十一列出了易水、滱水二篇，而卷三十二中更是出现了十四条水之多的篇名。

《水经注》开篇即河水，且占据五卷之多，由此可见黄河在古人心目中的重要地位。

在《水经注》

水最为大。水有大小，有远近，水出山而流入海者，命曰经水[16]。引佗水入于大水及海者[17]，命曰枝水[18]。出于地沟流于大水及于海者，又命曰川水也。《庄子》曰[19]：秋水时至，百川灌河，经流之大。《孝经援神契》曰[20]：河者，水之伯[21]，上应天汉[22]。《新论》曰[23]：四渎之源，河最高而长，从高注下，水流激峻，故其流急。徐幹《齐都赋》曰[24]：川渎则洪河洋洋[25]，发源昆仑[26]，九流分逝[27]。北朝沧渊[28]，惊波沛厉[29]，浮沫扬奔[30]。《风俗通》曰[31]：江、河、淮、济为四渎。渎，通也，所以通中国垢浊[32]。《白虎通》曰[33]：其德著大，故称渎。《释名》曰：渎，独也，各独出其所而入海。

卷一所述河水内容中，还提到了包括今天巴基斯坦的印度河、印度的恒河、中国新疆维吾尔自治区的塔里木河等许多河流，而卷末提到的"蒲昌海"则在今天新疆东部的罗布泊地区。之所以如此，是因为古人对黄河河源的认识有误，郦道元囿于其所处的时代，也自然承袭了这些说法。换言之，《水经注》卷一所描写的河水上游信息反映的是南北朝及其之前人们对黄河发源及上游地区的各种认识，其中包含与实际地理不相符合的内容，这是需要在此着重说明的。

[注释]

[1]河水：今黄河。黄河是中国第二大河，其上源卡日曲出青海省巴颜喀拉山脉的各姿各雅山麓，东流经四川、甘肃、宁夏、内蒙古、陕西、山西、河南等省区，在山东省北部汇入渤海。　[2]此二字为《水经》之文，下面的文字为郦道元针对此二字所做的注文。在《水经注》原书中，《水经》文字都是单独提行、顶格书写（刊刻）的。　[3]《春秋说题辞》：又作《说题辞》，汉代纬书的一种，撰者不详，久佚。纬书是与经书（《诗》《书》

《礼》《乐》《易》《春秋》等）相配的，大都带有强烈的神秘色彩。　[4] 荷：负荷，承载。　[5] 荷精分布：承载着天地之精气，把它们散布到四方各地。精，精气。分布，散布。　[6] 怀阴引度：包孕着水而引导通渡。怀，怀蕴，包孕。阴，指水。引度，即"引渡"，引导水流。　[7]《释名》：中国第一部词源词典，东汉学者刘熙撰，运用训诂的方式，解释字义，探讨事物得名的由来。　[8]《考异邮》：即《春秋考异邮》，汉代纬书之一种，撰者不详。　[9] 四渎：指江、河、淮、济四条大河。渎，水道。　[10] 流化：流经各地，化育万物。　[11]《元命苞》：即《春秋元命苞》，汉代纬书的一种，撰者不详。　[12] 五行：指金、木、水、火、土。中国古代认为自然界由这五种物质构成，并彼此相生相克，从而导致宇宙万物的起源与变化。　[13] 元气之腠（còu）液：是说水是元气凝成的血液。元气，混沌之气。中国古代认为元气是构成万物的原始物质。腠液，皮下肌肉中生成的体液。　[14]《管子》：托名于春秋时期齐国政治家管仲的一部著作，大体成书于战国至秦汉时期，内容庞杂，涉及天文、舆地等多个方面的知识。　[15] 五害：指水、旱、风雾雹霜、疾疫、虫灾五害。　[16] 经水：无阻的水流。　[17] 佗水：旁流的水。佗，同"他"，别的，其他的。　[18] 枝水：支流。　[19]《庄子》：战国时期庄周及其门人后学的著作。分《内篇》《外篇》《杂篇》，是道家最为重要的著作之一。　[20]《孝经援神契》：汉代纬书之一种，撰者不详。《隋书·经籍志》著录为七卷，三国曹魏宋均注，今佚。　[21] 伯：指排行最大者。　[22] 天汉：即银河。　[23]《新论》：东汉桓谭所撰写的一部政论性著作，原书已佚，今有清人严可均辑本。桓谭，范晔《后汉书》有传。　[24] 徐幹：字伟长，北海剧县（今山东省昌乐县）人，善辞赋，为建安七子之一。《齐都赋》：为徐幹赋作代表，描写齐地的山川物产等，今已散佚，后人有辑本。　[25] 洪河：大河。

洋洋：水盛大的样子。 [26]昆仑：指昆仑山。 [27]九流：江河的许多支流。九，泛言其多。分逝：分流。 [28]北朝沧渊：向北汇聚于沧海。 [29]惊波沛厉：惊涛骇浪狂暴汹涌。沛厉，汹涌貌。 [30]浮沫扬奔：浪花飞沫激扬奔腾。 [31]《风俗通》：又称《风俗通义》，东汉应劭撰，主要记载了古代历史、风俗礼仪，奇闻逸事等。原书三十卷、附录一卷，今仅存十卷。 [32]中国：指中原。 [33]《白虎通》：又称《白虎通义》《白虎通德论》，是东汉章帝建初四年（79）在白虎观进行的诸儒经学讨论会议的汇总成果，由史学家班固辑撰而成。

[**点评**]

　　郦道元在这里引经据典，洋洋洒洒数百字，对《水经》原文的"河水"二字进行了不厌其烦的注解，其中还涉及"四渎""经水""枝水""川水"的概念阐述。这一段文字很能凸显郦道元撰写《水经注》一书的方式。自东汉以来，随着佛教的传入，汉译佛经逐渐兴盛起来，出现了"合本子注"的佛经翻译形式——不同的佛经译本常常出现不同的词语，有的晦涩难懂，有的曲解原意，后人在多种译本间经过比对，为寻求对译本与原典的正确理解，而得出的一种比较合理的翻译和阐释的方法。著名学者陈寅恪先生以《比丘大戒二百六十事》（三部合异二卷）为例对这种方法进行了具体的解释："其大字正文，母也。其夹注小字，子也。盖取别本之义同文异者，列入小注中。与大字正文互相配拟。即所谓'以子从母'，'事类相对'者也。"（陈寅恪《支愍度学说考》，《金明馆丛稿初编》，上海古籍出版社1980年版，第163页）当代学者程千帆先生也曾对"合本子注"予以阐释，他说道："子注之兴，盖由后汉以降，佛法西来，一经间有数译……故以一本为正文，为母；以他本为注文，为子；合而为一，以便研寻，于是有合本子注之体也。"（程千帆《史通笺记》，《程千帆全集》第五卷，河北教育出版社2000年版，第91页）这种"合本子注"方法对后世学者影响颇大，在南北朝时期出现的足以令后人瞩目的三部奇书——杨衒之的《洛阳伽蓝记》、刘孝标的《世说新语注》以及郦道元的《水经注》，在一定程度上都可以说是受到了这一著述形式的影响。

卷二

河水二[1]

河水又东注于泑泽[2]，即《经》所谓蒲昌海也。水积鄯善之东北[3]，龙城之西南[4]。龙城，故姜赖之虚[5]，胡之大国也。蒲昌海溢[6]，荡覆其国，城基尚存而至大，晨发西门，暮达东门。浍其崖岸[7]，余溜风吹，稍成龙形。西面向海，因名龙城。地广千里，皆为盐而刚坚也[8]。行人所迳，畜产皆布毡卧之[9]。掘发其下，有大盐[10]，方如巨枕，以次相累。雾起云浮[11]，寡

《经》，指《水经》。《水经注》是针对《水经》而撰写的著述，在书中郦道元提及《水经》时一律简称为"《经》"。

参见《山海经》卷二《西山经》。

见星日，少禽多鬼怪。西接鄯善，东连三沙[12]，为海之北隘矣。故蒲昌亦有盐泽之称也。《山海经》曰[13]：不周之山[14]，北望诸毗之山，临彼岳崇之山，东望泑泽，河水之所潜也[15]。其源浑浑泡泡者也[16]。东去玉门阳关千三百里[17]，广轮四百里。其水澄渟[18]，冬夏不减，其中洄湍电转[19]，为隐沦之脉[20]，当其澴流之上[21]，飞禽奋翮于霄中者[22]，无不坠于渊波矣。即河水之所潜，而出于积石也[23]。

[注释]

[1] 本卷接续卷一，继续讨论河水源头及其上游河道，所叙河水至西汉眗卷县（西汉属安定郡，治今宁夏回族自治区中宁县东北一带）境止。《水经注》记载河水是“重源潜发”，发源于昆仑，汇入蒲昌海，然后隐没于地下成为潜流，再次在西塞外面发源，流经敦煌、酒泉、张掖后，从积石山流出，流经中原地区。这一说法显然与我们所了解的黄河流路了不相涉，完全不符合地理上的事实。自积石山（今阿尼玛卿山，在青海省东南部，延伸至甘肃省南部边境，是昆仑山脉的中支。黄河绕积石山东南流）以下的河水水道，《水经注》中的记载才与今天的黄河河道基本相合。 [2] 泑（yōu）泽：即今新疆罗布泊。 [3] 鄯（shàn）善：古西域国名，由古楼兰改称而来。其城位于今新疆塔里木盆地东南缘罗布泊西南面的若羌。 [4] 龙城：指长期受疏勒河水冲刷形成的尾闾崖岸（参见侯灿《楼兰三说正谬》，《西域历史与考古研

究》，中西书局 2019 年版，第 411 页）。　　[5] 姜赖：似指姜戎。虚：同"墟"，故城，废墟。按，此处郦《注》"姜赖之虚"之说是否属实，待考。　　[6]"蒲昌海溢"二句：是说蒲昌海泛滥，把姜赖之国都冲垮了。　　[7]"浍（kuài）其崖岸"三句：是说蒲昌海水退去后，在崖岸下形成了很深的沟漕，又经过多年风吹，形成了一个龙形的行列。浍，原指田间去水的大沟。溜，一行列，一溜。　　[8] 皆为盐而刚坚：指地面由大量的盐组成，十分坚硬。　　[9] 皆布毡卧之：指地上要铺垫好毛毡才可以让来往的行人和牲口躺下。　　[10] 大盐：巨大的盐矿。　　[11]"雾起云浮"：此句殿本前原有"类"字，今据《注疏》本删。[12] 三沙：又称三陇沙，指位于玉门关以西、古鄯善国以东的沙漠或戈壁地区。　　[13]《山海经》：作者不详。包括《山经》五卷，《海经》十三卷。各卷著作年代并无定论，部分为战国时期作品，部分为西汉初期作品。主要内容为黄河与长江流域的自然地理、人文地理、民俗以及周边和域外的地理和传闻，还保存了许多神话传说。　　[14]"不周之山"四句：是说不周山，向北可望见诸毗（pí）之山，下俯临视岳崇之山，向东可望见泑泽。按，《山海经》提及的不周、诸毗及岳崇等山的具体地望无考。　　[15] 河水之所潜：河水在这里潜入地下。按，此处描写的"河水"实际上是古塔里木河。[16] 浑浑泡泡：水流喷涌的声音。　　[17] 玉门：指玉门关，汉武帝置，在今甘肃省敦煌市西北小方盘城。阳关：汉武帝置，在玉门关之南，为通往西域的交通要道，遗址在今甘肃省敦煌市西南古董滩附近。　　[18] 澄渟（tíng）：指水清澈而平静。　　[19] 电转：比喻转动之快。　　[20] 隐沦之脉：指其中隐藏着河水的主脉。　　[21] 澴（huán）流：回旋的水流。　　[22]"飞禽奋翮（hé）于霄中者"二句：是说那些天空中展翅飞翔的鸟儿，只要经过这些漩涡之上，无不坠落其中。翮，鸟的翅膀。　　[23] 积石：即积石山。

[点评]

　　本段文字所描写的是今天新疆塔里木盆地东部的罗布泊洼地。《水经注》用文字为当时的蒲昌海地区拍了一张"快照"。"相片"中有传神的"龙城"，有神奇的盐碱地，也有波涛汹涌的"海"面。《水经注》成文至今，时间久远，地表变化巨大，那张当时的"快照"上，曾经宽阔浩瀚的蒲昌海已经消失。至 20 世纪 70 年代，随着塔里木河的水量骤减，曾经是中国第二大咸水湖的罗布泊迅速退化、干涸，留下的是一圈圈的盐壳。

　　《初学记》卷七《桥》下所引与此略同。《水经注疏》熊会贞曰："《诗·卫风》'在彼淇厉'，桥本有'厉'之名。"

　　按段国《沙州记》[1]：吐谷浑于河上作桥[2]，谓之河厉[3]，长百五十步，两岸累石作基陛[4]，节节相次，大木从横更镇压[5]，两边俱平，相去三丈，并大材以板横次之[6]，施钩栏[7]，甚严饰[8]。

[注释]

　　[1] 段国《沙州记》：段国，南朝宋人。《沙州记》一名《吐（tǔ）谷（yù）浑记》，记录沙州地区（今青海省贵南县境内）的地理和风俗，原书早已亡佚，今仅存辑本。　[2] 吐谷浑：又作"吐浑"，鲜卑慕容部的一支，先祖居徙河青山（今辽宁省义县境内），西晋末，首领吐谷浑率部西迁至今甘肃、青海间，后以吐谷浑为姓氏，从事游牧，用汉文。[3] 河厉：指河桥。[4] 陛：台阶。[5] 大木从（zòng）横更镇压：指用粗大的木头纵横叠压而成桥梁。从，通"纵"。　[6] 并大材以板横次之：指桥梁之上又用巨大的木板横铺成桥面。　[7] 施钩栏：上设栏杆。钩栏，又作勾栏，即栏

杆。　[8]严饰：装饰美盛，盛饰。

[点评]

《水经注》中记载了许多大大小小的各式桥梁，这里描写的是其中的一座。在古代，于水流湍急的黄河之上架桥，绝非易事。不过，郦道元摘引《沙州记》中的文字，将吐谷浑当年在黄河之上建造的一座伸臂木梁桥的结构清晰地记录了下来。所谓"河厉"，就是在桥台或桥墩上用圆木或方木纵横叠置、层层挑向河心，最后用木梁相接成为跨越河流的桥梁。由于这种桥的两岸向河中央伸出的悬臂两两相握，因此在当地民间又形象地称之为握桥。这样的造桥技术，在中国古代桥梁史上占有一席之地。

河水右迳沙州北[1]。段国曰：浇河西南百七十里有黄沙[2]，沙南北百二十里，东西七十里，西极大杨川[3]。望黄沙[4]，犹若人委干糒于地，都不生草木，荡然黄沙，周回数百里，沙州于是取号焉。

《太平御览》卷三九《地部》引段国《沙州记》曰："浇河西有黄沙，沙南北一百二十里，东西七里，西极大杨川，望黄沙犹人委干糒，地不生草木，黄沙荡然，沙州取号焉。"

[注释]

[1] 沙州：政区名，建制年代不详，当在今青海省贵南县境内。　[2] 浇河：即浇河城，东晋末吐谷浑筑，故址在今青海省贵德县境内。　[3] 大杨川：今茫拉河。　[4] "望黄沙"二句：是说远望黄沙，就像是有人把干粮倒在地上一样。糒（bèi）：干粮。

［点评］

《水经注》此处所称的"沙州"因沙漠而得名。由于这一地区郦道元无法亲临，所以他借助段国撰写的《沙州记》，将西北沙漠地区进行了场景复原。其中一句"望黄沙，犹若人委干糒于地"，将黄沙与撒在地上的金色粮食作类比，显得格外形象生动，对于没有机会到过西北地区的人们来说，一下就对戈壁黄沙有了深刻的印象。需要注意的是，本段文字中的"沙州"，在今青海省境内的木格滩沙漠附近，而非敦煌地区的古称"沙州"。以今天的地貌分析，敦煌地区为典型风沙地貌，属沙漠化土地，原始地表完全破坏，而四周皆为沙丘、沙漠，干旱缺水。而木格滩沙漠的地形则完全不同，其三面为水，东有西倾山，属于沙漠化草原，即地面堆积条状、块状沙带，深度一般只有几厘米，但沙质地表基本固定，仅在强风时风蚀起沙。由此可见，《沙州记》将其比作"犹若人委干糒于地"的说法，又包含着与一般沙漠特征相区别的含义，自有其精妙所在。

此处郦《注》描述的是今甘肃永靖县炳灵石林的风光，属新生代早期白垩纪紫红色细砂岩堆积而成的丹霞地貌。

清代著名书画家赵之谦曾据《水经注》此处"积书岩"的记载，而创作了画作《积书岩图》。

河水又东北会两川，右合二水，参差夹岸[1]，连壤负险相望[2]。河北有层山，山甚灵秀，山峰之上，立石数百丈，亭亭桀竖[3]，竞势争高，远望参参[4]，若攒图之讬霄上。其下层岩峭举[5]，壁岸无阶，悬岩之中，多石室焉。室中若有积卷矣[6]，而世士罕有津达者[7]，因谓之积书岩。岩堂之内，每时见神人往还矣[8]，盖鸿衣羽裳之士[9]，练精饵食之夫耳。俗人不悟其仙者，乃谓之神鬼。彼羌目鬼曰唐述[10]，复因名之为唐述山。指其堂密之居[11]，谓之唐述窟。其怀道宗玄之士[12]，皮冠净发之徒[13]，亦往栖讬焉[14]。

唐述窟，即今甘肃省永靖县炳灵寺石窟。"炳灵"为藏语"仙巴炳灵"的简化，是"千佛""十万弥勒佛洲"之意。

[注释]

[1] 参差（cēn cī）：杂乱错出、不齐的样子。　[2] 负：依恃，凭借。　[3] 亭亭：高耸直立的样子。桀（jié）竖：耸立。桀，义为木桩，又可通"傑"，意指高出、特出。　[4] "远望参（cēn）参"二句：是说远望群峰高低错落有致，好似聚焦在一起的佛塔，映托于云霄之上。参参，群山高低不齐的样子。攒，积聚、凑集。这里指丹霞地貌层层叠压聚在一起的山峰形态。图，浮图，即佛塔。讬，寄托，映托。　[5] 峭（qiào）：陡直。举：耸立。　[6] 积卷：指藏书。　[7] 世士罕有津达者：世人很少有能渡水而抵达这里的。　[8] 每时：常常，经常。神人：神仙，泛指修炼得道的人。　[9] "盖鸿衣羽裳之士"二句：是说大概都是穿着羽衣的道士，以及修炼精气、食用丹药的人啊。　[10] "彼羌目鬼曰唐述"二句：是说羌族人称鬼为"唐述"，因此又将此山称作唐述山。目，称呼。　[11] 堂密之居：居住在山洞、石窟之中。堂，堂屋，正屋。密，形状像堂屋的山。　[12] 怀道宗玄之士：指道士。　[13] 皮冠净发之徒：指隐士、僧人。皮冠，指以鹿皮为帽，即隐士的服饰。净发，即剃发，佛教出家僧人需要剃发，以此代指僧人。　[14] 亦往栖（qī）讬焉：都向往着寄寓在那里。栖，栖志，即寄托情志。讬，寄托。

[**点评**]

郦《注》此段描写的地理景观，位于今甘肃省永靖县西南的黄河两侧。这一段地形高耸陡峭，岩层呈近似水平状态，是典型的丹霞地貌。《水经注》中提及的"层岩峭举，壁岸无阶"，正是说的水平岩层形成的直立峭壁。郦道元用他的生花妙笔，将这一大自然的鬼斧神工描写得惟妙惟肖。其中他用"攒图"（意即"聚集在一起的密檐佛塔"）这一既罕见又形象的词汇（当然不排除此词另有所本），来比拟由水平岩层形成的重峦叠嶂的山峰，显得既贴切又形象，令人在赞叹郦道元的想象力之余，也不禁想到他是否另含寓意。因为就在接下来的文字中，他便提及了这一区域在黄河北岸开凿的石窟——"唐述窟"，瞬间让天上人间、自然与人文环境都笼罩在一种浓浓的宗教氛围之中，恍若仙境，令人产生无限遐想。不仅如此，在上述铺陈之后，郦道元还不忘对往还于岩堂之内的僧道隐逸之士着些笔墨，犹如一幅写意山水画中的几笔重彩，画龙点睛，让本已为"俗人"所不解的这些"神鬼"们愈发显得神秘莫测。

另外，尚需补充说明一下，文中提到的"唐述窟"，今称"炳灵寺石窟"，最初开凿于西晋时期，《水经注》应该是现存文献中最早记录这一石窟群的典籍。之后，"唐述窟"又历经北魏至明代的不断开凿、修葺，至今仍是人们游览观赏的一处胜地。

卷三

河水三^[1]

河水又东北历石崖山西^[2]，去北地五百里。山石之上，自然有文^[3]，尽若虎马之状，粲然成著^[4]，类似图焉^[5]，故亦谓之画石山也。

[注释]

[1] 本卷所述河水自西汉富平县境起，至高奴县（西汉属上郡，治今陕西省延安市北）境止。　[2] 石崖山：在今宁夏回族自治区平罗县东。　[3] 文：花纹，纹理。　[4] 粲（càn）然：鲜明，清楚。著：著明，显著。　[5] 类似：相像。

《水经注》此卷所载的这段河水先由西南向东北流，然后在今内蒙古自治区巴彦淖尔市境内东折，至托克托县境内折向南流。河水走向、河道位置与今黄河大致相同，主要涉及今天的黄河河套地区。

[点评]

郦道元此段"画石山"的文字描述，其实说的就是今天所称的贺兰山岩画，是先民用凿刻或涂绘的方法在岩石上来表达某些信息。郦道元用"自然有文，尽若虎马之状，粲然成著，类似图焉"这样简洁的文字，即将贺兰山岩画的特点具体而生动地展现了出来，令读者过目难忘。此点最可体现郦道元写景状物的特色。

河水又屈而东流，为北河 [1]。汉武帝元朔二年 [2]，大将军卫青 [3]，绝梓岭 [4]，梁北河是也 [5]。东迳高阙南 [6]。《史记》[7]：赵武灵王既袭胡服 [8]，自代并阴山下 [9]，至高阙为塞。山下有长城 [10]，长城之际，连山刺天 [11]。其山中断 [12]，两岸双阙，善能云举 [13]，望若阙焉。即状表目 [14]，故有高阙之名也。自阙北出荒中 [15]，阙口有城，跨山结局 [16]，谓之高阙戍。自古迄今，常置重捍 [17]，以防塞道。汉元朔四年 [18]，卫青将十万人，败右贤王于高阙 [19]。即此处也。

参见《史记》卷四三《赵世家》、卷一一〇《匈奴列传》、卷一一一《卫将军骠骑列传》。

[注释]

[1]北河：其位置所在大致相当今内蒙古自治区河套平原的乌加河。历史时期，黄河流到河套平原后，河道曾经两分：一条位

于北面，大致沿今乌加河河道向东流；另一条则大致沿今黄河河道向东流。 [2]元朔二年：前127年。 [3]卫青：字仲卿，河东平阳（今山西省临汾市西南）人，西汉名将，卫皇后之弟。原为平阳公主家奴，因卫皇后而为汉武帝赏识，官至大将军，封长平侯。前后七次出征匈奴，解除了匈奴对汉朝的威胁。 [4]绝梓岭：越过梓岭。 [5]梁北河：在北河上架桥。 [6]高阙：在今内蒙古自治区杭锦后旗东北，阴山山脉至此中断，形成缺口，因而为名。北魏时置戍，属沃野镇。 [7]《史记》：中国第一部纪传体通史，原名《太史公书》，西汉司马迁撰。记载了上至上古传说中的黄帝时代，下至汉武帝太初四年间共3000多年的历史。全书包括《本纪》《世家》《列传》《表》《书》等，共130篇。《史记》被列为"二十四史"之首，与《汉书》《后汉书》《三国志》合称"前四史"，对后世史学和文学的发展都产生了深远影响。 [8]赵武灵王：战国赵国君，名雍，前325年即位。赵武灵王十九年（前307）进行军事改革，采用胡服骑射。后相继攻破中山国、林胡、楼烦等国，国势大盛。袭：因袭，搬用。 [9]代：今河北省蔚县东北。并（bàng）：通"傍"，傍依。阴山：在今内蒙古自治区中部及河北省北部，东西走向，西起狼山、乌拉山，中为大青山、灰腾梁山，南为凉城山、桦山，东为大马群山，为山南农耕区和山北游牧区的分界线。 [10]长城：指赵武灵王所修长城，西起高阙，东至代，横亘于阴山南麓，今仍有零星遗迹。 [11]连山刺天：指长城依山而建连绵不绝，远望若插入天际。 [12]"其山中断"二句：是说阴山中间断开一道口子，开口两边的高地，如同两座瞭望的阙楼。岸，指高地。 [13]善能云举：常常云雾缭绕。善，多，常常。 [14]即状表目：以其形态来取名。 [15]出荒中：向北到阴山之北的荒漠。 [16]跨山结局：指阙口之城横跨缺口两边，将塞内塞外两部分联结起来。局，局部，部分。 [17]常置重捍：指经

常重兵把守。捍，抵御，捍御。 [18]元朔四年：前125年。 [19]右
贤王：匈奴官名，四角王之一，位次于左贤王，辖匈奴西部。

[点评]

黄河在内蒙古磴口以北折向东流，历史上主要分为
南、北两支。南支相当于今黄河，在《水经注》中称为"南
河"；北支与今乌加河（总排干渠）大致相当，在《水经
注》中称为"北河"。不过，郦《注》描述北河时常称"河
水"或"河"，略掉"北"字，相反，提及南河时，则一
定有"南"字，由此可知其时北河是黄河的主流。直至
清初，这一情况发生改变，南河成为黄河的主流，北河
则改称为乌加河。

此段《水经注》借北河东流而记载的高阙是一处重
要的军事要塞，阴山山脉在此天然两分，形成耸立的山
口，犹如门阙。在此依山筑城，派兵把守，自能起到拒
敌来犯的效果。从先秦时期开始，高阙之名便成为史籍
中时常出现的战略要地。在此段的郦《注》中，不仅讲
述了高阙得名的由来，而且还引用了《史记》所载，提
及了战国赵武灵王向北开拓疆土，沿阴山筑长城直到高
阙。西汉武帝时大将卫青领兵出征，亦在此地大败匈奴。
《水经注》的记载，为探究高阙的具体地理位置提供了重
要的依据。

荒干水又西 [1]，塞水出怀朔镇东北荒中 [2]，
南流迳广德殿西山下 [3]。余以太和十八年 [4]，从

高祖北巡[5]，届于阴山之讲武台[6]。台之东，有高祖《讲武碑》，碑文是中书郎高聪之辞也[7]。自台西出南上山[8]，山无树木，惟童阜耳[9]，即广德殿所在也。其殿四注两夏[10]，堂宇绮井[11]，图画奇禽异兽之象。殿之西北，便得焜煌堂[12]，雕楹镂枡[13]，取状古之温室也[14]。其时帝幸龙荒[15]，游鸾朔北，南秦王仇池杨难当舍蕃委诚[16]，重译拜阙[17]，陛见之所也[18]。故殿以广德为名。魏太平真君三年[19]，刻石树碑，勒宣时事[20]。《碑颂》云：肃清帝道，振慑四荒。有蛮有戎，自彼氐羌，无思不服，重译稽颡[21]，恂恂南秦[22]，敛敛推亡[23]，峨峨广德[24]，奕奕焜煌[25]。侍中、司徒东郡公崔浩之辞也[26]。碑阴题宣城公李孝伯[27]、尚书卢遐等从臣姓名[28]，若新镂焉[29]。

魏孝文帝北巡之事参见《魏书》卷七《高祖纪》。

杨难当投诚及广德殿之事参见《魏书》卷四《世祖纪》。

广德殿前碑文大意为：治国之道已经肃清，威慑四方荒远之地。从蛮、戎各族，到氐、羌各族，无不心悦诚服，尽管语言不通，却都俯首称臣。南秦之王恭敬如宾，失道之国分崩瓦解。广德殿巍巍峨峨，焜煌堂神光奕奕。

[**注释**]

[1]"荒干水"：此三字殿本原作"芒干水"，今据《注释》本改。荒干水：今大黑河。　[2]"塞水出怀朔镇东北荒中"：此句殿本原作"塞水出怀朔镇东北芒中"，今据《注释》本改。塞水：今万家沟。怀朔镇：北魏六镇之一，治怀朔城（今内蒙古自治区固阳县西南）。　[3]广德殿：北魏行宫，建于太武帝拓跋焘太平真君三年（442），最新的考古发掘认为故址在今内蒙古自治区武川县哈

拉合少乡榆树店村北侧的古城遗址内。西山：今大青山。　[4]余：郦道元自称。太和十八年：494年。　[5]高祖：即北魏孝文帝拓跋宏。太和十八年迁都洛阳，全面改革鲜卑旧俗，进行汉化。　[6]届：到达。　[7]高聪：字僧智，渤海蓨县（今河北省景县）人，北魏前期大臣。　[8]山：具体位置不明，但并非前述广德殿西山。　[9]童阜（fù）：光秃秃的山。　[10]四注：指屋顶四边有檐，使顶上的水从四面流下。两夏（shà）：亦作"两厦"，即两厢。指大殿两旁的廊屋。　[11]绮（qǐ）井：藻井，装饰有彩色雕刻或图案的井形天花板。　[12]焜（kūn）煌堂：宫殿名。焜煌，明亮，辉煌。　[13]楹：堂屋前部的木柱。桷（jué）：方形木椽（chuán）。　[14]温室：即温室殿，汉武帝所建，用于冬日取暖。　[15]"其时帝幸龙荒"二句：是说北魏太武帝拓跋焘，坐銮驾北游朔北荒漠地区。龙荒，漠北。銮，通"銮"，本义为皇帝车驾上的仪铃，代指帝王车驾。朔北，泛指北方。　[16]南秦王仇池杨难当舍蕃委诚：指杨难当撤去藩国称号前来投诚归顺。仇池，山名，在今甘肃成县西。杨难当，白马氏族人，后仇池国第五任王。蕃，通"藩"，藩国的简称。　[17]重（chóng）译：层层转译，指双方言语不通，沟通时需要译者辗转相译。拜阙：向帝王居住的宫阙叩拜，以示尊敬。　[18]陛见：觐见。　[19]太平真君三年：442年。　[20]勒宣时事：刻上碑文，颂扬当时的这件大事。勒，雕刻。　[21]稽颡（qǐ sǎng）：叩头，屈膝下拜，以额触地。颡，额头，脑门。　[22]恂恂：温顺恭谨的样子。南秦：指南秦王杨难当。　[23]敛敛：恭敬谨慎的样子。推亡：推翻行亡道之国。　[24]峨峨：高大庄重的样子。广德：指广德殿。　[25]奕奕：盛大堂皇的样子。焜煌：指焜煌堂。　[26]崔浩：字博渊，清河东武城（今山东省武城西北）人，为北魏太武帝重臣。后与高允同修国史，因以修史而暴露"国恶"之罪被灭族。　[27]碑阴：碑的反面。李孝伯：赵郡平棘（今河北省赵县南）人，北魏前期重臣。 [28]卢遐：北魏范阳涿县（今河北省涿州市）人，取崔浩之女为妻。 [29]镂（lòu）：雕刻。

[点评]

位于阴山之北的广德殿，是北魏太武帝拓跋焘在巡幸阴山一带地区时所建造的，以便巡幸时落脚歇息。太和十八年（494），孝文帝拓跋宏巡幸阴山及北方四镇，这是北魏皇帝最后一次巡幸北疆。郦道元作为当时随从孝文帝巡幸的大臣之一，得以目睹阴山之中广德殿的雄伟、华丽。他在《水经注》里不仅记载了广德殿的位置、形制，还提及了在殿前矗立的由崔浩执笔的广德殿碑，对于今天复原广德殿的形制，具有重要的参考价值。

郦道元为《水经》作注时，大多依赖的是文献资料，而将自己的亲身经历写入注中的地方并不多，此处恰是其中之一。而且，尤为难得的是，郦道元还将游历的时间也一并记入，这在整部《水经注》中非常罕见。

此外，本段中所述《讲武碑》《广德殿碑》是《水经注》中最先出现的碑铭。其中，《广德殿碑》乃崔浩撰文，《水经注》全录其碑颂，足见郦道元对此碑的赞赏。崔浩在当时是颇具争议的人物，据施蛰存《水经注碑录》中分析，《广德殿碑》初立于太平真君三年（442），其时崔浩正得宠用事，而此碑碑阴中并无崔浩之名，故郦道元特意点出乃崔浩所作；而李孝伯晋爵宣城公要到正平元年（451），即崔浩被诛之后一年。由此可知，崔浩死后，此碑碑阴便被改刻，抹去崔浩之名而添李孝伯等从臣，郦道元自然知道其中变故，此处所说"若新镂焉"，实已颇含微词。

卷四

河水四[1]

此段《水经注》所记载的河水流路与今黄河基本相合，其中特别描写了壶口瀑布与砥柱三门峡等黄河沿岸颇具特色的自然景观。

参见《山海经》卷三《北山经·北次三经》。

今本《淮南子·本经训》："舜之时，共工振滔洪水，以薄空桑。龙门未开，吕梁未

河水南迳北屈县故城西[2]，北十里有风山[3]，上有穴如轮，风气萧瑟[4]，习常不止[5]。当其冲飘也[6]，略无生草，盖常不定，众风之门故也[7]。风山西四十里，河南孟门山[8]。《山海经》曰：孟门之山，其上多金玉，其下多黄垩、涅石[9]。《淮南子》曰：龙门未辟[10]，吕梁未凿[11]，河出孟门之上，大溢逆流[12]，无有丘陵，高阜灭之[13]，名曰洪水。大禹疏通，谓之孟门。故

《穆天子传》曰[14]：北登孟门，九河之隥[15]。孟门，即龙门之上口也。实为河之巨陀[16]，兼孟门津之名矣[17]。此石经始禹凿[18]，河中漱广[19]，夹岸崇深，倾崖返捍，巨石临危，若坠复倚。古之人有言[20]，水非石凿而能入石，信哉。其中水流交冲，素气云浮[21]，往来遥观者，常若雾露沾人，窥深悸魄[22]。其水尚崩浪万寻[23]，悬流千丈，浑洪赑怒[24]，鼓若山腾[25]，浚波颓叠，迄于下口。方知《慎子》[26]，下龙门，流浮竹，非驷马之追也。

发，江淮通流，四海溟涬，民皆上丘陵，赴树木。"与郦《注》所载略有不同。

[注释]

[1] 本卷叙述河水自西汉北屈县（西汉属河东郡，治今山西省吉县北）境内的风山、孟门山（二山位于黄河西侧的今陕西省宜川县和东侧的今山西省吉县的黄河壶口附近），由北向南流至华阴县（西汉属京兆尹，在今陕西省华阴市东）潼关（东汉时所设关隘，故址在今陕西省潼关县东南，处陕西、山西、河南三省交界之地），与渭水（今渭河）会合后折向东流，至西汉平阴县（西汉属河南郡，治今河南省洛阳市孟津区北）东境止。　[2] 北屈县故城：在今山西省吉县北。　[3] "北十里有风山"：此句殿本原作"西四十里有风山"，今据《注疏》本改。　[4] 萧瑟：草木被风吹过的声音。　[5] 习常：经常。　[6] 冲（chōng）：冲风，即狂风、暴风。飘：飘风，即旋风、暴风。　[7] 众风之门故也：是

说之所以风大，是因为这里是各种风所经的门户之地。　[8] 孟门山：古山名，在今陕西省宜川县东北、山西省吉县西，绵亘黄河两岸。　[9] 黄垩（è）：黄土。垩，似土，可以当涂料用，本意专指白色土，后亦泛指其他用来涂饰的各色泥土。涅（niè）石：黑色矾石。　[10] 龙门：在今山西省河津市西北和陕西省韩城市东北。此段黄河两岸峭壁对峙（zhì），形如门阙，所以称为龙门。辟：开。　[11] 吕梁：指吕梁山，今山名同，在山西省西部，黄河与汾河的分水岭。凿：开凿，凿通。　[12] 大溢逆流：大水泛滥横流。　[13] 阜：土山。灭：淹没。　[14]《穆天子传》：西晋初期发现的先秦古书之一，作者不详，旧题晋郭璞注，主要记载周穆王西游和盛姬之死，文字似小说体。　[15] 九河：在黄河下游地区，因黄河经常泛滥，水道变迁无常，故统称黄河下游及其主要支流为九河。隥（dèng）：通"磴"，石阶，石级。按，从地势上看，孟门这里就像是黄河河床的一个台阶。　[16] 阨（ài）：通"隘"，狭隘，险要。　[17] 津：渡口。　[18] 此石经始禹凿：这里的岩石最开始是由大禹凿开。经始，开始营建。泛指开创事业。　[19]"河中漱（shù）广"五句：是说河水冲刷使河床加宽，两岸高深，岩崖侧出，来回拍击水流，巨石高耸，形势险峻，像是摇摇欲坠，却又依旧斜倚在岸边。漱，冲刷。夹，处在两边的。崇，高，高大。倾，偏侧。　[20]"古之人有言"三句：古人有句话，水不是石凿，但是却能切入石头之中，确定是这样啊。　[21] 素气云浮：白色的水汽，如云般漂浮其间。素，本色，白色。　[22] 窥深悸（jì）魄：向深处看去则惊心动魄。窥，观看。悸，害怕，心惊肉跳。　[23] 寻：古时长度单位，一寻等于八尺。　[24] 赑（bì）怒：盛怒。　[25]"鼓若山腾"三句：是说水声震天，如山沸腾，激流翻滚，顺势而下，直到下河口。鼓，拍打，振动。浚，急，快速。颓，下坠，指水向下流去。迄，到。　[26]"方知《慎子》"四句：是说看了孟门山的水势，这才知道《慎子》所说的"河水自龙门直下，水流如同漂浮的竹箭，快得连四匹马拉的车也追不上"，的确是真的啊。《慎子》，战国时期慎到撰，原书已佚，今有辑本。驷马，拉一辆车的四匹马，这里指由四匹马拉的马车。一般用于形容速度之快。

[点评]

《水经注》中写景文字之妙，还在于郦道元对各种典故熟练掌握后的娴熟运用与得当安排。风山、孟门山是黄河沿岸著名的景观，郦道元在文字中引述《山海经》《淮南子》相关内容，前者点出其自然特点，后者详述其人文典故，两者的联结看似作者顺手拈来的自然转述，而背后的逻辑线条清晰又流畅，使人读来毫无违和之感，完全沉浸其中。

如果说《淮南子》引出的故事恰到好处地带出大禹治水的故事，那么接下来《穆天子传》"北登孟门，九河之隥"八字，又将把引述典故的笔触从历史长河之中拉回来。于是，郦道元在对"孟门"一词做出进一步诠释之后，又开始其所擅长的景观描写。"河中漱广，夹岸崇深，倾崖返捍，巨石临危，若坠复倚"二十字将该地险峻的气势烘托得淋漓尽致。一句"古之人有言，水非石凿而能入石，信哉"可谓点睛之笔，借古语说出此处水势之湍急以至于"入石三分"。通过古人之言，作者又完成了一次由景至人的视角转换：由古人至今人——文章继而描写的是"往来遥观者"，虽"山水险峻"的主题不变，但之后的文字带入感更加强烈。

郦道元在这段文字里又展现了其精湛的写景笔法，读者若非仔细体会，往往容易忽略。当然，"雾露沾人，窥深悸魄"两句已经可以十分形象地将当时游览之情形跃然纸上，尤其是"悸魄"二字，具有一定的冲击力。用今天的话讲，基本就是失魂落魄、魂飞魄散的样子。至于"雾露沾人"，则能使读者迅速联想到水汽弥漫，浸淫衣衫，正呼应郦《注》前文所述"水流交冲，素气云浮"之状。倘若再仔细深究一下，可以发现在郦道元遣词造句之妙中还蕴有更深层次的描写，一种互相对比、反差强烈的情景。"往来遥观者，常若雾露沾人，窥深悸魄。"既然是"遥观"，何以还会"雾露沾人"？更何来"窥深悸魄"？细读之下，方知此地水势澎湃，气雾漫天，即便是遥观者都难免为雾露所沾，而凡是目睹"水流交冲"后产生的白茫茫冲天水雾（"素气云浮"），耳边又伴随着轰轰如雷的流水巨响（"崩浪万寻，悬流千丈，浑洪赑怒，鼓若山腾"），恐怕每个游客都会受到好奇心的强烈驱使，想要趋前一探究竟，纵然"窥深悸魄"，也丝毫无悔！郦道元寥寥数语，便已将河水的声势，尽显无余。

最后，郦道元所引用《慎子》之言也颇值得注意，其背后或许有道家思想的隐脉。而对道家思想的崇拜，在《水经注》其他段落中也有更明显的体现。

民有姓刘名堕者，宿擅工酿[1]，采挹河流[2]，酝成芳酎[3]，悬食同枯枝之年[4]，排于桑落之辰，故酒得其名矣。然香醑之色[5]，清白若滫浆焉[6]，别调氛氲[7]，不与佗同，兰薰麝越[8]，自成馨逸[9]，方土之贡，选最佳酎矣。自王公庶友，牵拂相招者每云[10]：索郎有顾[11]，思同旅语。索郎反语为桑落也[12]，更为籍征之隽句[13]、中书之英谈[14]。

[注释]

[1]宿：平素，向来。擅：擅长，善于。工：精巧，精致。 [2]挹（yì）：舀。 [3]酎（zhòu）：醇酒。 [4]"悬食同枯枝之年"二句：是说酿酒工序与桑落的时间相关。悬食，费解，似指酿酒的发酵过程。枯枝之年，指秋冬季节。排，指开始酿造。桑落，桑叶凋零。 [5]醑（xǔ）：美酒。 [6]潴（xiǔ）浆：淘米水。 [7]氛氲（yūn）：香气。 [8]兰、麝：兰花香、麝香。薰、越：指香气散发。 [9]馨逸：飘逸的香气。 [10]牵拂相招：牵拉簇拥，互相招引。 [11]"索郎有顾"二句：是说索郎正等着大家开怀畅饮，共叙佳话。 [12]索郎反语为桑落："桑""落"二字由索郎反切而来。索郎切，桑；朗索切，落。 [13]籍征之隽句：指经常被引用的妙句。 [14]中书之英谈：文人对话中的美谈。中书，皇宫中的藏书，这里借指读书的文人。

[点评]

"桑落"，从字面意义上看就是桑叶落时，《诗经》中便有"桑之未落，其叶沃若。桑之落矣，其黄而陨"的说法。至魏晋时期，用"桑落"一词代指酿酒、饮酒已经较为普遍，庾信在诗中常以"桑落"与饮酒之事并举：

"蒲城桑叶落，灞岸菊花秋。愿持河朔饮，分劝东陵侯。"（《就蒲州使君乞酒诗》）"秋桑几过落，春蚁未曾开。……只言千日饮，旧逐中山来。"（《蒲州刺史中山公许乞酒一车未送诗》）他的一首诗题名便是《卫王赠桑落酒奉答诗》。这些或正是郦道元所说的"籍征之隽句、中书之英谈。"

　　此外，此段文字中郦道元加入了酿酒者刘氏、"索郎"与"桑落"读音关连的讲述，更是将桑落酒的典故演绎得五彩纷呈，以至于到了后世，尤其是对于唐宋文人而言，刘氏、索郎等事亦成了典故，频频出现在各类诗文之中。

卷五

河水五[1]

　　汜水又北[2]，右合石城水。水出石城山，其山复涧重岭[3]，敧叠若城[4]。山顶泉流，瀑布悬泻。下有滥泉[5]，东流泄注。边有数十石畦[6]，畦有数野蔬。岩侧石窟数口，隐迹存焉，而不知谁所经始也。

[**注释**]

[1] 本卷是河水五卷中的最后一卷，描述河水水道自河阳县（西汉属河内郡，在今河南省孟州市西）境直至入海。在历史上，

黄河下游的河道多有变迁。据历史地理学家谭其骧先生考证，从春秋战国到《水经注》成书的南北朝时期，黄河下游河道的主要流向大体可以分成四条：一、《山海经·北山经·北次三经》记载的黄河下游河道；二、《尚书·禹贡》中记载的大河；三、《汉书·地理志》的大河，其部分水道亦即本卷中郦道元记载的"大河故渎"；四、东汉王景治河后出现并基本维持到唐代的黄河下游河道，也就是《水经注》中所描述的大河河道〔参见谭其骧《〈山经〉河水下游及其支流考》，原载《中华文史论丛》第七辑，1978年6月，后收入氏著《长水集》(下)，人民出版社1987年版，第39—55页；谭其骧《西汉以前的黄河下游河道》，原载《历史地理》创刊号，上海人民出版社1981年版，后收入氏著《长水集》(下)，第56—86页〕。四条河道的走向，大部分都与今天黄河的流路不同。需要注意的是，由于郦道元注《水经》时，经常引用《禹贡》《山海经》《汉书·地理志》等内容，因此，充分理解黄河下游河道在不同时期的不同流路特点，理解不同文字材料背后的时空转换意义，将十分有益于我们阅读《水经注》。　[2] 汜(sì)水：今汜河。《汉书》作"汜水"，自《水经注》之后，文献中多称"汜水"。　[3] 复涧重岭：溪水、山岭众多。　[4] 攲(qī)：倾斜不正。　[5] 滥：流水漫溢，泛滥。所谓滥泉，指泉水流量充沛。　[6] 石畦：指用石头围成的一块块排列整齐的田地。畦，本义指分割成区的田地。

[点评]

本段文字不多，但特色鲜明，颇能显示郦道元注《水经》之清晰逻辑与写景之高超技巧：由干流（汜水）及支流（石城水），复由支流上溯源头景色；山水相连，山连如城。由山及泉，寥寥数语，将水源之丰沛描写得栩栩如生。写完水，郦道元又将笔触转向水边的石畦野蔬，最后落在石城山岩侧的几个石窟上，一句"不知谁所经始"，将自然永恒与人事短暂巧妙地联在一起，令人回味无穷。全文用字洗练，层次分明，几乎一言不可少，一句无须多，读完之后，令人满眼生景，浮想联翩。

虽然《水经注》在叙述其他汇入黄河的河流时也会提到黄河，但是关于黄河的整体性描述至此卷告一段落。《水经》文字约略，叙述黄河仅用了五百多个字，而郦道元扩充至五万多字，近乎百倍。城郭易址、河流变道、古今异名等，不仅是郦道元为《水经》作注时的难题，也是我们今天阅读郦书时需要特别注意的地方。比如在《水经注》中，"河""河水"便是专指黄河而言。进一步看，郦道元时期的黄河与今天的黄河相比，河道变迁很大。在现代科学体系建立之前，古人对黄河源头的认识，与我们今天所知晓的、根据科学方法所认定的结论也大相径庭，但是这些并不妨碍他们利用其时的知识体系来形成一套自圆其说的理论体系——这就是流传于《山海经》等典籍之中的黄河源头。从这个角度看，《水经注》根据当时可得的各种文献资料，通过整理、辨析、考证等手段，将黄河河源、河道以至于故渎走向、历史典故的诸种情况，以洋洋数万字的篇幅详述于《河水》五卷之中，此种做法也未尝不是一种"科学"的态度。也正是在这样一种求是存真的精神指导下，郦道元在《水经注》中不仅记录下了北魏时期黄河下游入海的流经地点，也详细记载了一条当时已经湮没的"大河故渎"，这些都成为我们今天研究古代黄河时不可或缺的地理资料。从这个意义上来说，称郦道元为"我国古代伟大的地理学家"，即便是在今天的学科分类和科学定义下，也是名副其实的。

卷六

汾水^[1]　浍水^[2]　涑水^[3]　文水^[4]
原公水^[5]　洞过水^[6]　晋水^[7]　湛水^[8]

汾水出太原汾阳县北管涔山^[9]。

《山海经》曰:《北次二经》之首, 在河之东, 其首枕汾, 其名曰管涔之山^[10], 其上无木, 而下多玉, 汾水出焉, 西流注于河。《十三州志》曰^[11]:出武州之燕京山^[12]。亦管涔之异名也。其山重阜修岩^[13], 有草无木^[14], 泉源导于南麓之下, 盖稚水濛流耳^[15]。又西南, 夹岸连山,

《水经注》卷六记载的河流大部分位于今天的山西省, 其中汾水、涑水是黄河支流, 而浍水、文水、洞过水、晋水又是汾水支流, 原公水则是文水支流。显然, 郦道元注《水经》时, 虽然以水道为纲, 但是在具体表现形式上, 与我们今天对河流水系的理解还是有所不同的, 这也是我们今天在阅读《水经注》一书各卷的水目时, 需要注意的地方。

刘曜服剑一事，又可见于《太平御览》卷四五《地部》引《前赵录》文字。

联峰接势。刘渊族子曜尝隐避于管涔之山[16]，夜中忽有二童子入，跪曰：管涔王使小臣奉谒赵皇帝[17]。献剑一口，置前，再拜而去。以烛视之[18]，剑长二尺，光泽非常，背有铭曰：神剑服御除众毒[19]。曜遂服之，剑随时变为五色也，后曜遂为胡王矣[20]。

（汾水篇）

[注释]

[1]汾水：今汾河。汾河是黄河的第二大支流，水源出山西省宁武县管涔（cén）山，南流过太原市西、新绛（jiàng）县东南后折向西流，至万荣县境内汇入黄河。　[2]浍（huì）水：今浍河。浍河是汾河的第三大支流，发源于山西省翼城县东部山丘后，西流进入临汾盆地，至新绛县境内汇入汾河。　[3]涑水：今涑水河。涑水河是黄河支流，源出山西省绛县太阴山，西南流入伍姓湖，涑水河出湖后过永济市，西南注入黄河。　[4]文水：今文峪河。文峪河是汾河的第一大支流，发源于山西省交城县关帝山主峰南麓，上游为中西河，中下游水道由北向南进入汾阳，至孝义市境内汇入汾河。历史上的汾河常常夺文峪河中下游河道，汾河、文峪河两河河道变徙无常。　[5]原公水：今峪道河。峪道河，一名禹导河，文峪河支流，发源于山西汾阳西北白虎岭下，东南流经汾阳后汇入文峪河。《水经》中记载原公水入汾水，但由于历史时期的汾水、文水的水道互有更迭，郦道元注《水经》时，特别指明其时的原公水是注入文湖中的（文水水道上）。　[6]洞过水：今潇河。潇河，一名小河，是汾河的第二大支流，发源于山

西省昔阳县陡泉山西麓，流至太原市南郊汇入汾河。　[7]晋水：今晋祠泉水。晋祠泉水，位于山西省太原市西南悬瓮山下晋祠附近，是汾河中游右岸一条支流，1993年后断流。　[8]湛（zhàn）水：今无水道可对应。在古时是一条自山西境内向南流到河南境内，然后汇入黄河的支流。　[9]太原：指太原郡，战国时秦置，两汉及曹魏皆延续。汾阳县：西汉置县，属太原郡，东汉初废。管涔山：今山同名，汾水东西二源所出。　[10]"其名曰管涔之山"：此句殿本原作"曰管涔之山"，今据其他各本补"其名"二字。　[11]《十三州志》：北凉阚骃（kàn yīn）撰，原书早已亡佚，今有辑本。　[12]燕京山：管涔山南麓，山上海拔1954米处有天池，汾水东源所出，即汾水正源。　[13]修：长，此处指岩石高耸的样子。　[14]有草无木：指草原草甸的景观，今天池附近地理景观亦如此。　[15]盖稚水濛流耳：指源头之水有如涓涓细流。　[16]刘渊族子曜：即刘曜，字永明，十六国时期前赵国君，刘渊之侄。在位时，迁都长安，改汉为赵，史称"前赵"。刘渊，字元海，十六国时期汉国的建立者，新兴（今山西省忻州市）人，一说西河隰城（今山西省汾阳市）人，匈奴族。　[17]奉谒（yè）：拜见。　[18]以烛视之：指借烛光仔细观察宝剑。　[19]"神剑服御除众毒"：此句殿本原作"神剑御除众毒"，今据其他各本补"服"字。　[20]胡王：以外族人的身份称王，指刘曜为匈奴人。

［ 点评 ］

十六国时期，刘曜佩剑后称王的故事是一则典型的谶语故事。所谓谶语，即指那些当时听上去略有怪异甚至匪夷所思，但日后会应验并让人恍然大悟的话语。好比本段文字中"管涔王使小臣奉谒赵皇帝"和"神剑服御除众毒"两句,当刘曜初听此语时,仍在刘渊手下任官,并不清楚何谓"赵皇帝",而"神剑"之功用也似乎说得模棱两可。当然,已经知道历史如何演进的后世之人,将此故事联系到后来刘曜将称帝且国号为赵这件事情上,整个故事便显得十分神秘而灵验。类似的"一语成谶"故事在《水经注》中也多有记载,这也从侧面反映出郦道元所处时代的世人试图用他们认为合理的理论去解释当时发生的各种历史事件。而这些记载,在今天的人们看来不免显得光怪陆离,可以纳入谶语故事之列。

汾水又南,与东、西温溪合[1]。水出左右近溪,声流翼注,水上杂树交荫,云垂烟接。自是水流潭涨,波襄转泛[2]。又南迳一城东,凭墉积石[3],侧枕汾水,俗谓之伏戎城[4]。又南出二城间,其城角倚[5],翼枕汾流,世谓之侯莫干城[6],盖语出戎方,传呼失实也。

(汾水篇)

[注释]

[1]东、西温溪:东温溪,今中马坊河;西温溪,今余建沟。 [2]襄:冲上,上举。 [3]凭:依靠,仗恃。墉:城墙。 [4]"俗谓之伏戎城":此句殿本原作"俗谓之代城",今据《注疏》本改。伏戎城:在今山西省宁武县化北屯乡蒯屯关村附近。 [5]角倚:

互为掎角，对峙之势。　　[6]侯莫干城：在今山西省静乐县鹅城镇赵王城村、西坡崖村。

[**点评**]

　　在中国古代，常依水而筑城，《水经注》这里记载的在汾水沿岸的伏戎城与侯莫干城即如此，而且侯莫干城还是双城的建置，沿汾水两岸各筑一城，形成掎角之势。从这两座城邑的名称来看，应该与这一地域常有戎人活动有关。

　　汾水又南迳汾阳县故城东[1]，川土宽平，峘山夷水[2]。《地理志》曰：汾水出汾阳县北山，西南流者也。汉高帝十一年[3]，封靳强为侯国[4]。后立屯农[5]，积粟在斯[6]，谓之羊肠仓[7]。山有羊肠坂[8]，在晋阳西北[9]，石隥萦行，若羊肠焉，故仓坂取名矣。汉永平中[10]，治呼沱[11]、石臼河[12]。按司马彪《后汉·郡国志》[13]，常山南行唐县有石臼谷[14]，盖资承呼沱之水[15]，转山东之漕[16]，自都虑至羊肠仓[17]，将凭汾水以漕太原，用实秦、晋[18]。苦役连年，转运所经，凡三百八十九隘[19]，死者无算[20]。拜邓训为谒者[21]，监护水功。训隐括[22]，知其难立，具言

参见《汉书》卷二八《地理志》太原郡汾阳县条。

参见《史记》卷一八《高祖功臣侯者年表》及《汉书》卷一六《高惠高后文功臣表》。

参见《续汉书·郡国志》常山郡南行唐县条。

参见《后汉书》卷一六《邓训传》。

肃宗[23]，肃宗从之，全活数千人。和熹邓后之立[24]，叔父陔以为训积善所致也[25]。羊肠即此仓也。

（汾水篇）

[注释]

[1] 汾阳县故城：西汉置汾阳县，属太原郡，东汉初废。故城在今山西省岚县东村镇西村、南村与古城村之间。 [2] 峘（huán）：小山与大山相连。夷：平坦。 [3] 汉高帝十一年：前196 年。 [4] 靳（jìn）强：秦末汉初人，随刘邦征战，攻打钟离昧有功，受封汾阳侯。 [5] 立：设置。屯农：屯田，特指军士驻守后垦田开荒。 [6] 积粟：积累粮食。斯：这里。 [7] 仓：粮仓。羊肠仓，在今山西省太原市小店区坞城街道坞城村。 [8] 羊肠坂（bǎn）：古山道，今山西省太原市西北天门关至西凌井之间的通道。 [9] 晋阳：县名，战国秦置，汉属太原郡，为郡治，在今山西省太原市西南古城营。 [10] 汉永平中：指58—75 年。永平为东汉明帝刘庄的年号。 [11] 治：治理。呼沱：即滹沱河，今水同名。 [12] 石臼（jiù）河：在今河北省平山县西北。 [13] 司马彪《后汉·郡国志》：即《续汉书·郡国志》，西晋司马彪所撰《续汉书》中的八志之一。因范晔所撰《后汉书》中仅有纪和传而无志，故北宋刻《后汉书》时，将司马彪《续汉书》中八志补入，合二书为一体。 [14] 常山：郡名，西汉置恒山郡，因避文帝刘恒之讳，改称"常山郡"。南行唐县：战国赵置，秦时属巨鹿郡，汉时划归常山郡，治今河北省行唐东北故郡村。 [15] 资承：接受，继承。 [16] 转：运输，转运。漕：通过水道运输的粮食。 [17] 都

虑：其地疑在今河北省中西部太行山区一带。　[18]实：充实。秦、晋：指原属秦国、晋国之地。　[19]隘：险要之地。　[20]无算：指多到无法计算。　[21]邓训：字平叔，南阳新野（今河南省新野县）人，东汉大臣，其女为和熹皇后邓绥。谒者：使者的别称。此处谒者邓训的任务是到地方督办水利工程。　[22]隐括：审查，核查。　[23]肃宗：即东汉章帝刘炟，东汉第三位皇帝，庙号肃宗。　[24]和熹邓后：即和熹皇后邓绥，东汉和帝刘肇的皇后，邓训之女。　[25]积善：累积善行。

[点评]

羊肠仓是东汉时期的储粮之所，得名当自羊肠坂而来。而羊肠坂，是古山道名，所谓"坂"，就是山坡、斜道。羊肠细而多曲，以此来命名山道，可见这一山道的崎岖多险。汉末，羊肠仓存粮的功能大打折扣，徒留一仓城存在而已。郦道元在此段文字中，颇费笔墨，转述了邓训治漕的事情，凸显出他对劳民伤财水利工程的批评以及对关心民众疾苦官员的颂扬。类似的治理河道、营建水利的事情，在《水经注》中亦屡见不鲜，这也从一个侧面反映出水道所承载的交通运输在古代的重要地位。

（汾水）又南过冠爵津[1]。

汾津名也，在界休县之西南[2]，俗谓之雀鼠谷[3]。数十里间道险隘[4]，水左右悉结偏梁阁道[5]，累石就路，萦带岩侧[6]，或去水一丈，或高五六尺，上戴山阜，下临绝涧，俗谓之为鲁般桥[7]，盖通古之津隘矣，亦在今之地险也[8]。

（汾水篇）

[注释]

[1]冠爵津：渡口名，其下河谷称"雀鼠谷"，参见下文"雀鼠谷"条注释。津，水上渡口。　[2]界休县：秦置，两汉因之，属太原郡，东晋废，北魏复置，属西河郡。治今山西省介休市。　[3]雀鼠谷：今山西省介休市义堂镇、灵石县南关镇一带的汾河河谷。　[4]"数十里间道险隘"：此句殿本原作"数十里问道险隘"，今据其他各本改。间道：偏僻的小路。　[5]阁道：栈道。　[6]萦：缭绕。　[7]鲁般：即鲁班，相传姓公输，名般，亦作班、盘，或称"公输子""班输"，春秋鲁国人，故称"鲁班"。建筑工匠，相传发明多种木作工具，为后世建筑匠人尊为"祖师"。　[8]险：要隘，不易通过之处。

[点评]

《水经注》此段对汾水所流经的雀鼠谷地区的地理形势做了描述。此段汾水区域河谷险峻，无路可走。为便于通行，人们在河谷两侧的岩壁上搭建了忽高忽低与水面有一定距离的阁道，远看似架在河谷两侧的桥梁，因此当地民间称为"鲁般桥"，借喻阁道设计之巧与修建之难。

浍水又西南与绛水合[1]，俗谓之白水，非也。

水出绛山东[2]，寒泉奋涌，扬波北注，悬流奔蠚[3]，一十许丈。青崖若点黛[4]，素湍如委练[5]，望之极为奇观矣。其水西北流注于浍。应劭曰：绛水出绛县西南[6]，盖以故绛为言也。

（浍水篇）

参见《汉书》卷二八《地理志》河东郡绛县条下颜师古《注》引应劭语。

[注释]

[1]绛水：今沸泉河—黑河。 [2]绛山：今山同名，又名紫金山。 [3]蠚（hè）：溪沟。 [4]点：点染。黛：青黑色。 [5]素湍：激起白色浪花的急流。委练：弯曲的白绢。委，曲。练，白绢。 [6]绛县：春秋晋置县，东汉改绛邑县，至曹魏不改。故城在今山西省侯马市凤城乡凤城村与曲沃县乐昌镇东韩村之间的凤城古城遗址。

[点评]

本段文字中以各种颜色描写山水，可谓《水经注》中之一绝。青崖点黛，素湍委练，这样的画面，在传统中国山水画中可谓屡见不鲜。更为巧妙的是，水名绛水、白水，山名绛山，县名绛县，而"绛"本义又是红色，短短一段文字中，如此多的色彩扑面而来，真不免令人疑惑这些究竟是大自然的造化，还是郦道元运用其写作灵感而有意为之？

涑水西南迳监盐县故城[1]，城南有盐池[2]，上承盐水[3]。水出东南薄山[4]，西北流迳巫咸山北[5]。《地理志》曰：山在安邑县南[6]。《海外西经》曰[7]：巫咸国在女丑北，右手操青蛇，左手操赤蛇，在登葆山，群巫所从上下也。《大荒西经》云[8]：大荒之中，有灵山，巫咸、巫即、巫盼、巫彭、巫姑、巫真、巫礼、巫抵、巫谢、巫罗十巫，从此升降，百药爰在[9]。郭景纯曰[10]：言群巫上下灵山，采药往来也。盖神巫所游，故山得其名矣。谷口岭上有巫咸祠。其水又迳安邑故城南[11]，又西流注于盐池。《地理志》曰：盐池在安邑西南。许慎谓之盬[12]。长五十一里，广七里，周百一十六里。从盐省，古声。吕忱曰[13]：宿沙煮海谓之盐[14]，河东盐池谓之盬[15]。今池水东西七十里，南北十七里，紫色澄渟，潭而不流。水出石盐，自然印成，朝取夕复，终无减损。惟山水暴至，雨澍潢潦奔泆[16]，则盐池用耗[17]。故公私共竭水径[18]，防其淫滥[19]，谓之盐水，亦谓之为竭水。《山海经》谓之盐贩之泽也。泽南面层山，天岩云秀，地谷渊深，左右壁立[20]，间不容轨，谓之石门，路出其中，名之曰白径[21]，南通上阳，北暨盐泽[22]。池西又有一池，谓之女盐泽[23]，东西二十五里，南北二十里，在猗氏故城南[24]。

（涑水篇）

［注释］

[1]监盐县故城：在今山西省运城市旧城区。　[2]盐池：今山西省运城盐池。　[3]盐水：今白沙河。　[4]薄山：今山西省夏县境内中条山脉。　[5]巫咸山：今瑶台山，位于山西省夏县东。　[6]安邑：先后为春秋晋邑、战国魏都、秦汉安邑县，故城在今山西省夏县禹王镇。　[7]《海外西经》：《山海经》之篇名。　[8]《大荒西经》：《山海经》之篇名。　[9]百药爰在：指山上长着各种草药。　[10]郭景纯：即郭璞，字景纯，河东闻喜（今山西省闻喜县）人，东晋文学家、训诂学家。东晋初年为著作佐郎，因指王敦谋反必败而遇害。　[11]安邑故城：今山西省夏县禹王乡。　[12]许慎：字叔重，汝南召陵（今河南省漯河市召陵区）人，东汉经学家、文学家。著《说文解字》十四卷并叙目一卷，该书为后代研究文字及字书编纂的最重要根据。盬（gǔ）：未经炼制的粗盐，亦专指盐池。　[13]"吕忱（chén）曰"：此句殿本原本作"吕沈曰"，今据《注释》本、《注疏》本改。吕忱：字伯雍，任城（今山东济宁东南）人，晋文字学家，著有《字林》一书（今已亡佚），为《说文解字》作增补。　[14]宿沙：即宿沙氏，相传为"盐宗"，制盐的创始人。　[15]河东：战国秦置河东郡，两汉及曹魏皆存。　[16]雨澍（shù）潢（huáng）潦（lǎo）奔洪（yì）：指大雨澎湃，积水肆意横流。澍，灌注。潢，积水池。潦，积水。洪，通"溢"。　[17]耗：损耗，减少。　[18]竭（è）：

用土作堰。　[19] 淫滥：指水多而泛滥。　[20] 左右壁立：形容山体陡峭而垂直。　[21]"名之曰白径"：此句殿本原作"名之曰径"，今据《注疏》本补"白"字。白径：古山道，北起今山西省运城市盐湖区解州镇，东南越过中条山，南至平陆县太阳渡。　[22] 暨：到，至。　[23] 女盐泽：今硝池。　[24] 猗（yī）氏故城：在今山西省临猗县牛杜镇铁匠营村东。

［点评］

此段《水经注》描述的是著名的山西河东盐池（即今运城盐池）的自然景观。河东盐池，后又称解池，从历史文献记载来看，是最早开发的盐池。这一盐池主要由东部的大盐池（即《水经注》所说的"盐池"）与西部的小盐池（即《水经注》所说的"女盐泽"）等组成。不过，由于西池条件不佳，一般所产之盐均出自东池。盐是民生必需品，非沿海地区的人们平日食盐，主要靠内陆地区所产的池盐、井盐、岩盐等。《水经注》的这段记载，对于了解中国古代的盐业生产，有很高的参考价值。

另外，从文学写作上看，此段以引用各种典籍、诸家杂说为主，展现了郦道元的文字功底和材料组织能力。就地理而言，此段只重点讲了盐池、巫咸山；就所引书目来看，仅《山海经》《汉书·地理志》《说文解字》《字林》四种材料。但是，经过郦道元的变化穿插、腾挪组合，数百字的文字读来，纵横捭阖，五彩纷呈，既有考证，又有传说，既有史实，又有神话。各段之间的过渡极为自然，郦道元偶用妙语，即刻完成承上启下的顺接，令读者读来毫无割裂之感。试看：

段首叙述各地名及其地理方位，征引《汉书·地理志》一语简洁有力。此下不说《山海经》而取《海外西经》《大荒西经》等篇名，其文字所表达出的意象与所引巫咸国右青蛇左赤蛇、群巫上下、十巫升降的灵异景象十分契合。由群巫至百药，转引郭景纯语（郭景纯即郭璞，事实上所引之言亦是郭璞注《山海经》中所言），平添一丝真实，产生虚实结合，神仙下凡的画面感。随后，郦道元笔锋一转，写道："盖神巫所游，故山得其名矣。"既是自然而然的概括总结，又顺便将读者目光带到下一串地名：谷口岭、安邑城、盐池。而自带权威的《汉书·地理志》中的文字再次起到聚焦之功——该写法与段首如出一辙，使得整段文字流转至此虽形散而精气聚凝，为再一次的思维飞扬做好准备。这一次，郦道元不再冠以虚无缥缈的《山海经》之说，而是用代表缜密严谨的《说文解字》《字林》中的文字来加以发挥。他不说书名，但言"许慎""吕忱"，便于综合各家之说加以表述。此后数十字，乃郦道元描述山水时的典型写作，下笔洋洋洒洒，将整个盐池的形、声、色、势，以至于时人治水的真情实感，安排得紧凑、朴素而不失优雅。由盐泽写到层山，中间一句"《山海经》谓之盐贩之泽也"，似画龙点睛，令整段文字顿生古雅之风，更使读者徜徉醉游于天地历史之中。

涑水又西南属于陂[1]。陂分为二，城南面两陂[2]，左右泽渚。东陂世谓之晋兴泽[3]，东西二十五里，南北八里，南对盐道山[4]。其西则石壁千寻，东则磻溪万仞[5]，方岭云回，奇峰霞举，孤标秀出[6]，罩络群山之表，翠柏荫峰，清泉灌顶[7]。郭景纯云[8]：世所谓"鸰浆"也。发于上而潜于下矣。厥顶方平[9]，有良药。《神农本草》曰[10]：地有固活、女疏、铜芸、紫菀之族也[11]。是以缁服思玄之士[12]、鹿裘念一之夫[13]，代往游焉。路出北巘[14]，势多悬绝，来去者咸援萝腾崟[15]，寻葛降深[16]。于东则连木乃陟[17]，百梯方降[18]，岩侧縻锁之迹[19]，仍今存焉，故亦曰百梯山也。水自山北流五里而伏，云潜通泽渚，所未详也。西陂即张泽也[20]，西北去蒲坂十五里[21]，东西二十里，南北四五里，冬夏积水，亦时有盈耗也。

（涑水篇）

参见《山海经》卷五《中山经·中次十一经》"帝台之浆也"句下郭璞注。

[注释]

[1] 属（zhǔ）：连接，接续。　[2] 城南面两陂：指张阳城南对涑水二陂。张阳城，在今山西省永济市开张镇古城村。　[3] 晋兴泽：今伍姓湖。　[4] 盐道山：又名百梯山，今五老峰，位于山西省永济市东南。　[5] 磻（pán）溪：相传姜太公垂钓于磻溪而遇周文王，在今陕西省宝鸡市东南。不过，此处郦道元所指，当

是一般溪流而已。　[6]标：本义为树梢，树枝末端、顶端，引申为显扬、凸出。　[7]清泉灌顶：即郦《注》下文"鸯浆"，指泉水由山顶流下。　[8]郭景纯：即郭璞，参见前文"郭景纯"条注释。　[9]厥（jué）：其。　[10]《神农本草》：即《神农本草经》，秦汉时人托名"神农"所著，载药物365种，详述药物性味、功用和主治。原书已亡佚，今有辑本。　[11]固活、女疏、铜芸、紫菀（wǎn）：皆植物名，可作草药。　[12]"缁（zī）服思玄之士"：此句殿本原作"缁服思元之士"，今据《注疏》本改。缁服思玄之士，指僧人。缁，黑色。缁服，黑色衣服，因僧人穿黑衣，故以缁服代指僧人。思玄，即思玄远之道，指体悟道理。　[13]鹿裘念一之夫：指隐士和道士。鹿裘，鹿皮做的大衣，多为隐士之服，用以指代隐士。念一：修道，《道德经》载"道生一"，故以"一"指代"道"。　[14]嶻：大山上的小山。　[15]援萝腾岑（yín）：攀缘萝蔓，登上高峰。腾，升上。岑，即岑（cén）岑，高耸，高峻。　[16]寻葛降深：沿着葛藤，下到深谷。寻，沿着，顺着。　[17]于东则连木乃陟（zhì）：指山的东面，要靠在山体上搭建木质栈道才能登山。　[18]百梯方降：经过百步阶梯才下坡。　[19]岩侧縻锁之迹：指岩石上留存的用于固定锁链的痕迹。　[20]张泽：今已湮废不存，故泽在今山西省永济市西。　[21]蒲坂：今山西省永济市蒲州镇东侧迤北之黄河阶地。

[点评]

《水经注》一书里记载了许多湖泊与沼泽的水文资料。其中既有排水湖，也有非排水湖；有的面积很大，有的则比较狭小。这些资料对于我们今天了解古今的湖泊分布与变迁，极有价值。此处记载的晋兴泽与张泽就是非排水湖，涑水流至此二泽便终止不再继续西流了，即所谓"涑水又西南属于陂"。然而，今天的涑水河经伍姓湖后仍然是向西流的，并最终汇入了黄河。

参见《汉书》卷二八《地理志》太原郡平陶县条。

文水又南迳平陶县之故城东[1]，西迳其城内，南流出郭，王莽更曰多穰也。文水又南迳县，右会隐泉口[2]，水出谒泉山之上顶[3]，俗云：旸雨愆时[4]，是谒是祷[5]，故山得其名，非所详也。其山石崖绝险，壁立天固，崖半有一石室，去地可五十余丈，爰有层松饰岩[6]，列柏绮望[7]，惟西侧一处得历级升陟[8]，顶上平地十许顷，沙门释僧光表建二刹[9]。泉发于两寺之间，东流沥石，沿注山下，又东，津渠隐没而不恒流，故有隐泉之名矣。雨泽丰澍，则通入文水。

（文水篇）

[注释]

[1]平陶县之故城：在今山西省文水县孝义镇平陶村附近。 [2]隐泉口：即隐泉水入文水之口。隐泉水，源出今子夏山，南流至今山西省文水县马西乡神堂村附近伏流地下，丰水时期，即循今头道川下游河道流入文水。 [3]谒泉山：今子夏山，又名隐泉山、卜山、商山，位于山西省文水县西。 [4]旸（yáng）：日出。旸雨，晴天下雨。愆（qiān）时：时机不对，有悖天道。愆，违背、失去。 [5]是谒是祷：指人们上山行拜礼，向天祈祷。 [6]爰：发

语词，无义。　[7] 绮：纵横交错。　[8] 陟：登高。　[9] 沙门：梵语 Sramana 的音译，即佛门，出家的佛教徒的总称。表：上奏章奏明某事。刹：指佛寺。

[点评]

从《水经注》此处所载"津渠隐没而不恒流，故有隐泉之名矣。雨泽丰澍，则通入文水"，可知隐泉水是一条季节性的伏流河（这也是这条水得名的缘由），泉水自发源地向东流一段距离后便伏流进入地下。只是在丰水期才会形成地表径流，最终汇入文水。

另外，从《水经注》的多处文字描述中，亦可看到凡是山水胜处，往往有佛寺道观，修行之人选择景色优美、资源丰富而又罕通外界之地，古往今来这一特点似乎未有大变。山垫之中，泉源两侧，松柏环绕，古刹香薰，这样的情景，今天的读者一定不会陌生。

昔智伯之遏晋水以灌晋阳[1]，其川上溯，后人蹑其遗迹[2]，蓄以为沼，沼西际山枕水[3]，有唐叔虞祠[4]。水侧有凉堂[5]，结飞梁于水上[6]，左右杂树交荫，希见曦景[7]，至有淫朋密友[8]，羁游宦子[9]，莫不寻梁契集[10]，用相娱慰，于晋川之中，最为胜处。

参见《史记》卷四三《赵世家》。

（晋水篇）

［**注释**］

[1]智伯：又作"荀瑶""知伯""知瑶""智伯瑶"，春秋战国之际晋国四卿之一。晋水：今晋祠泉水。晋阳：县名，战国秦置，至曹魏不变。今山西省太原市晋源区晋源街道古城营村附近有晋阳古城遗址。　[2]踵（zhǒng）：追随，继承。　[3]际：靠近，沿着。　[4]唐叔虞祠：在今山西省太原市晋源区晋祠镇，是今晋祠的前身。　[5]凉堂：建于水畔的楼阁。　[6]飞梁：指祠内池上所架的桥梁。今晋祠内"鱼沼飞梁"景观中的十字形桥，当源于此。　[7]希见曦（xī）景：很少能见到阳光。曦、景，均指日光。　[8]淫朋密友：亲近密切的朋友。　[9]羁游宦子：指背井离乡的为官之人。　[10]寻梁契集：都向着桥梁所在处结伴聚集。寻，沿着，向着。梁，桥。契，相投，契合。

［**点评**］

唐叔虞祠，始建年代不详，宋代之后，多有扩建、重修，形成了今天我们看到的晋祠。《水经注》此段文字描绘了其时唐叔虞祠的整体景观，池水、楼阁、小桥以及密集的林木，再加上如织的游人，将这一晋中胜地之美，展现无遗。

卷七

济水一[1]

济水出河东垣县东王屋山[2]，为沇水[3]。

《山海经》曰：王屋之山[4]，联水出焉[5]，西北流，注于泰泽[6]。郭景纯云[7]：联、沇声相近[8]，即沇水也。潜行地下，至共山南[9]，复出于东丘[10]。今原城东北有东丘城[11]。孔安国曰[12]：泉源为沇[13]，流去为济。《春秋说题辞》曰[14]：济，齐也；齐，度也，贞也。《风俗通》曰[15]：济出常山房子县赞皇山[16]，庙在东

参见《山海经·北次三经》。

郡临邑县^[17]。济者，齐也，齐其度量也。余按二济同名，所出不同，乡流亦别^[18]，斯乃应氏之非矣^[19]。今济水重源^[20]，出轵县西北平地^[21]。水有二源，东源出原城东北。昔晋文公伐原以信^[22]，而原降，即此城也。俗以济水重源所发，因复谓之济源城^[23]。其水南迳其城东故县之原乡。杜预曰^[24]：沁水县西北有原城者^[25]，是也。南流与西源合。西源出原城西，东流水注之。水出西南，东北流注于济。

［注释］

[1]济水：在古代典籍中，济水与黄河、长江、淮河一起并称为"四渎"。由于黄河下游水道变迁，今天已经找不到有哪一条河道可以与古济水相对应了。从《水经注》的描述中，大致可以恢复出古济水河道。在《水经注》中，济水分为两段：上段发源于河南省济源市，在温县注入黄河；中下游段自黄河向东流出，然后流入荥泽（西汉以后逐渐湮没），古人视此种地理现象为"济水穿黄河而过"。济水自荥泽复东出，在今郑州市区东北一带分成南北二支，东北流，至今山东省巨野、郓城等县境内，共注巨野泽。《水经注》卷七叙述济水即以巨野泽为限，以下河道及支流，另述于卷八之中。　[2]河东：指河东郡，秦置，治安邑县（今山西省夏县西北）。垣县：西汉置，属河东郡，治今山西省垣曲县东南。王屋山：山名，位于河南省济源市，山西省阳城县、垣曲县等市县间。　[3]沇（yǎn）水：即济水。　[4]王屋之

《左传》僖公二十五年："冬，晋侯围原，命三日之粮。原不降，命去之。谍出，曰：'原将降矣。'军吏曰：'请待之。'公曰：'信，国之宝也，民之所庇也，得原失信，何以庇之？所亡滋多。'退一舍而原降。"

山：即《经》文所说"王屋山"。 [5]联水：依下文郭璞注《山海经》所说可知即指沇水。 [6]泰泽：泽名，今地不详。 [7]郭景纯：即郭璞，参见卷六《涑水篇》"郭景纯"条注释。 [8]联、沇声相近："联""沇"二字的读音接近。 [9]共山：山名，位于今河南省济源市北。 [10]东丘：即下文"东丘城"。 [11]原城：在今河南省济源市西北。 [12]孔安国：字子国，西汉鲁国（今山东省曲阜市）人，经古文学家。 [13]"泉源为沇"二句：是说泉水的源头称为沇水，流出后则称为济水。 [14]《春秋说题辞》：汉代纬书，今佚。参见卷一《河水篇》"《春秋说题辞》"条注释。 [15]《风俗通》：东汉应劭撰。参见卷一《河水篇》"《风俗通》"条注释。 [16]常山：指常山郡。西汉高帝置恒山郡，后避汉文帝刘恒名讳而改称常山郡。治元氏县（今河北省元氏县西北）。房子县：西汉置，属常山郡，治今河北省高邑县西南。赞皇山：位于今河北省赞皇县西南。 [17]东郡：战国秦置郡，治濮阳县（今河南濮阳西南）。临邑县：西汉置，属东郡，治今山东东阿县。 [18]"乡流亦别"，此句殿本原作"乡原亦别"，今据《注疏》本改。乡流亦别：流向也不相同。乡，通"向"，流向。 [19]应氏：指《风俗通》作者应劭。 [20]今济水重源：指济水"潜行"过王屋山后，复出于温县西北之状况。 [21]轵（zhǐ）县：战国秦置县，属河内郡，治今河南省济源市东南。 [22]晋文公：名重耳，春秋时期晋国君主，"春秋五霸"之一。伐原以信：讨伐原国时遵守信用。 [23]济源城：即原城，在今河南省济源市西北。 [24]杜预：字元凯，京兆杜陵（今陕西省西安市）人，西晋经学家，著有《春秋左氏经传集解》等书。 [25]沁水县：西汉置，属河内郡，治今河南济源东北。

［**点评**］

《水经注》此段文字对济水的源头进行了论述。虽然我们今天已不知道这条古济水的具体源头何在，但郦氏的文字多少可以为我们进一步做相关的探究提供些许线索。另外，郦道元还特别指出，在今河北平原的中部，另有一条发源于太行山脉赞皇山的济水，与发源于王屋山的济水是同名异地的两条水。

卷八

济水二[1]

其水北为大明湖[2]，西即大明寺，寺东北两面侧湖，此水便成净池也。池上有客亭[3]，左右楸桐[4]，负日俯仰[5]，目对鱼鸟，水木明瑟[6]，可谓濠梁之性[7]，物我无违矣[8]。

郦道元在《水经注》中以两卷的篇幅来记载济水，其中一些描述究竟反映的是怎样的水文情况，自古至今一直存在着不同的观点和意见，感兴趣的读者可以继续深入探索。

[**注释**]

[1] 本卷叙述济水出巨野泽后，流经山东省梁山县、东平县东，平阴县旧东阿西。自此以下，济水河道即今黄河河道，一直到济南市北，这之后的河道大致与今小清河流向相近，东北流至今山

东东营市区一带入海。　[2] 其水：指泺（luò）水，今无对应河道。大明湖：在今山东省济南市。今济南市区有大明湖，但古大明湖在其西北，二者不同。古大明湖的面积也较今湖为大。　[3] 客亭：地望即今大明湖所在。　[4] 楸（qiū）：落叶乔木，高者可达 30 米左右，与梓树相似，常为行道树、观赏树。　[5] 负日俯仰：背对太阳，上下打量。　[6] 明瑟：莹净，鲜洁。　[7] 濠梁：本义为濠水上桥梁，因《庄子·秋水》载庄子与惠子在濠水的桥上辩论鱼乐，后世以"濠梁"比喻隐士悠然自得的出世思想。　[8] 物我无违：犹天人合一、人与自然和谐相处之感觉。

[**点评**]

《水经注》有关大明湖这一段文字，可谓字字珠玑，灵气满溢："左右楸桐，负日俯仰，目对鱼鸟，水木明瑟。"短短十六言，顿生灵动之感。上下左右，六合之内，静、动、荫、明，无所不包，虽然没有鸟语花香般的华丽辞藻，但那种文字之美，足令人陶醉。

济水又东北，华不注山 [1]，单椒秀泽 [2]，不连丘陵以自高；虎牙桀立，孤峰特拔以刺天 [3]。青崖翠发 [4]，望同点黛 [5]。山下有华泉 [6]。

[**注释**]

[1] 华不注山：今山同名，又名华山、金舆山，在黄河以南，小清河以北。为了与西岳华山区别，现在当地人也常称之为"小华山"。"华不注"就是"花不朵"或"花不嘟"，亦即"花骨朵"

的谐音。　[2]椒：山顶。　[3]拔：突起，挺拔，高耸。　[4]发：
如花般绽放，开放。　[5]点黛：如点染其上的青黑色。　[6]华泉：
今泉同名。

[点评]

《水经注》记载的这座华不注山，以孤秀著称，郦道
元仅用数十字，便将此山的特点勾勒出来。古时四周环
水，远远望去，犹如水上的一个大花骨朵，故有华不注
（与"花骨朵"谐音）山之称。此山虽然并不高大，但在
历史上颇负盛名。早在春秋时期，华不注山就因齐、晋
之间发生的鞌之战而闻名遐迩。唐代李白、宋代曾巩、
元代赵孟頫等都曾先后以华不注山为题，或撰写诗作（李
白《古风五十首》的第二十首、曾巩《华不注山》诗、
赵孟頫《趵突泉》诗），或绘制画作（赵孟頫《鹊华秋色
图》），使得这座山愈发名扬四海。

卷九

清水[1]　沁水[2]　淇水[3]　荡水[4] 洹水[5]

本卷记载了清水、沁水、淇水、荡水、洹水五条河流的流向。汉代以前，这些河流都是河水（今黄河）的支流。但由于人为开渠和黄河改道，其中四条河流的下游河道古今差异较大。东汉末年，曹操为进攻袁绍而顺着黄河故道开挖白沟，从淇水口引水，并筑堰使淇水改道，令清水、淇水不再注入黄河而成为与白沟互通漕运的一部分水道。白沟后来成为今天的卫河，淇水、荡水、洹水则演变成今天的淇河、汤河、洹河，并都成了卫河的支流。只有沁水，即今天的沁河，仍然注入黄河。

次东得焦泉[6]，泉发于天门之左，天井固右。天门山石自空，状若门焉，广三丈，高两匹[7]，深丈余，更无所出，世谓之天门也。东五百余步，中有石穴西向，裁得容人[8]，东南入，径至天井，直上三匹有余，扳蹑而升[9]，至上平[10]，东西二百步，南北七百步，四面险绝，无由升陟矣[11]。上有比丘释僧训精舍[12]。寺有十余僧，给养难周[13]，多出下平[14]，有志者居之[15]。寺左右杂树疏颁[16]。有一石泉，方丈余，清水湛然[17]，常无增减，山居者资以给饮。北有石室二口，旧是隐者念一之所[18]，今无人矣。泉发于北阜，南流成溪，世谓之焦泉也。

（清水篇）

[**注释**]

[1] 清水：今卫河（淇河以西段）。卫河是海河水系五大河之一，上源称大沙河，大沙河发源于山西省陵川县夺火乡南岭，至河南省焦作市闫庄出山，流至新乡市合河镇，以下称卫河。卫河东流至淇县以南，淇河由北向南汇入卫河。　[2] 沁水：今沁河。沁河是黄河下游支流，源出山西省沁源县北太岳山东麓，南流至河南省武陟县汇入黄河。　[3] 淇水：今淇河。淇河是卫河支流，发源于山西省陵川县，东流进入河南省林州市与辉县市交界的太行山区，流经鹤壁市后折向东南流，至浚县淇门村与卫辉市小河口村附近流入卫河。　[4] 荡水：今汤河。汤河是卫河支流，发源于河南省鹤壁市崔家沟附近的太行山东麓，东流经汤阴、安阳等地，于内黄县西元村注入卫河。　[5] 洹（huán）水：今洹河。洹河又名安阳河，是卫河支流，发源于河南省林州市林虑山，东流经安阳市，至内黄县马固村西北入卫河。　[6] 焦泉：源出今河南省辉县市焦泉营村附近。　[7] 匹：古时丈量单位，一匹等于四丈。　[8] 裁：通"才"，刚刚。　[9] 扳（pān）：通"攀"，攀缘。蹑（niè）：登。　[10] 至上平：到达山顶平地。　[11] 无由升陟：没有路径再向上登高了。　[12] 比丘：梵语 Bhiksu 的译音，意为

"乞士"，俗称"和尚"。精舍：僧道居住或讲道说法之所。　[13]给（jǐ）养难周：指寺中所得供养难以完备。　[14]多出下平：指供养多来自山下平地。　[15]有志者居之：只有那些有意志力的人才能在山上寺庙中长期居住下去。　[16]杂树疏颁：指寺边的树木稀稀拉拉，杂乱无章。颁，通"斑"，斑驳。　[17]湛：清澈。　[18]念一：指修道，参见卷六《涑水篇》"鹿裘念一之夫"条注释。

[点评]

山间清泉涌出之地的周边，常有一二石室，隐居之士在此修行。如前段点评所述，这样的场景描写经常出现在《水经注》之中。此段所记载的"焦泉"周围如此，卷六《文水篇》节选段落中所描述的"隐泉水"发源地附近亦复如是。青山、绿水、石室、隐士，这样的世外桃源"标配"，也应该是郦道元心中所欣赏之地吧。不过，在这一段文字中，《水经注》又为读者增添了一段别有风味的插曲："给养难周，多出下平，有志者居之。"原来如此风景优美之地，却也有难以维系基本饮食的困难，唯有意志坚定、吃苦耐劳之人，才能在这"桃源"中坚持下去。

水北有华岳庙 [1]，庙侧有攒柏数百根，对郭临川，负冈荫渚 [2]，青青弥望 [3]，奇可玩也 [4]，怀州刺史顿丘李洪之之所经构也 [5]。庙有碑焉，是河内郡功曹山阳荀灵龟以和平四年造 [6]，天安元年立^[7]。

（沁水篇）

[**注释**]

[1] 水北：指沁水北岸。　[2] 负冈荫渚：指柏树背依山冈，荫蔽水岸。　[3] 青青弥望：指青翠满眼。弥，满。　[4] 玩：观赏。　[5] 李洪之：本名文通，北魏弘农人，因与文成元皇后结为兄妹，遂改名洪之。李洪之为官素不清廉，为人检举，孝文帝令其在家中自裁。《魏书》《北史》皆有本传。经构：经营构建，指李洪之主持修建华岳庙。　[6] 苟灵龟：北魏官员。和平：北魏文成帝拓跋濬的年号（460—465）。和平四年：463 年。　[7] 天安：北魏献文帝拓跋弘的年号（466—467）。天安元年：466 年。

[**点评**]

《魏书·地形志》怀州河内郡下载：野王“有太行山、华岳神”。野王，为汉时所置之县，治今河南省沁阳市。华岳神，即华岳神庙，也就是郦道元此处所记载沁水之北的这座华岳庙。此段文字将重点集中在了庙旁的数百棵密集生长的柏树、对岸的城郭以及满眼青翠的山冈，借以反衬这座华岳庙所处位置的非同一般。另外，庙中的北魏碑石，也为郦氏所关注而记录了下来。在《水经注》中，郦道元对于各种碑铭情有独钟，施蛰存《水经注碑录》一书序言称：“郦道元注《水经》，就其行旅所知见，著录秦汉以下刻石二百七十余件，其书幸存，碑版遗闻，赖以不坠。”（施蛰存《水经注碑录》，天津古籍出版社 1987 年版，序文第 2 页）读者从此段"华岳庙"文字中也可略见端倪。

（洹水枝津北水）又北迳建春门[1]，石梁不高大，治石工密[2]，旧桥首夹建两石柱，螭矩趺勒甚佳[3]。乘舆南幸[4]，以其作制华妙，致之平城[5]。东侧西阙[6]，北对射堂[7]，绿水平潭，碧林侧浦，可游憩矣。

（洹水篇）

[**注释**]

[1] 建春门：即邺城东门。邺城先后为曹魏、后赵、冉魏、前燕、东魏、北齐六朝都城，其遗址主体在今河北省临漳县县城西南 20 千米的香菜营乡邺镇村、习文乡附近。　[2] 治：修筑。工：细致，精巧。　[3] 螭（chī）：传说中没有角的龙，用于装饰，常见于碑额、柱头、印章等。矩：刻画做出标记。趺（fū）：柱下石座。勒：刻。　[4] 乘舆南幸：指皇帝南巡至建春门。乘舆，代指皇帝。　[5] 致之平城：把两石柱移到平城去了，参见卷十三《㶟水篇》节选"宁先宫"条注释。平城，398—494 年为北魏都城，在今山西省大同市。　[6] 阙：城阙，城门边供瞭望用的楼台。　[7] 射堂：习射场所。

[**点评**]

以"建春门"作为都城门名称的，除了这里提及的邺都，北魏洛阳城的东北门亦复如是。此段《水经注》讲到邺都东门建春门外石桥桥头本有二石柱，因刻工精湛，被移至了平城。读者如果再读到本书所选卷十三《灢水篇》中提及的宁先宫（宁光宫）殿东的那两根"石虎邺城东门石桥柱"，一定会与此处所叙产生联想。郦道元虽然没有进一步建议读者两处参看，但细心者自然会心领神会。

卷十 [1]

浊漳水 [2]　　清漳水 [3]

北曰冰井台 [4]，亦高八丈，有屋百四十五间，上有冰室 [5]，室有数井，井深十五丈，藏冰及石墨焉 [6]。石墨可书，又燃之难尽，亦谓之石炭。又有粟窖及盐窖 [7]，以备不虞 [8]。今窖上犹有石铭存焉。

（浊漳水篇）

[注释]

[1] 卷十所载的浊漳水、清漳水，经过历史时期的变化，现均

属海河水系下的漳卫南运河水系。另外，清人赵一清又在其所撰《水经注释》卷十《浊漳水篇》与《清漳水篇》末尾，从其他典籍中辑补了今本《水经注》散佚的"滏水""洺水"两篇。滏水，今滏阳河；洺水，今洺河，是滏阳河的支流。滏阳河东流与滹沱水汇合后称子牙河，为海河的主要支流之一。不过，古代滏水则是漳水的支流，这也是赵一清将"滏水"与"洺水"二篇的相关内容辑补列在卷十之末的原因。　[2]浊漳水：今浊漳河—漳河。浊漳河是漳河的主要支流之一，其上游有南、北、西三源。浊漳南源出山西省长子县发鸠山，浊漳西源出山西省沁县漳源村，两源在襄垣县甘村汇合后，东北流至合河口村，与发源于榆社县柳树沟的浊漳北源相汇合，之后至河北省涉县合漳村与清漳河汇合前称为浊漳河。浊漳河与清漳河汇合后，始名漳河，东流至馆陶县境汇入卫河。　[3]清漳水：今清漳东源—清漳河。清漳河是漳河的另一条主要支流，其上游分东、西两源。清漳东源出山西省昔阳县沾岭山，清漳西源出山西省和顺县八赋岭，两源在左权县交漳村汇合后始称清漳河，清漳河流至河北省涉县合漳村与浊漳河相会而称漳河。　[4]冰井台：即古时冰窖所在。　[5]冰室：贮冰之室，即冰窖。　[6]石墨：即天然石墨，是一种铁黑色、钢灰色的六立锥状或柱状晶体，可以用于书写。　[7]粟窖：用于贮藏谷物之所。盐窖：用于贮藏盐。　[8]不虞：出乎意料的事。

[点评]

　　在没有制冷设备的古代，为了将冬季所取之冰保存至夏天祛暑和制作冷饮凉食，中国古代很早就发明了藏冰的方法。藏冰之所，称为冰井、冰窖等。历代皇家必设藏冰机构，有专人负责处理有关事务。为了存储大量的冰块，一般藏冰之所的建造都成一定的规模，而且还要注意密封隔热，这样才能使藏于窖内的冰块长时间不被融化。《水经注》此处描述的冰井台，为曹魏邺城西北的三台之一（其余两台为铜雀台、金虎台）。此冰井台，至北齐时又复有增修，并赋予了一个雅名"崇光台"。《北齐书》卷四《文宣帝纪》载："先是，发丁匠三十余万营三台于邺下，因其旧基而高博之，大起宫室及游豫园。至是，三台成，改铜爵曰金凤，金兽曰圣应，冰井曰崇光。"

除了冰井，郦道元还提及了天然石墨藏于冰窖中，作为书写用的必备材料，这样做应该是为了更长期地保存。此外，郦道元顺带一笔言及了粟窖与盐窖，可见地窖在其时的"以备不虞"之效。

卷十一^[1]

易水^[2]　滱水^[3]

　　濡水又东南迳樊於期馆西^[4]，是其授首于荆轲处也^[5]。濡水又东南流迳荆轲馆北^[6]，昔燕丹纳田生之言^[7]，尊轲上卿^[8]，馆之于此。二馆之城，涧曲泉清，山高林茂，风烟披薄^[9]，触可栖情^[10]，方外之士^[11]，尚凭依旧居，取畅林水^[12]。二城并广一里许^[13]，俱在冈阜之上，上斜而下方。

（易水篇）

［注释］

[1] 赵一清认为，在最初完整的《水经注》中，有关滹沱水（今滹沱河）的内容可能是单独成篇甚至于单列成卷的，只是在流传至今的《水经注》中已经看不到这条水道的完整叙述了。于是，他收集了散布在其他典籍中的相关佚文，在其《水经注释》卷十一《滱水篇》之后补出了"滹沱水"一篇。此外，他还辑补了"滋水""洈水"两篇。滋水，即今滋河，滋河发源于河北省灵寿县五岳寨北麓，在河北省安国市军诜村汇入大沙河；洈水，即今大沙河，大沙河发源于山西省灵丘县太白山北麓，与南面的滋河汇合后改称潴（zhū）龙河，北流汇入白洋淀。今天的滹沱河与洺河、滏阳河（见卷十所提）等同属子牙河水系；中易水河、瀑河、唐河、滋河、大沙河、潴龙河等，则属大清河水系。　[2] 易水：易水有南北两支。北支易水即今中易水河，南支易水即今瀑河。中易水河又名白涧河、故安河，是南拒马河的支流，发源于河北省易县良岗镇西北山区，东流经易县南，至定兴县东引村南左合北易水河（《水经·易水注》中称"濡水"）后，于北河店村北汇入南拒马河。瀑河又名南易水河、鲍河、雹河，发源于河北省易县狼牙山东麓，至安新县寨里村汇入白洋淀的藻杂淀。　[3] 滱水：今唐河。唐河，发源于山西省浑源县恒山东南麓抢风岭，东南流经灵丘县，入河北省境内，穿过涞源县南部，东南流经唐县、顺平县、定州市，折向东北经望都县、保定市清苑区后，于安新县境内汇入白洋淀西淀。　[4] 濡水：今北易水。樊於（wū）期（jī）：战国末人，本为秦将，后逃至燕国，为秦王政悬赏通缉。燕太子丹派荆轲谋刺秦王时，他自刎献首级，为荆轲行刺创造条件。樊於期馆：在今河北省易县梁格庄镇北石门村西之山冈上。　[5] 荆轲：战国末卫国人，游历燕国，被燕太子丹尊为上卿，后被派往刺杀秦王政。他携带樊於期首级及夹有匕首的地图，进献秦王，图穷

匕见，刺秦王不中而被杀。　[6]荆轲馆：位于今河北省易县荆轲山村西、荆轲公园附近之山冈上。　[7]燕丹：即燕太子丹，姬姓，燕氏，名丹，燕王喜之子，初质于秦国。荆轲刺秦王失败之后，秦国急攻燕国，燕王喜斩燕丹以献秦。田生：即田光，战国燕国处士，为燕太子丹谋划刺杀秦王并举荐荆轲，事败后被杀。　[8]上卿：官阶最高之官。　[9]披薄：弥漫。　[10]触可栖情：指在这样的环境里，可以寄托情志。触，遇到，接近。　[11]方外之士：本义指超脱世俗之人，后多以此借指僧人道士等。　[12]"取畅林水"：此句殿本原作"取畅林木"，今据《大典》本改。取畅林水：在山水树木中自由畅快。　[13]"二城并广一里许，俱在冈阜之上，上斜而下方"：此三句殿本在郦《注》前文"俗又以五公名居矣"一句之后，今据其他各本回改。冈阜：丘陵，山冈。上斜而下方：指城建在山丘上，上方依地势倾斜，而下方如城池般方正。

[点评]

　　荆轲刺秦王的故事，家喻户晓。樊於期为助荆轲，自刎而亡。此处《水经注》所记载的樊於期馆与荆轲馆即当年燕太子丹礼贤下士，为此二人所安排的住所。"风萧萧兮易水寒，壮士一去兮不复还。"虽然荆轲刺杀秦王行动最终失败，但在民间刺客荆轲的这种勇士精神，一直得到赞许与传扬。

　　此外，《水经注》记载的这两处古迹，虽然寄寓了郦道元自己的不少情感，但他却能在借景写典故时用一份看似平静的心态予以展现，将历史人物的是非曲直，留给后人评判。荆轲的故事，樊於期的壮举，以及历史上田光的悲惨下场，郦道元心知肚明，但他并无任何渲染，而是在朴实无华的文字中，巧妙地将各位曾经叱咤风云的历史人物串讲在一起，读者自明其义而又倍感唏嘘，恰如文中所写的"风烟披薄"之景。

濡水又东，迳武阳城西北旧堨[1]，濡水枝流南入城[2]，迳柏冢西[3]，冢垣城侧，即水塘也[4]。四周茔域深广[5]，有若城焉。其水侧有数陵坟高壮，望若青丘。询之古老[6]，访之史籍，并无文证，以私情求之[7]，当是燕都之前故坟也[8]。或言燕之坟茔[9]，斯不然矣[10]。

（易水篇）

[**注释**]

[1]武阳城：即武阳，战国燕国燕昭王时期的都城，今河北省易县高陌乡境内有燕下都遗址。旧堨：以前的土堰。在今河北省易县石庄村南。　[2]濡水枝流：今燕下都遗址一号古河道，全长四千七百米。　[3]柏冢（zhǒng）：今河北省易县高陌乡东斗城村东南四百五十米的虚粮冢墓区。墓区共有十三座古墓，由北至南分作四排，除最北一排四座外，其余每排各三座，井然有序。　[4]水塘：即今虚粮冢整个墓区。　[5]茔（yíng）：坟墓。　[6]询之古老：向老人询问。　[7]以私情求之：指郦道元自己按照情理推测。　[8]当是燕都之前故坟：应该是燕国建都之前就存在的旧坟。　[9]或言燕之坟茔：有人说这是燕国建都于此之

后的坟墓。　[10] 斯不然矣：那就不对了啊。斯，则，就。

[点评]

　　由郦《注》可知，这里提及的"柏冢"即今河北省易县高陌乡燕下都遗址中的虚粮冢墓区。据考古发现，该墓区东、南、西三面皆有武阳城古河道遗迹。由此推之，至北魏时，由于水道堰塞，水漫四周，该区域已经发育成为沼泽地带，其中大小水塘遍布。

　　（石泉）水出石泉固东南隅[1]，水广二十许步，深三丈。固在众山之内，平川之中，四周绝涧阻水[2]，八丈有余[3]。石高五丈，石上赤土，又高一匹，壁立直上[4]，广四十五步。水之不周者[5]，路不容轨[6]，仅通人马，谓之石泉固。固上宿有白杨寺[7]，是白杨山神也。寺侧林木交荫[8]，丛柯隐景[9]，沙门释法澄建刹于其上[10]，更为思玄之胜处也。

（易水篇）

[注释]

[1] 水：即石泉水，今无对应水道。石泉固：今河北省涞水县东、西洛平村之间的洛平山。固，四向封闭。　[2] 四周绝涧阻水：指石泉固的周边由涧水所阻绝。　[3] 八丈有余：指石泉固高

八丈多，此八丈下文有解释，即石高五丈，石上赤土又高一匹，按，一匹约为四丈，两相叠加，约九丈，故郦道元说"八丈有余"。　[4]壁立直上：指石泉固像墙壁一样陡立，笔直向上。　[5]水之不周者：指石泉固下，涧水没有流到的地方。　[6]路不容轨：指路窄，不到八尺，不能行车。轨，车子两轮之间的距离，宽约古制八尺，此处引申为车辙、车驾。　[7]宿：从前。　[8]林木交荫：指林木茂密，绿荫交错。　[9]丛柯隐景：枝叶如丛，遮阳蔽日。柯，草木枝茎。景，日光。　[10]沙门：指佛教徒。参见卷六《文水篇》节选"沙门"条注释。刹：指佛寺。

[点评]

"固"，又作"崮"，指的是四面陡峭，上端较平的山，在地貌学上也称之为"方山"。崮的峭壁下面坡度由陡到缓，放眼望去，酷似一座高山城堡。崮由坚硬的石灰岩组成，高度为 10—100 米。崮虽然是天然形成，但一般都有人居住其上，《水经注》此处所载的石泉固亦复如是。此固在"众山之内，平川之中"，高"八丈有余"，通往固上的山路非常狭窄，"路不容轨，仅通人马"。其上有一白杨寺，为祭祀白杨山神而建。另外，还有僧人法澄修建的寺院，增添了石泉固上的人文色彩。

唐代陈子昂《燕昭王》诗云："南登碣石馆，遥望黄金台。丘陵尽乔木，昭王安在哉？霸图今已矣，驱马复归来。"

清代龚自珍撰有《燕昭王求仙台赋》，可参看。

而是水出代郡广昌县东南[1]、郎山东北[2]、燕王仙台东[3]。台有三峰，甚为崇峻，腾云冠峰[4]，高霞翼岭[5]，岫壑冲深[6]，含烟罩雾。耆

旧言 [7]：燕昭王求仙处 [8]。

（易水篇）

[注释]

[1]是水：指南易水，今水同名，又称瀑河、鲍河。代郡广昌县：秦置县，西汉属代郡，治今河北省涞源县北，晋末省入灵丘县。 [2]郎山：今狼牙山。 [3]燕王仙台：今河北省易县西山北乡沙岭村西北山峰。 [4]腾云冠峰：云雾腾起，冠盖山峰。 [5]高霞翼岭：彩霞高挂，比翼峻岭。 [6]岫（xiù）壑冲深：山谷深远。岫壑，山谷。 [7]耆（qí）旧：年长而德高望重的人。 [8]燕昭王：战国燕国君，名职。即位后改革政治，励精图治，招徕人才，与民休息，燕国由此进入鼎盛时期。

[点评]

燕昭王是战国时期燕国有名的贤明君主，善于纳士，此处《水经注》所载的"燕王仙台"，据当地老人说是燕昭王当年求仙之所。郦道元好奇闻异说，在《水经注》里经常可以见到类似的传说记载。

易水又东迳孔山北 [1]，山下有钟乳穴，穴出佳乳 [2]，采者篝火寻沙 [3]，入穴里许，渡一水，潜流通注，其深可涉，于中众穴奇分，令出入者疑迷不知所趣 [4]，每于疑路，必有历记 [5]，返者乃寻孔以自达矣[6]。上又有大孔，豁达洞开[7]，故以孔山为名也。

（易水篇）

[**注释**]

[1]易水：今南易水，又称瀑河、鲍河。孔山：今窟窿山。　[2]穴出佳乳：洞中有非常美丽的钟乳石。　[3]篝（gōu）火：用竹笼罩着的火。　[4]趣：趋赴。　[5]必有历记：指一定可以看到前人游历时留下的记注。　[6]返者乃寻孔以自达矣：指从洞中返回的人就可以自己摸索着找到那些曾经过且分出岔道的洞穴，从而最终顺利回到开始进入洞口的地方。　[7]豁达：开通，通达。

[**点评**]

《水经注》这里记载的所谓"孔山"之下的"钟乳穴"，即今天我们说的溶洞，是一种地下的喀斯特地貌。通常是由地下水沿岩石裂隙或落水洞向下运动时发生溶蚀，形成各种形态的管道和洞穴，并相互沟通或合并，形成统一的地下水位。千姿百态的石钟乳、石笋、石柱是地下溶洞常见的景观。《水经注》中对各地的喀斯特地貌有大量的描述，据统计，全书记载的各种洞穴有七十余处，其中有十几处可以确定为喀斯特地貌。

博水又东南迳穀梁亭南[1]，又东迳阳城县[2]，散为泽渚。渚水潴涨[3]，方广数里。匪直蒲笋是丰[4]，实亦偏饶菱藕[5]。至若娈婉丱童[6]，及弱年崽子[7]，或单舟采菱，或叠舸折芰[8]，长歌阳春[9]，爱深绿水[10]，掇拾者不言疲[11]，谣咏者自流响[12]，于时行旅过瞩[13]，亦有慰于羁望矣[14]。世谓之为阳城淀也。阳城县故城近在西北，故陂得其名焉。

（滱水篇）

[注释]

[1]博水：今清水河。穀梁亭：确址无考。　[2]阳城县：《汉书·地理志》无此县。今河北省保定市清苑区有阳城镇，其地望相合。　[3]潴：水蓄积、积聚。　[4]匪：不仅，不但。直：只是，仅仅。蒲笋：香蒲和芦笋。　[5]偏：很，最，特别。菱藕：菱角和莲藕。　[6]至若：至于，至如。娈：美好。婉：柔美。丱（guàn）：儿童头上上翘的两只角辫。　[7]弱年：弱冠之年，年少。崽子：小孩子。　[8]叠：接连。舸（gě）：大船。折芰（jì）：采菱。芰，即菱角。　[9]长歌阳春：春光明媚下，放声高歌。　[10]爱深绿水：深深地爱着这一片绿水。　[11]掇（duō）拾：采取，拾取。　[12]谣咏者自流响：指歌唱的人们吐出悠扬的清音。　[13]于时行旅过瞩：指当时的旅人路过此处，向湖中望去。　[14]亦有慰于羁望：心中思念家乡的惆怅，也会得到抚慰。羁望，乡思，乡愁。

[点评]

在《水经注》有关"阳城淀"这一段文字中可以看

到，郦道元除了将蒲笋菱藕画上湖面，更是把形形色色的游人编织入图，描绘了一幅人间美景。有头上扎着羊角辫的孩童，有采菱戏水的少年，还有行经湖边的游人过客，整个湖面上"长歌阳春，爱深绿水"，一派明媚欢乐的景象。

博水又东北，徐水注之[1]，水西出广昌县东南大岭下[2]。世谓之广昌岭，岭高四十余里，二十里中委折五回[3]，方得达其上岭，故岭有五回之名。下望层山，盛若蚁蛭[4]，实兼孤山之称，亦峻竦也[5]。

（滱水篇）

[注释]

[1]徐水：今漕河。　[2]广昌县：秦置县。前文已注，参见第127页注释[1]。东南大岭：今五回岭。　[3]委：曲。　[4]盛：多。蚁蛭（zhì）：蚂蚁洞口的小土堆。蛭，通"垤"，小土堆。　[5]竦：同"耸"，耸立。

[点评]

在古代，山之肩领可通道路者称为"岭"。东汉许慎《说文解字》中说："岭，山道也。从山、领声。"此处郦道元提及的"广昌岭"（五回岭）即可以很好地诠释古人对岭的命名。广昌岭之所以又称五回岭，就是因为由岭下到岭上要走二十里的盘山道路，回旋五次方可达到山顶。唐代曾置五回县，即以此岭为名。今五回岭是徐水、漕河的发源地。

　　徐水三源奇发，齐泻一涧，东流北转迳东山下[1]，水西有御射碑[2]。徐水又北流西屈迳南崖下，水阴又有一碑。徐水又随山南转迳东崖下，水际又有一碑。凡此三铭，皆翼对层峦，岩障深高，壁立霞峙[3]。石文云[4]：皇帝以太延元年十二月[5]，车驾东巡，迳五回之险邃[6]，览崇岸之竦峙[7]，乃停驾路侧，援弓而射之[8]，飞矢逾于岩山，刊石用赞元功[9]。夹碑并有层台二所，即御射处也。碑阴皆列树碑官名。

（滱水篇）

[注释]

　　[1]东山：今河北省易县狼牙山镇口头村附近山脉。　[2]御射碑：即皇帝东巡碑。　[3]壁立霞峙：如墙壁一样耸立，与云霞对峙。　[4]石文：指碑文。　[5]皇帝：指北魏太武帝拓跋焘。太延元年：435年。　[6]邃（suì）：深远。　[7]竦峙：耸立对峙。　[8]援：引。　[9]元功：大功，首功。

[点评]

《水经注》此处所载御射碑有三块，且所叙之事有年有月，言之凿凿。不过，有关此三碑，除郦道元之外，仅北宋《太平寰宇记》有所提及（清代学者赵一清已经注意到，《太平寰宇记》所载碑文多于郦《注》，指出《水经注》此处或有脱漏）。在此之后很长一段时间内，学者都倾向于认为碑刻已湮没无存。直到1935年，徐鸿宝（森玉）按图索骥，顺着郦道元所说方位，于河北易县觅得一碑，首题"皇帝东巡之碑"，不仅发现之地与郦《注》所载御射碑地望相符，而且碑文所言"援弓而射之""镇东将军定州刺史乐浪公乞立石"等也分别可与郦《注》、《太平寰宇记》所载相合。徐鸿宝将拓本带回，终令此碑重见天日，一时间震惊学界。由此亦可见郦道元记注之真实精确。该碑拓本之一现藏于国家图书馆。

徐水东北屈迳郎山，又屈迳其山南，众岑竞举[1]，若竖鸟翅，立石崭岩[2]，亦如剑杪[3]，极地险之崇峭[4]。汉武之世[5]，戾太子以巫蛊出奔[6]，其子远遁斯山[7]，故世有郎山之名。

（滱水篇）

汉戾太子巫蛊之事参见《汉书》卷六三《戾太子刘据传》。

[注释]

[1]岑：小而高的山。竞：互相争胜。　[2]崭（zhǎn）：高峻。　[3]杪（miǎo）：本义为树枝细梢。　[4]极地险之崇峭：指

地势险峻高峭极了。　[5] 汉武之世：汉武帝时期。汉武帝，刘彻。在位五十余年，功业甚广。对内加强皇权，对外开疆拓土，开创了西汉王朝的鼎盛时期。　[6] 戾（lì）太子：即刘据，汉武帝嫡长子。征和二年（前 91），因巫蛊事件被迫自杀。巫蛊（gǔ）：指巫师用邪术来诅咒别人。　[7] 遁（dùn）：逃避。

[点评]

郎山，即今狼牙山，位于河北省易县西部的太行山东缘，以地貌复杂，奇峰林立，状若狼牙而得名。郦道元在此段文字中除了描述郎山的奇险之外，还将此山的得名来自避难出逃的戾太子之子的传说记录了下来，其中似有把山势之险与戾太子之子的命运多舛联系在一起之意。至于这一传说是否可信，似乎并不在他的考证范围之内。

徐水又东南流历石门中 [1]，世俗谓之龙门也。其山上合下开，开处高六丈，飞水历其间，南出乘崖，倾涧泄注，七丈有余，濟荡之音 [2]，奇为壮猛，触石成井，水深不测，素波自激 [3]，涛襄四陆 [4]，瞰之者惊神 [5]，临之者骇魄矣 [6]。

（滱水篇）

[注释]

[1] 石门：今龙门水库附近。　[2] 濟（bèn）荡之音：指水流

下泄的巨响。　[3]素波自激：白色水花互相激荡。　[4]襄：冲上。　[5]瞰（kàn）：俯视。　[6]骇：惊骇。

[点评]

　　《水经注》中以"龙门"为名的地方有多处，但此处的"龙门"则与他处不同，它不似伊阙那种两山夹一水的"龙门"，而是实实在在的一个上端相连的石门山，即所谓"其山上合下开"。换言之，这是一个在山上天然形成的石拱门。龙门之下，徐水（今漕河）川流向南，然后顺峡谷倾泻而下，飞流成瀑，声若雷鸣，在瀑布之下形成一个巨型龙潭。这一天然奇观令观者无不惊心动魄，叹为观止。郦道元的写景之功，于此又可见一斑。明代文学家张岱就曾说"古人记山水手，太上郦道元"（张岱《琅嬛文集》卷五《跋寓山注二则》其二，浙江古籍出版社2013年版，第165页），将郦氏推为古今写景第一人。

卷十二

圣水[1]　巨马水[2]

圣水即今大石河，巨马水即今拒马河，属大清河水系。郦道元的家乡就在巨马水流域。

水出郡之西南圣水谷[3]，东南流迳大防岭之东首山下[4]，有石穴，东北洞开，高广四五丈，入穴转更崇深，穴中有水。《耆旧传》言[5]：昔有沙门释惠弥者[6]，好精物隐[7]，尝篝火寻之。傍水入穴三里有余[8]，穴分为二：一穴殊小，西北出，不知趣诣[9]；一穴西南出，入穴经五六日方还，又不测穷深。其水夏冷冬温，春秋有白鱼出穴，数日而返，人有采捕食者，美珍常味，盖亦丙穴嘉鱼之类也^[10]。

（圣水篇）

[注释]

[1] 圣水：今大石河。大石河又名琉璃河，是北拒马河的支流，发源于北京市房山区霞云岭，于祖村附近流出北京市界，至河北省涿州市码头镇入北拒马河。　[2] 巨马水：今拒马河。拒马河是大清河的北源，发源于河北省涞源县涞源镇，至涞水县铁锁崖出山，分为南、北拒马河：北拒马河（《水经注》称"督亢沟"）东出流至涿州市码头镇北，大石河自北流入，之后北拒马河南折，以下称白沟河（其名亦始于《水经注》），南流至高碑店市白沟镇与南拒马河相会；南拒马河东南流经涞水县、定兴县，在北河店镇以北纳入中易水河，东南流至高碑店市白沟镇与白沟河汇合后称大清河。　[3] 水：指圣水。郡：指上谷郡，战国燕置，约辖今河北省中部及西部地区，北魏时废。　[4] 大防岭：即今河北省大房山，又称大防山，在房山区西北二十五里，绵亘数十里。　[5]《耆旧传》：汉晋时期此类书籍的编撰颇为流行，专门记载一定区域内德高望重的贤人事迹。　[6] 沙门：泛指出家修苦行、以乞食为生的人，这里专指佛教的出家人，亦可指佛门。　[7] 好（hào）精物隐：指常常钻研那些隐奥的事物。好，喜好。精，深入探究，精通。隐，指事物隐奥之面。　[8] 傍水：沿着水流。　[9] 趣诣（yì）：去向。　[10] 丙穴嘉鱼：鱼名。参见卷二十七《沔（miǎn）水篇》节选"丙穴嘉鱼"段落及注释。

[点评]

此段《水经注》所载"圣水石穴"又是一处地下溶洞，

与其他溶洞不同的是，此溶洞里面的一个分支洞穴非常长，"入穴经五六日方还，又不测穷深"。且这处的地下长河盛产美味佳鱼，是一般喀斯特地貌地区不太常见的现象，猜想应该与相通的圣水水质有关。

郦道元注《水经》时，文字常有呼应，此段中"丙穴嘉鱼"实则在卷二十七《沔水篇》中有详解，前后形成互相照应之趣。还有一些涉及两地的典故、神话传说等，也经常会以不同面貌出现在不同的注文之中，其侧重点亦有所不同，有兴趣的读者可以深入探察，并作比对。

巨马水又东[1]，郦亭沟水注之[2]。水上承督亢沟水于遒县东[3]，东南流，历紫渊东。余六世祖乐浪府君[4]，自涿之先贤乡，爰宅其阴[5]，西带巨川[6]，东翼兹水[7]，枝流津通，缠络墟圃[8]，匪直田渔之赡可怀[9]，信为游神之胜处也[10]。其水东南流，又名之为郦亭沟。

（巨马水篇）

此段文字有关郦道元的祖籍之地。

[**注释**]

[1]巨马水：今南拒马河。　[2]郦亭沟水：今无对应水道。　[3]督亢沟水：今北拒马河。"遒（nǎi）县"：此二字殿本原作"遒县"，今据《大典》本改。遒县，西汉置县，属涿郡，治今河北省涞水县。　[4]六世祖：六代之前的祖先。乐浪：即乐浪

郡，西汉置，治今朝鲜平壤。府君：对已故前辈的敬称。　　[5]爰：于是。宅：居住。阴：此处指郦亭沟水之南。　　[6]巨川：指巨马水。　　[7]兹水：这条水，即指郦亭沟水。　　[8]墟圃：村落和圃田。　　[9]赡：富足，丰裕。怀：思念。　　[10]信：诚，实，的确。游神：犹如游心，心神如游，浮想骋思。胜：非常美好，优美。

［**点评**］

　　此段文字关涉郦道元身世，颇为著名，常常为学者所引用。"郦亭沟水"，顾名思义，是一条经过郦亭的小河流，属巨马水的支流。郦道元自述其六世祖自涿县先贤乡移居此处，属范阳涿县地界，故史书上亦称郦道元为范阳涿县人（不过"范阳涿县"可能仅是其祖籍，其出生地或许并不在此。参见本书"导论"及卷二十六《淄水篇》节选"石井水"段落之"点评"）。在郦道元的笔下，他的家乡郦亭自然环境十分优美，"枝流津通，缠络墟圃"，田园周边，溪流缠绕，颇利农耕。不仅如此，此地也是"游神之胜处"。在郦氏的文字之间，流淌着对故乡的拳拳眷恋之情。

卷十三

㶟水 [1]

桑干枝水又东流 [2]，长津委浪 [3]，通结两湖，东湖西浦，渊潭相接，水至清深，晨凫夕雁 [4]，泛滥其上，黛甲素鳞 [5]，潜跃其下，俯仰池潭 [6]，意深鱼鸟，所寡惟良木耳 [7]。俗谓之南池。池北对汪陶县之故城 [8]，故曰南池也。

[注释]

[1] 㶟（lěi）水：今桑干河—永定河。桑干河是永定河主源，发源于山西省宁武县管涔山，上游称恢河，在内长城阳方口出宁

㶟水，今对应河道属海河水系的永定河水系。在历史记载中，㶟水并没有那么出名，"㶟水"的名字也没有沿袭下来，而郦道元用整卷的篇幅描述㶟水，这主要与㶟水流经大同有关。大同位于山西省北部，北魏前期曾定都于此，时称平城。一直到郦道元生活的太和十八年（494）北魏孝文帝迁都洛阳前，平城作为都城长达97年。郦道元在《㶟水篇》中所记载的平城见闻非常详细，成为今天研究北魏政治、经济、文化、社会，乃至城市布局、城市建筑等方面的重要史料。

武进入朔城区，于马邑镇与源子河汇流后称桑干河，至河北怀来县夹河村与洋河汇流后，又称永定河。永定河自夹河村东南流，穿过北京市、河北省廊坊市，在天津市屈家店与北运河相会后，汇入海河，东南流至塘沽口入海。　[2]桑干枝水：桑干水支流，当在今山西省应县境内。　[3]津：渡口。泛指一般河流。委：曲折。　[4]凫（fú）：水鸟，俗名野鸭。　[5]黛甲素鳞：指水中龟鳖和鱼类。黛，青黑色。素，白色。　[6]"俯仰池潭"二句：是说在池潭边上下探视，心思深深寄于鱼鸟，物我交融。　[7]所寡惟良木耳：所缺的只是一些大树而已。　[8]汪陶县：西汉置，属雁门郡，治今山西省应县西。

［点评］

在《水经注》有关"南池"这一段文字中，郦道元笔下的"晨凫夕雁""黛甲素鳞"，既有时间（晨、夕），又有颜色（黛、素）；既有整体（凫、雁），又有细部（鳞、甲）；同样是朴实无华，同样是平铺直叙，却分明将一个宏大的场景描述得栩栩如生。从中不仅可以欣赏到郦道元描述池水的精妙之处，而且还能领略郦道元内心那种人与自然和谐的愿望，真"可谓濠梁之性，物我无违矣"。

羊水又东注于如浑水[1]，乱流迳方山南[2]，岭上有文明太皇太后陵[3]，陵之东北有高祖陵[4]，二陵之南有永固堂。堂之四周隅雉列榭[5]，阶、栏楯及扉户[6]，梁、壁、椽、瓦，悉文石也[7]。

檐前四柱，采洛阳之八风谷黑石为之，雕镂隐起[8]，以金银间云矩[9]，有若锦焉[10]。堂之内外四侧，结两石跌[11]，张青石屏风，以文石为缘[12]，并隐起忠孝之容[13]，题刻贞顺之名[14]。庙前镌石为碑兽，碑石至佳，左右列柏，四周迷禽暗日。院外西侧有思远灵图[15]，图之西有斋堂[16]。南门表二石阙[17]，阙下斩山[18]，累结御路[19]，下望灵泉宫池，皎若圆镜矣[20]。

[注释]

[1] 羊水：今淤泥河。如浑水：今御河。　[2] 方山：今西寺梁山，在山西省大同市区北35千米处，上有永固陵。　[3] 文明太皇太后陵：即永固陵。文明太皇太后，即冯太后，北魏文成帝拓跋濬的皇后，谥号文明，故称文明太皇太后。　[4] 高祖陵：在永固陵东北500米左右。高祖即北魏孝文帝拓跋宏。　[5] 雉：古时城墙长三丈、高一丈为一雉，代指墙。榭（xiè）：建在台上的小屋，多只有厅堂而无室。　[6] 栏槛（jiàn）：栏杆。扉户：即户扉，门。　[7] 文石：有纹理的石头。　[8] 隐起：凸出，高起。　[9] 云矩：当作"云炬"，指雕像背后之如云如焰一般的背景图像。　[10] 锦：有彩色花纹的丝织品。　[11] 跌：石座，一般用于竖碑。　[12] 缘：边。　[13] 忠孝：忠臣孝子。　[14] 贞顺：贞女顺妇。　[15] 思远灵图：即思远佛寺。在今山西大同市北方山之上。北魏太和三年（479）建，是北魏皇家寺院。灵图，即浮图，本意佛陀，又可指佛塔，此处亦指佛寺。　[16] 斋堂：寺庙内僧人设斋诵经的殿堂。

亦指寺庙中用斋食的地方。　[17]表：直立于地面。　[18]斩：断绝。　[19]累：连续，堆积，指之字形山路。御路：即御道，指供皇帝出行时走的路。　[20]皎（jiǎo）：明亮。

［点评］

永固陵是北魏冯太后的陵墓，永固堂则是永固陵前建的石室，主要结构全部都用"文石"制成，屋檐下的四根石柱用"黑石"雕刻而成。石室建在石制台座之上，前有"青石屏风"，四周饰以花纹，屏风之上则是展现"忠孝"与"贞顺"题材的图画。石室之前还陈列着石兽与石碑。建造永固石室的目的，就是要颂扬冯太后的"清明之德"。永固堂在冯太后生前就已建成，是为了死后作为"清庙"祭祀使用的。因此，永固堂不是"寝庙"，而是有太庙之意的。

在陵前建筑墓祠石殿，是东汉以来的遗风，同时又结合佛教的信仰，使佛堂与祠庙结合在一起。与此同时，又通过石屏雕刻图画，强调"忠孝""贞顺"的儒家思想。由永固堂的整体建筑形制与装饰，可以看出北魏统治者试图将佛教信仰与儒家的理念结合在一起而进行统治的意图。

其水又迳宁先宫东[1]，献文帝之为太上皇[2]，所居故宫矣。宫之东次[3]，下有两石柱，是石虎邺城东门石桥柱也[4]。按柱勒[5]，赵建武中造[6]，以其石作工妙，徙之于此。余为尚书祠部[7]，与宜都王穆罴同拜北郊[8]，亲所经见，柱侧悉镂云矩[9]，上作蟠螭[10]，甚有形势[11]，信为工巧[12]，去《子丹碑》则远矣[13]。

《水经注疏》杨守敬曰："郦书不载《子丹碑》所在。《书钞》二百二引《述征记》云：曹真祠堂在北邙山，刊石既精，书亦甚工。"按，其中提及的"《书钞》"，指《北堂书钞》。

[注释]

[1]其水：指如浑水分支，如浑水即今御河。宁先宫：当作"宁光宫"。　[2]献文帝：即拓跋弘。传位于拓跋宏（孝文帝），自己为"太上皇帝"，移居崇光宫。后又改崇光宫为宁光宫。　[3]东次：东边。　[4]邺城：邺城先后为曹魏、后赵、冉魏、前燕、东魏、北齐六朝都城，其遗址主体在今河北省临漳县境内县城西南20千米的香菜营乡邺镇村、习文乡附近。东门：建春门。参见卷九《洹水篇》节选"建春门"段落及注释。　[5]按柱勒：按照石柱上所刻文字。　[6]赵建武中：后赵建武年间（335—348）。　[7]尚书祠部：官名，北魏时尚书有祠部曹，专掌庙祧之礼。　[8]穆罴（pí）：鲜卑族，北魏大臣，其父穆平国为宜都王。拜北郊：指赴北郊皇陵行祭祀礼。　[9]云矩：当作"云炬"，指雕像背后之如云如焰一般的背景图像。　[10]蟠螭（pán chī）：无角盘龙，似蛇，常用作装饰。　[11]形势：形体，架势，指刻画得栩栩如生。　[12]工：精巧。　[13]去：距离，差别。子丹：即三国时曹真之字。曹真为曹操养子。魏明帝曹叡（ruì）即位后，拜大将军，率军抵御诸葛亮进攻。

[点评]

宁先宫（宁光宫）是北魏迁都洛阳之前，在都城平城（今山西大同市）内修建的宫殿名。郦道元记载这座宫殿时，也将自己实地探察过的情况写进了书中，留下了一份极其难得的第一手资料。相对于所记宫殿的雄伟，郦道元似乎对他亲眼看到的殿东两根从后赵石虎的邺都移来的石桥柱更感兴趣。石柱上雕刻的蟠龙图案，惟妙惟肖，不免令人赞叹。

卷十四

湿余水[1]　沽河[2]　鲍丘水[3]　濡水[4]
大辽水[5]　小辽水[6]　浿水[7]

湿余水出上谷居庸关东[8]。

关在沮阳城东南六十里居庸界[9]，故关名
矣。更始使者入上谷[10]，耿况迎之于居庸关[11]，
即是关也。其水导源关山[12]，南流历故关下[13]。
溪之东岸有石室三层，其户牖扇扉悉石也[14]，
盖故关之候台矣[15]。南则绝谷，累石为关垣[16]，
崇墉峻壁[17]，非轻功可举[18]，山岫层深[19]，

本卷所述水道，从海河流域的北三河水系（温榆河、潮白河等）转到了滦河流域和辽河流域，最后还兼述了今朝鲜西北部的清川江。

《水经注疏》杨守敬曰："《后汉书·寇恂传》，更始使者徇郡国，恂从耿况迎于界上。亦不言居庸关，此盖本他家《后汉书》。"

《水经注疏》杨守敬曰："程大昌《北边备对》，居庸关东西横亘五十里，中间通行之地，才阔五步。"

侧道褊狭[20]，林鄣邃险[21]，路才容轨[22]，晓禽暮兽[23]，寒鸣相和，羁官游子[24]，聆之者莫不伤思矣[25]。其水历山南迳军都县界[26]，又谓之军都关。

（湿余水篇）

[注释]

[1]湿余水：又作灅余水，今沙河—温榆河。沙河是温榆河上源，有东、南、北三支，北沙河发源于八达岭主峰下的关沟，至北京市海淀区双塔村后称北沙河，东南流至昌平区沙河镇附近与东沙河相会，汇入沙河水库，南沙河由西南方向汇入水库，沙河水库以下称温榆河。温榆河是北运河上源，东南流至通州区北关后注入北运河。　[2]沽河：今白河—潮白河。白河是潮白河两源之一，发源于河北省沽源县大马群山东南九龙泉，东南流过北京市延庆区白河堡，与潮河在密云区河槽村汇合后称潮白河。今潮白河经河北省香河县、天津市宝坻（dǐ）区，流至天津市宁东沽汇入永定新河，经潮白新河在北塘入渤海。　[3]鲍丘水：今潮河—潮白河。潮河是潮白河两源之另外一源，发源于河北省丰宁满族自治县曹碾沟南山，流经北京市密云区古北口，至密云区河槽村与白河合流而称潮白河。　[4]濡水：今闪电河—滦河。闪电河是滦河上源，源出河北省丰宁满族自治县西部小梁山，向北流经沽源县、内蒙古正蓝旗，折向东南经多伦县后又返回河北丰宁，东南入隆化县，至郭家屯左纳入小滦河后始称滦河。滦河东南流经河北省十多个县（市），于乐亭县入渤海。　[5]大辽水：今辽河。辽河是中国七大江河之一，发源于河北省七老图山脉的光头

山，流经河北、内蒙古、吉林和辽宁四省（自治区），在辽宁省盘锦市注入渤海。辽河干流呈弓形，分为上、中、下游三段：上游段至西拉木伦河汇入口止，称老哈河；中游段至东辽河汇入口止，称西辽河；东辽河汇入后的下游段，始称辽河。　[6] 小辽水：今浑河。浑河是辽河左岸支流，发源于辽宁省清原满族自治县龙岗山滚马岭，流经抚顺、沈阳等市后，在三岔河处与太子河汇合后而称大辽河。　[7] 浿（pèi）水：今朝鲜清川江。清川江位于朝鲜西北部，源于狼林山西南麓，向南偏西流，下游为平安南、北道的分界线，与九龙江等汇合后流入西朝鲜湾。　[8] 上谷：郡名，战国燕置，秦因之，郡治沮阳，西汉分上谷郡地置涿郡，并属幽州刺史部。居庸关：今关名同。　[9] 沮阳：县名，秦置，两汉因之，属上谷郡，治今河北省怀来县东南。居庸：县名，西汉置，治今北京市延庆区。　[10] 更始：刘更始，即刘玄。参见卷十九《渭水篇》"刘更始冢"条注释。　[11] 耿况：字侠游，扶风茂陵县（今陕西省兴平市东北）人，东汉初将领。　[12] 关山：今军都山。[13] 故关：指居庸关。　[14] 户牖（yǒu）扇扉：门窗。　[15] 候台：烽火台。　[16] 垣：矮墙。　[17] 堨：高墙。　[18] 举：占领，攻克。　[19] 岫：山洞。　[20] 褊（biǎn）狭：土地狭小。　[21] 鄣（zhàng）：通"障"，即"嶂"，如屏风的山。邃：深远。　[22] 轨：车轮之间距离，一般宽八尺，引申为车驾之意。　[23]"晓禽暮兽"二句：是说拂晓时分的飞禽，暮色之中的走兽，它们的鸣叫在寒气中互相应和。　[24] 羁官游子：指在客乡为官的士人。　[25] 聆之者莫不伤思矣：听到那些叫声的人无不怀乡感伤的啊。　[26] 军都县：秦置，汉属上谷郡，治今北京市昌平区南。

[**点评**]

居庸关是中国古代长城沿线上的著名关隘。关之得名，传说始自秦代，取"徙居庸徒"之意。汉代沿称居庸关之名。现存的关城是明代重新修建的。

> 泃水又左合盘山水^[1]，水出山上^[2]，其山峻险，人迹罕交，去山三十许里，望山上水，可高二十余里。素湍皓然^[3]，颓波历溪^[4]，沿流而下，自西北转注于泃水。

（鲍丘水篇）

[注释]

[1]泃（jū）水：今泃河。盘山水：今豹子峪石河。　[2]山：即盘山，今山同名。　[3]皓（hào）：洁白。　[4]颓（tuí）波：水波下泄。颓，水向下流。

[点评]

此盘山水乃因盘山而得名。《水经注》此段文字不长，但颇能体现郦道元的撰写方式与风格。由水引出山，再由山描绘水，山水交织，水借山势顺流而下，形成了"素湍皓然，颓波历溪"的景观。读《水经注》，常可在不经意处体会到郦氏的写景之妙。

卷十五

洛水[1]　伊水[2]　瀍水[3]　涧水[4]

洛水又东迳黄亭南[5]，又东合黄亭溪水[6]。水出鹈鹕山[7]，山有二峰，峻极于天，高崖云举，亢石无阶[8]，猿徒丧其捷巧[9]，鼯族谢其轻工[10]，及其长霄冒岭[11]，层霞冠峰，方乃就辨优劣耳[12]。故有大、小鹈鹕之名矣。溪水东南流历亭下，谓之黄亭溪水，又东南入于洛水。

（洛水篇）

本卷记载了洛、伊、瀍、涧四条水道。按今天的水系划分，伊、瀍、涧三水均属洛河水系。其中瀍、涧二水是较小的河道，但在《水经注》中仍单列篇名，究其原因应与其是洛阳城周边河流有关。古时有洛阳"六水并流"之说，其中的"六水"即指此卷的洛、伊、瀍、涧及下卷的榖、甘等六条河流。

[注释]

[1]洛水：今洛河。洛河是黄河的支流，发源于陕西省蓝田县华山南麓灞源乡，流经陕西省洛南县和河南省卢氏县、洛宁县、宜阳县、洛阳市，于巩义市神堤村注入黄河。　[2]伊水：今伊河。伊河是洛河的第一大支流，发源于河南省栾川县陶湾镇的闷敦岭，东北流经嵩县、伊川县、过龙门入洛阳市区，至洛阳市偃师区杨村东注入洛河，自此以下的洛河河段又名伊洛河。　[3]瀍（chán）水：今瀍河。瀍河是洛河的支流，发源于河南省洛阳市孟津区横水镇寒亮村，至洛阳市老城东关注入洛河。　[4]涧水：今涧河。涧河是洛河的支流，发源于河南省三门峡市陕州区观音堂镇的土崤山，东流经渑池、义马、洛阳等县（市），至洛阳市区瞿家屯流入洛河。按，古涧水上源不详，疑与今涧河取源不同。　[5]黄亭：今河南省洛宁县上戈镇南头村附近。　[6]黄亭溪水：今大铁沟水。　[7]鹈（tí）鹕（hú）山：今崤山山脉之摩云岭。　[8]亢：高。　[9]猿徒：猿猴之类。　[10]鼯（wú）族：鼯鼠之类。谢：辞去，失去。轻工：轻盈、灵巧。　[11]冒：蒙盖。　[12]方乃：才。就辨优劣：一比高下。

[点评]

鹈鹕是一种水禽，喜欢沉入水中觅食。人们见到鹈鹕浮出水面的时候，总是尾巴先露出来，然后才是身子和大嘴。此处郦道元记载的大、小鹈鹕山得名之由，是因为两座山峰只有待云气升上山岭，缤纷彩霞笼罩山峰之时，才能显现出孰高孰低，分出伯仲，这就似沉在水下的鹈鹕，只有在露出水面的时候，才能看到其真正的模样。如此形象的山峰命名，用动态的动物类比静态的山岭，再加上对猿猴、鼯鼠等轻盈、矫捷的动物而言尚无法在此山之前施展攀缘本领的描述，顷刻之间就将高耸入云的两座山峰形象活脱脱地映衬出来。

洛水又东迳一合坞南[1]，城在川北原上，高二十丈，南、北、东三箱天险峭绝[2]，惟筑西面，即为固[3]，"一合"之名，起于是矣。刘曜之将攻河南也，晋将军魏该奔于此，故于父邑也。洛水又东合杜阳涧水[4]，水出西北杜阳溪[5]，东南迳一合坞东，与槃谷水合[6]，乱流东南入洛。洛水又东，渠谷水出宜阳县南女几山[7]，东北流迳云中坞[8]，在上[9]，迢递层峻[10]，流烟半垂[11]，缨带山阜[12]，故坞受其名。

参见《晋书》卷一〇二《刘聪载记》。

（洛水篇）

[注释]

[1]一合坞：在今河南省宜阳县韩城镇福昌村北。　[2]箱：同"厢"，边，面。　[3]固：四面封闭。　[4]杜阳涧水：今仁厚河。　[5]杜阳溪：今仁厚河上游溪谷。　[6]槃（pán）谷水：今仁厚河支流。发源于河南省宜阳县高村镇张深村，南流至韩城镇仁厚村入仁厚河。　[7]宜阳县：战国韩置，至曹魏不变。汉属弘农郡，治今河南省宜阳县西。女几山：今花山，又名花果山。　[8]云中坞：在今河南省宜阳县上观乡西北大崖沟河畔。　[9]在上：此句殿本原作"左上"，今据《大典》本、黄本、吴本、《注笺》本改。　[10]迢递：高峻的样子。　[11]流烟：指雾气飘逸。　[12]缨（yīng）带：缠绕。

[点评]

坶，即坶壁，又称坶堡，兴起于西汉末年，一般是当时的豪族在战乱时期为防御外敌，自保而建。魏晋南北朝时期，有大量的坶壁出现。这些坶壁大多建于远离城邑的险要地区，易守难攻。此段《水经注》就记载了洛水流域的两处坶壁，尤其是其中的"一合坶"，选址十分独特，"城在川北原上，高二十丈，南、北、东三箱天险峭绝，惟筑西面，即为固"。也就是说，这个一合坶有三面是天然的屏障，只需要在一面筑墙，即可以形成一个四面封闭的坶壁。因此，一合坶可视为其时众多坶壁中的典型。另一个"云中坶"，由其名亦可想见其所处的险要位置。

参见《山海经》卷五《中山经·中次七经》。

洛水又东，合水南出半石之山[1]，北迳合水坶[2]，而东北流注于公路涧[3]，但世俗音讹，号之曰光禄涧，非也。上有袁术固[4]，四周绝涧，迢递百仞，广四五里，有一水，渊而不流。故溪涧即其名也[5]。

（洛水篇）

[注释]

[1]合水：今铁窑河—浏涧河。半石之山：今万安山脉中段（老君山至青罗山）。　[2]合水坶：在今河南省洛阳市偃师区大口镇南坶张村、南坶李村附近。　[3]公路涧：今涧河—浏涧河溪谷。　[4]袁术：字公路，东汉末汝南汝阳县（今河南省商水县西北）

人。建安二年（197），称帝于寿春（今安徽省寿县），建号仲家（一说仲氏）。后为曹操所破。袁术固：在今河南省洛阳市偃师区大口镇引礼寨村南。　[5]故溪涧即其名也：指公路涧之名是因为袁术字公路。即，则。

[点评]

　　袁术是东汉末汝南汝阳县人，曾任河南尹。《水经注》此处所载的袁术固名，以及周边的水道公路涧，都应与袁术本人曾在此区域有过活动有关。地名信息往往透出历史上名人活动的轨迹。

　　此外，从本段与上文的"一合坞""云中坞"，以及卷十一《易水篇》的"石泉固"等文字中，亦可见到郦道元描写此类景致的特点，即以水绕悬崖来突出险、绝的特点，强调远山"迢递百仞"，寥寥数笔即勾勒出"坞""固"等高地的特点。

（伊水）又东北过伊阙中[1]。

　　伊水迳前亭西[2]，《左传》昭公二十二年[3]，晋箕遗、乐征、右行诡济师取前城者也[4]。京相璠曰[5]，今洛阳西南五十里伊阙外前亭矣[6]。服虔曰[7]，前读为泉，周地也。伊水又北入伊阙，昔大禹疏以通水。两山相对，望之若阙，伊水历其间北流，故谓之伊阙矣。《春秋》之阙塞也，

参见《左传》昭公二十二年所载。

陆机所言，《初学记》卷七引《洛阳记》作："汉洛阳四关：东成皋关，南伊阙关，西函谷关，北孟津关。"

昭公二十六年[8]，赵鞅使女宽守阙塞是也。陆机云：洛有四阙[9]，斯其一焉。东岩西岭，并镌石开轩[10]，高甍架峰[11]。西侧灵岩下，泉流东注，入于伊水。傅毅《反都赋》曰[12]：因龙门以畅化[13]，开伊阙以达聪也[14]。阙左壁有石铭云：黄初四年六月二十四日辛巳[15]，大出水，举高四丈五尺，齐此已下。盖记水之涨减也。右壁又有石铭云：元康五年[16]，河南府君循大禹之轨，部督邮辛曜、新城令王琨、部监作掾董猗、李褒，斩岸开石，平通伊阙[17]。石文尚存也。

（伊水篇）

[注释]

[1]伊阙：山口之名，又名龙门。在今河南省洛阳市南，以有龙门山和香山隔伊水夹峙如门得名。　[2]前亭：在今河南省洛阳市洛龙区龙门石窟街道西草店社区附近。　[3]昭公二十二年：前520年。　[4]晋箕遗、乐征、右行诡济师取前城：指晋国的箕遗、乐征、右行诡等率军渡过伊水，夺取前城。　[5]京相璠（fán）：魏晋时人，曾协助裴秀作《禹贡地域图》，详考古地名。《水经注》中引用他的文字达70多处。　[6]洛阳：战国秦置县，至曹魏不变。汉属河南郡，治今河南省洛阳市东。　[7]服虔（qián）：字子慎，河南荥阳（今荥阳市）人，东汉经学家。中平年间（184—189）任九江太守。撰有《春秋左氏传解谊》。原书已亡佚，今有

辑本。　[8]昭公二十六年：前516年。　[9]陆机：字士衡，吴郡吴县华亭（今上海市松江区）人，西晋文学家，世称陆平原。所作《文赋》为古代重要的文学论著。另著有《晋记》《洛阳记》，均已亡佚。　[10]镌（juān）石开轩：指在山体上开凿石窟。轩：屋宇。　[11]甍（méng）：屋脊。　[12]傅毅：字武仲，扶风茂陵（今陕西省兴平市东北）人，东汉文学家。原有文集，今已亡佚。反：通"返"。　[13]畅化：发扬教化。　[14]达聪：通达耳闻。　[15]黄初四年：223年。黄初，三国魏文帝曹丕年号（220—226）。[16]元康五年：295年。元康，西晋惠帝司马衷年号（291—299）。　[17]平通：疏通。

[点评]

《水经注》此段文字记载的伊阙是洛阳南面的天然门户，伊水从香山（东山）、龙门山（西山）之间由南向北穿流而过，远望就像一道天然的门阙，因此自先秦时期以来，这里就获得了一个形象化的称谓——伊阙。陆机撰文将伊阙位列"洛阳四关"之一，足见其地理位置的重要。民间传说是大禹开龙门山而疏通伊水，故此地又有"龙门"之称。自北魏孝文帝开始，在伊阙一带修凿了许多石窟造像，故又有"龙门石窟"胜迹于此。

郦道元撰写《水经注》多着眼于前代史实，因此对本朝的龙门石窟造像竟未着笔墨，相反倒是对伊阙左右石壁上的铭文重点做了记录，将魏晋时期伊水涨落与疏通此处伊水河道的史实留存了下来，由此亦可见郦氏的好古与兴趣所在。

伊水又东北流，注于洛水。《广志》曰[1]：鲵鱼声如小儿啼[2]，有四足，形如鲮鳢[3]，可以治牛，出伊水也。司马迁谓之人鱼，故其著《史记》曰：始皇帝之葬也[4]，以人鱼膏为烛[5]。徐广曰[6]：人鱼似鲇而四足[7]。即鲵鱼也。

（伊水篇）

参见《史记》卷六《秦始皇本纪》及《史记集解》所引徐广语。

[注释]

[1]《广志》：晋郭义恭著，以记录风土物产为主，原书已佚，今有辑本。　[2]鲵（ní）鱼：古时又称为"人鱼"，今俗称"娃娃鱼"。　[3]鲮鳢（líng lǐ）：即鲮鲤，俗称穿山甲。　[4]始皇帝：即秦始皇。　[5]膏：油脂。　[6]徐广：字野民，东莞姑幕（今山东省莒县）人，东晋时人，撰《晋纪》《史记音义》，原书均已亡佚。　[7]鲇（nián）：即鲇鱼。

[点评]

鲵鱼，即娃娃鱼，是与恐龙同一时代生存并延续至今的珍稀物种，有"活化石"之称，在我国长江、黄河及珠江中下游的山川溪流中生活着。由于大鲵发出的声音似婴儿啼叫，所以大家习惯性地称它为"娃娃鱼"。此段《水经注》引晋代郭义恭《广志》，记载了伊洛交汇处鲵鱼的生长情况。

卷十六

穀水[1]　　甘水[2]　　漆水[3]　　浐水[4]

沮水[5]

　　穀水又东迳缺门山[6]，山阜之不接者里余，故得是名矣。二壁争高，斗耸相乱[7]，西瞻双阜，右望如砥[8]。穀水自门而东，广阳川水注之[9]，水出广阳北山[10]，东南流注于穀。南望微山[11]，云峰相乱。

（穀水篇）

　　穀水、甘水今对应河道属洛河水系，而漆水、浐水、沮水在郦道元注《水经》时期，属渭水支流。由此可见，《水经注》描述水道的视角，首先是沿着河水（今黄河）流向自西向东地移动后，又以与河水交汇的济水为维度，由南往北地介绍。在介绍完东北部疆域的河流后，仍将视角切换至当时的政治中心洛阳附近，开始介绍河水以南的主要河流。另外，穀水虽然是一条不大的河流，但在本卷中有关穀水的叙述占了主要篇幅，这是穀水流经了汉魏都城洛阳城（在洛阳城周边又称阳渠），需要记载的人文景观众多所致。

［注释］

[1] 穀水：今涧河。穀水下游与今洛河支流的涧河大体相当，即与涧水（卷十五）所对应的今河实际上是同一条河流。也就是说穀水与涧水这两条水在古时是异源而同流的。　[2] 甘水：今甘水河。甘水河是洛河支流，发源于河南省宜阳县半坡山，经伊川县樊店后北流，在丰李镇小作村汇入洛河。　[3] 漆水：今涧渠河—横水河—漳河—后河—漆水河。按，古今漆水所指不尽相同。今漆水河是渭河支流，发源于陕西省麟游县庙湾附近，东流折南流，经麟游县、永寿县、乾县、扶风县，至武功县白石滩入渭河。古漆水河则是从发源于今陕西省岐山县西北姚家沟镇东北后岭的涧渠河开始，东北流经姚家沟镇后又折向东南，沿今横水河河道经岐山县西南，又沿积石原北侧今漳河与后河河道东南流，在武功县武功镇南再走今漆水河下游河道，最终汇入渭水。　[4] 浐（chǎn）水：今浐河。浐河原是渭河的支流，后因灞河西导夺浐，于是浐河成了灞河的最大支流。浐河发源于陕西省蓝田县，上源有东、西、中三源，东源岱峪河，西源库峪河，浐河以中源汤峪河为正源。汤峪河、岱峪河在西安市魏寨街道白庙村汇流，自此以下称浐河，在西安市未央区新房村汇入灞河。　[5] 沮水：今沮河。沮河是渭河的支流，发源于陕西省铜川市耀州区西北长蛇岭南侧，东南流，至铜川市区东南与漆水河（漆河）合流，之后进入富平县界始称石川河。石川河东南流，进入渭河平原，过富平县城西，在交口附近最终汇入渭河。　[6] 缺门山：今青龙山、凤凰山，位于河南省新安县铁门镇涧河两岸。　[7] 斗耸：陡峭高耸。　[8] 砥：砥石，磨刀石，谓砥石两头高起，中间下陷状。　[9] 广阳川水：今洪阳河。　[10] 广阳北山：今广阳山，位于河南省渑池县东北。　[11] 微山：今郁山。

［点评］

"缺门"即"阙门"，本义指古代设置在宫殿、城垣、陵墓、祠庙大门两侧标示地位尊崇的高层建筑物，后来也常用来形容两山夹一水的自然地貌。《水经注》这里记载的"缺（阙）门"巨大，"山阜之不接者里余"，即在河流左岸之山与右岸之山二者中间天然形成了一个一里余的巨大缺口，远看就似一个巨型缺（阙）门。清代在此地置阙门镇，又称铁门镇，属新安县，一直延续至今。

穀水又东流迳乾祭门北[1]，子朝之乱[2]，晋所开也，东至千金堨[3]。《河南十二县境簿》曰[4]：河南县城东十五里有千金堨[5]。《洛阳记》曰[6]：千金堨，旧堰穀水，魏时更修此堰[7]，谓之千金堨。积石为堨，而开沟渠五所，谓之五龙渠[8]。渠上立堨，堨之东首立一石人，石人腹上刻勒云[9]：太和五年二月八日庚戌造筑此堨[10]，更开沟渠，此水衡渠上[11]，其水助其坚也，必经年历世，是故部立石人以记之云尔。盖魏明帝修王、张故绩也[12]。堨是都水使者陈协所造[13]。《语林》曰[14]：陈协数进阮步兵酒[15]，后晋文王欲修九龙堰[16]，阮举协[17]，文王用之。掘地得古承水铜龙六枚，堰遂成。水历堨东注，谓之千金渠[18]。逮于晋世，大水暴注，沟渎泄坏，又广功焉[19]。石人东胁下文云：太始七年六月二十三日[20]，大水迸瀑，出常流上三丈[21]，荡坏二堨。五龙泄水，南注泻下。加岁久漱啮[22]，每涝即坏，历载消弃大功，今故为令遏[23]。更于西开泄，名曰代龙渠[24]，地形正平，诚得为泄至理。千金不与水势激争[25]，无缘当坏，由其卑下[26]，水得逾上漱啮故也。今增高千金于旧一丈四尺[27]，五龙自然必历世无患[28]。若五龙岁久复坏，可转于西更开。二堨二渠合用二十三万五千六百九十八功[29]，以其年十月二十三日起作[30]，功重人少，到八年四月二十日毕[31]。代龙渠即九龙渠也。后张方入洛[32]，破千金堨。公私顿之水[33]。积年，渠堨颓毁，石砌殆尽，遗基见存。朝廷太和中修复故堨[34]。按千金堨石人西胁下文云：若沟渠久疏，深引水者，当于河南城北石碛西[35]，更开渠北出，使首狐丘[36]，故沟东下，因故易就。碛坚，便时事业已讫，然后见之。加边方多事，人力苦少，又渠堨新成，未患于水，是以不敢预修通之。若于后当复兴功

《太平御览》卷七三《地部》引《晋后略》曰："张方围京邑，决千金堰水。沟渠枯涸，井多无泉。"

者，宜就西碛，故书之于石，以遗后贤矣[37]。

（榖水篇）

[**注释**]

[1] 乾祭门：东周王城的北郭门，在今河南洛阳市西工区金谷园街道一带。《左传》昭公二十四年（前518）载晋国派官员到王城调查周王朝情况，晋国官员士景伯登上乾祭门楼，向大众询问。　[2] 子朝之乱：前516年，周景王死，王室内乱，王子朝率下台官员、百工等争夺王位，后兵败逃亡楚国。　[3] 千金碣：亦称"千金堰"，古代水利工程，始建于东汉，历三国魏、西晋、北魏屡有增修。故址当在今河南洛阳市瀍河东岸洛阳市第一中学一带。碣：堤坝。　[4]《河南十二县境簿》：今已亡佚。　[5] 河南县：县名，西汉置。治今河南洛阳市西郊。　[6]《洛阳记》：晋人杨佺期所著，原书今已亡佚。杨佺期，弘农华阴县（今陕西省华阴市）人，东晋将领，以沉着冷静、勇猛善战著称，《晋书》有传。其时以《洛阳记》为名的书还有另外两种，分别为陆机、华延俊所撰，今皆不存。　[7] 魏：指三国时期的曹魏。堰：堤坝。　[8] 五龙渠：千金碣上的五条排水渠，起泄洪、分水的作用。　[9] 刻勒：雕刻。　[10] 太和五年：231年。太和，三国魏明帝曹叡的年号（227—233）。　[11] "此水衡渠上"二句：恐有讹误。原本的意思可能是说五龙渠开在千金碣上的目的是让碣更加坚固，不易冲毁。　[12] 魏明帝：三国时期魏国皇帝曹叡，字元仲，沛国谯（qiáo）县（今安徽省亳州市）人，魏文帝曹丕之子。王：指王梁，字君严。东汉渔阳要阳县（今河北省丰宁县）人。跟从刘秀征战，平定河北。官拜大司空、河南尹、济南太守等职。东汉建武五年（29）任河南尹，曾引榖水开渠，工程没有成功。张：指张纯，字伯仁，京兆杜陵县（今陕西省西安市东南）人。东汉建武二十四

年（48）开阳渠，连接洛河，以通漕运。　[13]都水使者：官名。掌管河渠漕津等水利事务。陈协：西晋时人，先为晋文帝善待。晋武帝时任都水使者一职。　[14]《语林》：东晋裴启所撰的志人佚事小说集。原书今已亡佚。裴启，字荣期，河东（今山西省闻喜县）人，好评骘（zhì）古今人物。　[15]阮步兵：即阮籍，字嗣宗，陈留尉氏县（今河南省尉氏县）人，三国时期魏国诗人，竹林七贤之一。累迁步兵校尉，故世称"阮步兵"。　[16]晋文王：即司马昭，三国时魏的执政者，曾封为晋公、晋王。死后谥文王。晋朝建立后，追封为文帝。　[17]举：推荐。　[18]千金渠：千金堨以东的人工渠道，也即穀水下游河道。渠水在今河南省洛阳市洛阳一中附近上承千金堨，大致沿今中州渠一线东北流至今洛阳市孟津区平乐镇附近，折东流至汉魏洛阳故城。　[19]广功：扩大工程。　[20]太始七年：271年。太始，又作"泰始"，西晋武帝司马炎的年号（265—274）。　[21]常流：河流的正常水位。　[22]漱啮（niè）：侵蚀，冲荡。　[23]"今故为令遏"：此句殿本原作"今故无令遏"，今据残宋本、朱藏明钞本、黄本改。　[24]代龙渠：即郦《注》下文所说的"九龙渠"，是千金堨向南的排水渠。依郦《注》所言，代龙渠的渠道在五龙渠以西。今渠已湮没。　[25]千金：指千金堨。　[26]"由其卑下"二句：是说由于地势低洼，形成回水后，水位增高，冲刷千金堨的坝体，使坝体受到侵蚀损坏。卑下：低洼，低矮。　[27]于旧：对比原来的。　[28]五龙：指五龙渠。　[29]功：指一个劳动力一天的工作量。　[30]起作：开工。　[31]八年：即太始八年（272）。　[32]张方：西晋河间（今河北省献县东南）人，河间王司马颙部将，八王之乱时率兵攻入洛阳。　[33]"公私顿之水"：此句殿本原作"公私赖之水"，今据《大典》本、朱藏明钞本改。又，此句之上殿本原有"永嘉初，汝阴太守李矩、汝南太守袁孚修之，以利漕运"一句，今据残宋本、《大典》本、朱藏明钞本、黄本、吴本、《注

《笺》本、沈本删。　[34]太和：北魏孝文帝拓跋宏的年号（477—499）。　[35]河南城：即东周王城。故址位于今河南省洛阳市西工区、涧西区一带。石碛（qì）：魏晋时期修建的水利设施，故址位于今河南省洛阳市西工区洛北街道东涧沟社区附近。穀水向东流至石碛时，受到石碛的阻挡折向东北流，经王城北后入千金堨。碛，沙石积成的浅滩。　[36]使首狐丘：使这里作为新开渠道的渠首。　[37]遗（wèi）：给予，馈赠。

[点评]

　　千金堨是位于汉魏洛阳城西北的一个重要水利工程，关系到洛阳城的供水充足与否。千金堨建于穀水与瀍水的交汇处。在交汇处的南端瀍水河道处修建了千金堨的主体工程拦水坝，坝上建有五龙渠（后来又增置了代龙渠，又称九龙渠），以备水位增高时泄洪。在交汇处的东端穀水河道上修建了千金堨的辅助工程——溢流坝，目的是使水位在达到一定的高度后流过坝体，增加流速，进入千金渠。这是一项颇为复杂的水利工程。东汉初修时并不成功，到三国时重修才达到了预想的效果，但时间一长，仍会出现问题，于是到晋时复有增修。

　　郦道元有关千金堨的记载非常详细，涉及这一水利工程的兴建与扩修、建造原理及工程功效等，还抄录了千金堨石人上雕刻的有关工程说明的文字，对研究与复原千金堨的构造价值甚大（图1）。

　　穀水又东迳金墉城北[1]，魏明帝于洛阳城西北角筑之[2]，谓之金墉城。起层楼于东北隅，《晋

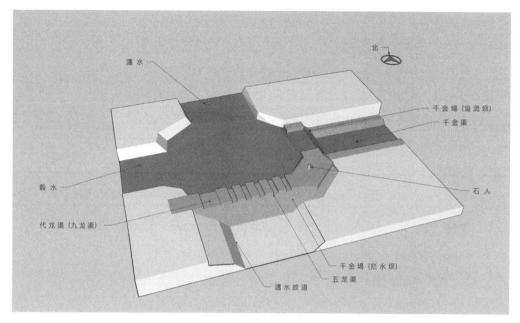

图 1　千金堨复原图

宫阁名》曰：金墉有崇天堂。即此地。上架木为榭，故百尺楼矣[3]。皇居创徙[4]，宫极未就[5]，止跸于此[6]。构霄榭于故台[7]，所谓台以停停也[8]。南曰乾光门[9]，夹建两观[10]，观下列朱桁于堑[11]，以为御路[12]。东曰含春门[13]，北有退门[14]。城上西面列观五，十步一睥睨屋[15]。台置一钟，以和漏鼓[16]。西北连庑函荫[17]，塘比广榭[18]。炎夏之日，高祖常以避暑[19]。为绿水池一所，在金墉者也。

（穀水篇）

[注释]

[1] 金墉城：在今河南省洛阳市孟津区平乐镇翟泉村东南，有金墉城遗址。　[2] 魏明帝：即曹叡。洛阳城：遗址在今河南省洛阳市洛龙区城东 15 千米处。　[3] "故百尺楼矣"：此句殿本原作"故白楼矣"，今据《注疏》本改。百尺楼：在今河南省洛阳市孟津区平乐镇翟泉村东南。　[4] 皇居创徙：指北魏孝文帝迁都刚开始的时候。　[5] 宫极未就：宫殿还未完全造就。　[6] 止跸（bì）于此：皇帝就暂时居住在此。跸，泛指帝王出行的车驾。　[7] "构霄榭于故台"：此句殿本原作"构宵榭于故台"，今据《注疏》本改。构：搭建。霄榭：高楼。　[8] 停停：犹亭亭，耸立，高耸。　[9] 乾（qián）光门：位于今河南省洛阳市孟津区平乐镇翟泉村东的金墉城南墙。　[10] 观（guàn）：观阙，宫门前的楼台。　[11] 朱：红色。桁（héng）：梁上或门框、窗框上的横木。堑（qiàn）：护城河。　[12] 御路：即御道，供皇帝通行之路。　[13] 含春门：位于今河南省洛阳市孟津区平乐镇翟泉村东的金墉城东墙。　[14] "北有退门"：此句殿本原作"北有暹门"，今据残宋本、《大典》本、黄本、吴本、《注笺》本改。退门：位于今河南省洛阳市孟津区平乐镇翟泉村的金墉城北墙。　[15] 睥睨（pì nì）：窥伺（sì）。睥睨屋：指可隐蔽其中并用于侦察的建筑物。　[16] 漏：漏壶，用于计时。鼓：指报时用的鼓。　[17] 庑：堂下周围的走廊、廊屋。　[18] 墉比广榭：高墙挨着宽敞的台榭。墉，高墙。　[19] 高祖：即孝文帝拓跋宏。

[点评]

金墉城始建于三国魏明帝时期，位于洛阳城的西北角。换言之，是在洛阳城西北隅又增加出的一个小城，应该是为了军事防御而修建的。其后至北魏又有增修。

今从考古发掘来看，金墉城先后共有三个小城，从建筑年代看是由南向北扩建的。

渠水又东[1]，枝分南入华林园[2]，历疏圃南[3]。圃中有古玉井，井悉以珉玉为之[4]，以缁石为口[5]，工作精密，犹不变古，璨焉如新[6]。又迳瑶华宫南[7]，历景阳山北[8]，山有都亭堂[9]，上结方湖，湖中起御坐石也。御坐前建蓬莱山[10]，曲池接筵[11]，飞沼拂席[12]，南面射侯[13]，夹席武峙[14]。背山堂上则石路崎岖，岩嶂峻险，云台风观，缨峦带阜[15]，游观者升降阿阁[16]，出入虹陛[17]，望之状凫没鸾举矣[18]。其中引水飞皋[19]，倾澜瀑布[20]，或枉渚声溜[21]，潺潺不断[22]，竹柏荫于层石，绣薄丛于泉侧[23]，微飙暂拂[24]，则芳溢于六空[25]，实为神居矣。

（榖水篇）

[注释]

[1]“渠水又东”：此句殿本原作“榖水又东”，然榖水流到洛阳城周围，亦称“阳渠”，故此处其他各本称“渠水”是，今据改。渠水：即阳渠水，亦即榖水，今涧河。　[2] 华林园：东汉时修建的宫苑，本名芳林园，三国时更名。故址位于今河南省洛阳市东

汉魏洛阳故城宫城遗址东北。　[3]疏圃：或作"蔬圃"，疑为种植园名，位于华林园西北部，在今河南省洛阳市孟津区平乐镇金村。　[4]珉（mín）玉：似玉的美石。　[5]缁石：黑色石头。　[6]璨：明亮，灿烂。　[7]瑶华宫：位于华林园北部，在今河南省洛阳市孟津区平乐镇金村南。　[8]景阳山：今已无寻，故址当在今河南省洛阳市孟津区平乐镇金村南。　[9]都亭堂：当为华林园内景阳山上的建筑。　[10]蓬莱山：中国古代神话传说中的神山名。此处是指华林园景阳山上方湖中的假山石，以"蓬莱"为名，喻指神山。　[11]筵（yán）：座席。　[12]沼：池水。　[13]射侯：箭靶。　[14]夹席武峙：指箭靶在座席的两边耸立相对。　[15]缨峦带阜：指云雾缭绕山阜之上。　[16]阿（ē）阁：四面有檐溜的楼阁。　[17]虹陛：高高的台阶。　[18]望之状凫没（mò）鸢举：看起来像是水鸟沉浮、飞鸢上下的样子。凫，水鸟，俗称野鸭。鸢，传说凤凰一类的鸟。　[19]皋（gāo）：水边高地。　[20]澜：波澜，波浪。　[21]溜（liù）：迅急的水流。　[22]潺潺：流水声。　[23]薄：薄草，丛生之草。　[24]飙（biāo）：暴风。　[25]六空：犹六合、六虚，上下左右前后，是就四处、整个空间而言的。

[点评]

《水经注》中记载了不少古代的园林。华林园初名"芳林园"，是始建于东汉时期的皇家园林，位于洛阳城内东北部，规模宏大。三国时因避齐王曹芳讳改名华林园，园内部分设置保留了东汉苑圃的遗风。《水经注》这一段有关华林园记载，涉及园内的布局、结构及其景致，文字描写十分细腻，将华林园的大致轮廓展现在读者面前，从而可以领略其时造园艺术水准之高。

渭水干流较长，流经长安（今陕西省西安市），可以说是关中地区最为重要的一条河流，再加上渭水支流众多、关中地区历史悠久，郦道元需要加注的内容自然非常丰富，因此《水经注》以三卷的篇幅来分述渭水的上、中、下游。

此处郦《注》明确说渭水发源的首阳山与鸟鼠山是两座不同的山，其意是认为《水经》所载渭水发源鸟鼠山不确。其实郦氏可能过于拘泥山名，鸟鼠山应该是渭水源头附近诸山的总称，因此首阳山应该也是可以兼有鸟鼠山之名的。

描写水道时，凡经过某处，《水经》用"过"字，而郦《注》用"迳"字，以示区别。

卷十七

渭水上[1]

渭水出陇西首阳县渭谷亭南鸟鼠山[2]，

渭水出首阳县首阳山渭首亭南谷[3]，山在鸟鼠山西北。此县有高城岭[4]，岭上有城，号渭源城[5]，渭水出焉。三源合注[6]，东北流迳首阳县西与别源合[7]，水出南鸟鼠山渭水谷[8]，《尚书·禹贡》所谓渭出鸟鼠者也[9]。《地说》曰[10]：鸟鼠山，同穴之枝干也。渭水出其中，东北过同穴枝间。既言其过，明非一山也[11]。又东北流而会于殊源也^[12]。

［注释］

[1] 渭水：今渭河，为黄河最大支流，又称禹河，发源于甘肃省渭源县鸟鼠山，自西向东经甘肃、陕西两省的十多个县（市），于陕西省潼关县港口镇注入黄河。本卷中，郦道元叙述了渭水从发源到流至郿县（治今陕西省眉县常兴镇东北）境内的河道。　　[2] 陇西：指陇西郡。自秦代设郡之后，经西汉、东汉至三国魏时期一直存在。郡治初在狄道（今甘肃省临洮县南），魏时徙治至襄武县（今甘肃省陇西县东）。首阳县：西汉置县，至三国魏时期不改。西汉时属陇西郡，治今甘肃省渭源县清源镇书院村附近。渭谷亭：在今甘肃省渭源县境内，即下文所说的"渭首亭"。鸟鼠山：今山名同，只是与今鸟鼠山所指范围略有不同。此处当为渭水源头附近诸山的总称。又，鸟鼠山因鸟鼠同穴（自然界的一种奇特现象）而得名。　　[3] 渭水出首阳县首阳山渭首亭南谷：此句所指为今禹河，习惯上被认为是渭水的源头。古人对水源的认识往往与现在不同，今一般将渭河的正源定为清源河，即郦《注》下文所说的"别源"。首阳山，今鸟鼠山。渭首亭，大约在今甘肃省渭源县城北三里。　　[4] 高城岭：今鸟鼠山。　　[5] 渭源城：大约在今甘肃省渭源县城北三里，即《水经》上文所说的"渭首亭"。　　[6] 三源合注：指渭水三小源头的汇流。今甘肃省渭源县城西 15 里鸟鼠山中的禹河源头，有遗鞭泉、禹仰泉、吐云泉三眼泉水，合称"品字泉"，应该就是郦《注》所说的"三源合注"。　　[7] 别源：即渭水的另一源头，指今清源河，发源于甘肃省渭源县南部的豁豁山，现在一般视为渭河的正源。　　[8]"水出南鸟鼠山渭水谷"：此句殿本原作"水南出鸟鼠山渭水谷"，今据残宋本、《大典》本等改。　　[9]《尚书·禹贡》：参见《原序》

"《尚书》"条注释。 [10]《地说》：此书已佚，东汉郑玄亦曾引用，著者、卷数均不详。 [11]明非一山也：指鸟鼠山和同穴山不是同一座山。之所以郦道元在这里特别指出这一点，主要是否定那些认为"鸟鼠""同穴""鸟鼠同穴"是同山而异名的看法。 [12]殊源：与郦《注》前文"别源"相对而言，指与前面已经提及的那个渭水不同的源头，即今禹河。

渭水东南流，迳首阳县南，右得封溪水 [1]，次南得广相溪水 [2]，次东得共谷水 [3]，左则天马溪水 [4]，次南则伯阳谷水 [5]，并参差翼注 [6]，乱流东南出矣。

[注释]

[1] 封溪水：今锹峪河。 [2] 广相溪水：今莲峰河。 [3] 共谷水：今科羊河。 [4] 天马溪水：今崔家河。 [5] 伯阳谷水：今秦祁河。 [6] 参差翼注：指上述提及的这几条支流，左右错落注入渭水。

[点评]

《水经注》为注释《水经》之作，《渭水篇》开篇这部分可充分体现郦道元的注释形式。《水经》短短十几字的一句，郦氏就注释了近百字。不仅补充了渭水河道干支流的许多信息，而且还引用了《尚书·禹贡》与今已失传的《地说》中的一些记载加以佐证与论述。另外，限于当时人们的认识，古代与今天的河道取源往往不同，今天渭河正源清源河，在《水经注》中则被视作渭水的

"别源"。类似的情况，在《水经注》记载其他河流时也会常常出现。

东北过襄武县北[1]，

广阳水出西山[2]，二源合注，共成一川，东北流注于渭。渭水又东南迳襄武县东北[3]，荆头川水入焉[4]。水出襄武西南鸟鼠山荆谷[5]，东北迳襄武县故城北。王莽更名相桓[6]。汉护羌校尉温序行部[7]，为隗嚣别将苟宇所拘[8]，衔须自刎处也[9]。其水东北流注于渭。渭水常若东南[10]，不东北也。

[**注释**]

[1] 襄武县：秦代置县，至三国魏时期不改。参见下文"襄武县"条注释。　[2] 广阳水：今菜子河—西河。　[3] 襄武县：治今甘肃省陇西县东南五里汪家门村附近。　[4] 荆头川水：今南河，别称荆水。其下游古今河道不同。　[5] 荆谷：今仍称荆谷。　[6] 王莽：字巨君，魏郡元城（今河北省大名县东）人，汉元帝皇后之侄。初始元年（8），王莽称帝，改国号为新，进行复古改制，其中一项即行政区划更名。　[7] 温序：字次房，汉太原祁县（今山西省祁县）人，曾任州从事。　[8] 隗（wěi）嚣（áo）：字季孟，汉天水成纪县（今甘肃省秦安县）人。在王莽新朝末期，隗嚣割据西北地区，自称西州大将军。"别将"：此二字殿本原作"部将"，今据冯校明钞本与《后汉书》改。　[9] 衔须：口含胡须，指愤怒的样子。　[10] "渭水常若东南"二句：是说渭水总是朝东南方向，

"川"字有两种词义，"共成一川"的"川"是水道、河流的意思，而下文"渭水又东入武阳川""历冀川"等句中的"川"是平野、平地的意思。《水经注》中，"川"字是十分常见的，读者需结合上下文注意辨别"川"字的两种不同词义。

温序自刎之事见《后汉书》卷八一《温序传》。

郦《注》"渭水常若东南"是针对《水经》上文所载渭水"东北"过襄武县北而言的，暗含驳《经》之意。

而不是东北方向流的。

又东，枲水注之[1]，水出西南雀富谷[2]，东北迳襄武县南，东北流入于渭[3]。《魏志》称[4]：咸熙二年[5]，襄武上言，大人见，身长三丈余，迹长三尺二寸，白发，著黄单衣巾，拄杖，呼民王始语云：今当太平。十二月，天禄永终[6]，历数在晋[7]。遂迁魏而事晋[8]。

参见《三国志》卷四《魏书·三少帝纪》。

[注释]

[1]枲（xǐ）水：今锁峪河。　[2]雀富谷：今锁峪河上游山谷。　[3]东北流入于渭：郦《注》时期，枲水曾循今南河下游河道入渭。而今锁峪河与蓼西河合流入渭，是后世人工改造所致。又，由枲水直接入渭可推知，郦《注》前文所提及的荆头川水之下游与今南河下游河道也有不同，当时可能沿今陇西县城东南缘东北流入渭水。　[4]《魏志》：《三国志》中的《魏书》。　[5]咸熙二年：265 年。咸熙，三国时期魏元帝曹奂的第二个年号（264—265）。　[6]天禄：上天授予的禄位，指帝位。　[7]历数：天运，气数。　[8]迁魏而事晋：指咸熙二年晋朝替代曹魏之变。

[点评]

以上郦《注》叙述了渭水出鸟鼠山后，朝东南方向流经襄武县北的情形。其间穿插了《后汉书》与《魏志》中所载的故事。还针对《水经》所言的渭水流向进行了辨析，纠正了《水经》中的说法。

又东过獂道县南^[1]，

右则岑溪水^[2]，次则同水^[3]，俱左注之；左则过水右注之^[4]。渭水又东南，迳獂道县故城西^[5]。昔秦孝公西斩戎之獂王于此^[6]。应劭曰^[7]：獂，戎邑也。汉灵帝中平五年^[8]，别为南安郡^[9]。赤亭水出东山赤谷^[10]，西流迳城北，南入渭水。

参见《史记》卷五《秦本纪》。

[**注释**]

[1] 獂（huán）道县：秦置道，汉置为县，至曹魏不改。参见下文"獂道县故城"条注释。　[2] 岑溪水：今蓼西河。　[3] 同水：今曲家沟。　[4] "左则过水右注之"：此句殿本原作"次则过水右注之"，今据《注疏》本改。过水：今大咸河。　[5] 獂道县故城：在今甘肃省陇西县文峰镇王家新庄附近。　[6] "昔秦孝公西斩戎之獂王于此"：此句殿本原作"昔秦孝公西斩戎之獂王"，今据《五校》稿本、《注释》本、《注疏》本补"于此"二字。秦孝公：战国时期秦国君，献公之子，名渠梁。秦孝公即位后任用商鞅实行变法，迁都咸阳，秦国由此走向强盛。戎之獂王：獂族之王。戎是古族名，春秋战国时期中原士人对西北各族的一种泛称，獂是其中一族。　[7] 应劭：字仲远，东汉汝南南顿县（今河南省项城市西）人，博学多闻，著有《汉书集解音义》。　[8] 汉灵帝：刘宏，东汉皇帝。中平五年：188 年。　[9] 南安郡：东汉置，治獂道。魏晋因之。　[10] "出东山"，此三字殿本原作"出郡之东山"，今据残宋本、《大典》本、朱藏明钞本等删"郡之"二字。赤亭水：

今大妙娥沟。赤谷：今大妙娥沟上游山谷。

渭水又迳城南，得粟水[1]，水出西南安都谷[2]，东北流注于渭。

[注释]

[1] 粟水：今桦林沟。　[2] 安都谷：今桦林沟上游之山谷。

渭水又东，新兴川水出西南鸟鼠山[1]，二源合舍[2]，东北流与彰川合。水出西南溪下，东北至彰县南[3]，本属獂道[4]，故候尉治，后汉县之。永元元年[5]，和帝封耿秉为侯国也[6]。万年川水出南山[7]，东北流注之，又东北注新兴川，又东北迳新兴县北[8]，《晋书·地道记》南安之属县也[9]。其水又东北与南川水合[10]，水出西南山下，东北合北水[11]，又东北注于渭水[12]。

[注释]

[1] 新兴川水：今榜沙河。下文之"南川水"与"北水"分别指新兴川水的二源。　[2] 舍（shè）：干流河道。　[3] 彰县：治今甘肃省漳县西南五里漳河北岸。　[4]"本属獂道，故候尉治"：此二句殿本原作"本属故道候尉治"，残宋本、《大典》本、朱藏明钞本作"本属道故候尉治"，今据改并按文义在"道"字前增"獂"

字。候尉：此官职史籍中不见记载，推测可能属于边塞军职的一种。 [5]永元元年：89年。永元是汉和帝的第一个年号。 [6]和帝：刘肇，东汉皇帝。耿秉：字伯初，东汉将领，扶风茂陵（今陕西省兴平市东北）人，出身于将门世家，封美阳侯。 [7]万年川水：今盐厂沟。 [8]新兴县：大约治今甘肃省漳县新寺镇附近。 [9]《晋书·地道记》：东晋王隐撰有《晋书》，《地道记》是其中专记地理方面的一篇，在《水经注》中又被称为王隐《晋地道记》或《地道记》，原书今已亡佚，有《晋书·地道记》清人辑本一卷。 [10]南川水：今闾井河—黑虎河—榜沙河。 [11]北水：即今榜沙河支流龙川河。 [12]又东北注于渭水：此段所叙诸水顺序疑有错误。依地理形势，当先叙新兴川水南北二源相合，然后再叙北流与彰川合流入渭水。

渭水又东迳武城县西[1]，武城川水入焉[2]。津源所导，出鹿部西山[3]，两源合注，东北流迳鹿部南，亦谓之鹿部水。又东北，昌丘水出西南丘下[4]，东北注武城水，乱流东北注渭水。

[注释]
[1]武城县：在今甘肃省武山县山丹镇渭河北岸。 [2]武城川水：今山丹河。 [3]鹿部：应即禄部，当为北魏县级行政单位，大概以旧羌、氐部落为名。 [4]昌丘水：今白马河。

渭水又东入武阳川[1]，又有关城川水出南[2]，安城谷水出北[3]，两川参差注渭水。

[注释]

[1] 武阳川：今洛门盆地。　[2] 关城川水：今庙峪河。　[3] 安城谷水：今马河。

冯异攻落门而亡之事见《后汉书》卷一七《冯异传》。

建武十年平陇右之事见《后汉书》卷一三《隗嚣传》与卷一五《来歙传》。

渭水又东[1]，与落门水合，水出西山，东流，三府谷水注之，三川统一[2]，东北流注于渭水。有落门聚[3]。昔冯异攻落门[4]，未拔而薨[5]。建武十年[6]，来歙又攻之[7]，擒隗嚣子纯，陇右平[8]。

[注释]

[1]"渭水又东，与落门水合，水出西山，东流，三府谷水注之"：此句殿本原作"渭水又东，有落门西山东流三谷水注之"，文句不通，明显有脱漏。今在各本基础上，改"有"为"与"、增"府"字、补"水合水出"四字，如此，则注文不仅意通，而且合乎《水经注》撰写体例。落门水：今西河—大南河。三府谷水：今马坞河。　[2] 三川统一：指落门水、三府谷水与另一水（疑今杨家河，郦《注》前文相关文字未见，恐已脱去）合流入渭。　[3] 落门聚：在今武山县洛门镇。　[4] 冯异：字公孙，颍川父城（今河南省宝丰县东）人，东汉云台二十八将之一。　[5] 拔：夺取。薨（hōng）：古代称诸侯之死为薨，后世有封爵的大官之死也称薨。　[6] 建武十年：34 年。建武，东汉光武帝刘秀的年号（25—56）。　[7] 来歙（xī）：字君叔，南阳新野（今河南省新野县南）人，东汉名将。　[8] 陇右：陇山以西地区，大约相当今甘肃省六盘山以西，黄河以东一带。平：平定。

　　渭水自落门东至黑水峡[1]，左右六水夹注。左则武阳溪水[2]，次东得土门谷水[3]，俱出北山，南流入渭。右则温谷水[4]，次东有故城溪水[5]，次东有阊里溪水[6]，亦名习溪水。次东有黑水[7]，并出南山，北流入渭。渭水又东出黑水峡，历冀川[8]。

　　[注释]
　　[1]黑水峡：今朱圉峡。　[2]武阳溪水：今响河沟。　[3]土门谷水：今张家沟。　[4]温谷水：今聂河。河上游有温泉。　[5]故城溪水：今龙沟。　[6]阊里溪水：今永宁沟。　[7]黑水：今武家河。　[8]历：经过。冀川：今甘谷盆地。

　　[点评]
　　以上郦《注》文字详细叙述了渭水经过獂道县后两岸接纳的众多一二级支流（如图2所示），并连带提及了《后汉书》所记载的东汉初年发生的平定陇右的落门聚战事。此役之后，东汉隗氏割据政权不复存在，陇西之地尽为东汉所有。

又东过冀县北[1]，

　　渭水自黑水峡至岑峡[2]，南北一十水注之[3]。北则温谷水注之[4]，其水导源平襄县南山温溪[5]，

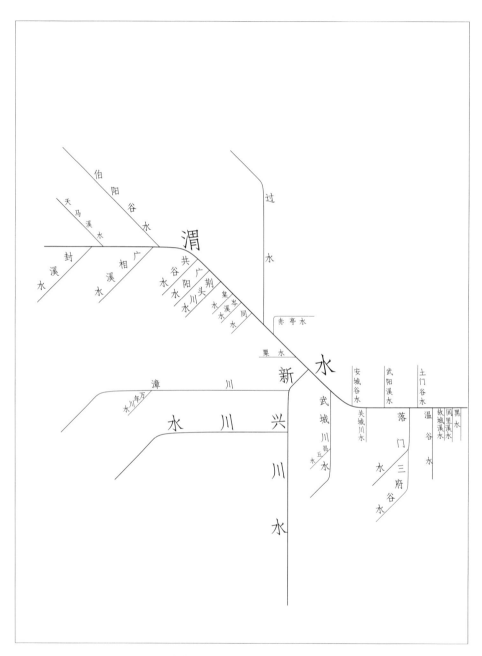

图 2　渭水水系示意分图一（源头—土门谷水段）

东北流迳平襄县故城南[6]，故襄戎邑也，王莽之所谓平相矣。其水东南流，历三堆南[7]，又东流而南屈[8]，历黄槐川[9]，梗津渠[10]，冬则辍流[11]，春夏水盛，则通川注渭。次则牛谷水南入渭水。南有长堑谷水[12]，次东有安蒲溪水[13]，次东有衣谷水[14]，并南出朱圉山[15]。

[注释]

[1]冀县：秦置，至曹魏不改。参见下文"冀县故城"条注释。　[2]岑峡：今余家峡。　[3]"一十水"：此三字殿本原作"十一水"，今据其他各本改。　[4]温谷水：今汤池河—牛谷河—散渡河。"注之"：此二字殿本原无，今据其他各本补。　[5]"其水导源平襄县南山温溪"：此句殿本原作"导平襄县南山温溪"，今据其他各本补"其水"二字，并据《五校》稿本、《注释》本、《注疏》本补"源"字。　[6]平襄县故城：在今甘肃省通渭县平襄镇马家磨村南。　[7]三堆：当为三小丘阜，在今甘肃省通渭县碧玉镇。　[8]"而南屈"：此三字殿本原作"南屈"，今据其他各本补"而"字。　[9]黄槐川：今安远盆地。　[10]梗：阻塞。　[11]辍流：停止流动。　[12]长堑谷水：今二十里铺沟。　[13]安蒲溪水：今马务沟。　[14]衣谷水：今海子沟。　[15]朱圉（yǔ）山：今山名同，在今甘肃省甘谷县西南。

山在梧中聚[1]，有石鼓不击自鸣，鸣则兵起。汉成帝鸿嘉三年[2]，天水冀南山有大石自鸣[3]，

"梗津渠，冬则辍流，春夏水盛，则通川注渭"：此几句语义不通。郦《注》此处先后顺叙冬、春、夏三季水势，颇疑"梗津渠"系谓秋季水势之语。此处河流水势，本即春夏涨溢、秋冬衰竭，"梗津渠"正合"水盛"至"辍流"之间水流渐竭的过渡形态，则其上或脱一"秋"字。

"次则牛谷水南入渭水"：此句结构简单，不言水源，与《水经注》一般行文颇为不同；又，今散渡河（即郦《注》温谷水）上游名牛谷河，正合牛谷水名，是温谷、牛谷当即一水；加之郦《注》前文已有"北则温谷水注之"句，已经包含北侧仅有温谷水一

声隐隐如雷，有顷止[4]，闻于平襄，二百四十里野鸡皆鸣。石长丈三尺，广厚略等，著崖胁[5]，去地二百余丈[6]，民俗名曰石鼓。石鼓鸣则有兵。是岁，广汉钳子攻死囚[7]，盗库兵，略吏民，衣绣衣，自号为仙君，党与浸广[8]，明年冬，伏诛[9]。自归者三千余人。信而有征矣[10]。

［注释］

[1]梧中聚：在今甘肃省甘谷县西南。　[2]汉成帝：刘骜（ào），西汉皇帝。鸿嘉三年：前18年。　[3]天水：汉代郡名，治平襄，在今甘肃省通渭县西。冀：县名，在今甘肃省天水市西北。　[4]有顷：过了一会儿。　[5]著崖胁：挨着崖边。　[6]"去地二百余丈"：此句殿本原作"去地百余丈"，今据《五校》稿本、《七校》钞本、《注释》本、《注疏》本补"二"字。　[7]广汉：汉郡名，郡治在今四川省金堂县。钳子：受过钳刑的人。攻死囚：攻牢夺取死囚犯。　[8]"党与浸广"：此句殿本原作"党与漫广"，今据残宋本、《大典》本、朱藏明钞本、《五校》稿本、《注疏》本改。党与：党羽。浸：渐渐。　[9]伏诛：伏法受诛。　[10]信而有征：指前述"鸣则兵起"的传说是可信的而且是有证据的。

其水北迳冀县故城北[1]。秦武公十年伐冀戎[2]，县之。故天水郡治，王莽更名镇戎，县曰冀治。汉明帝永平十七年改曰汉阳郡[3]。城即隗

水入渭的意思。故颇疑此句为衍文。如此亦可证前文校改"十一水"作"一十水"之合理。

"汉成帝鸿嘉三年"至"信而有征矣"这段文字所叙述之事，详见《汉书》卷二七《五行志》。

秦武公伐冀戎的事情见于《史记》卷五《秦本纪》。

隗嚣自称为西伯之事详见《后汉书》卷一三《隗嚣传》。

嚣称西伯所居也[4]。后汉马超之围冀也[5]，凉州别驾阎伯俭潜出水中[6]，将告急夏侯渊[7]，为超所擒，令告城无救。伯俭曰：大军方至[8]。咸称万岁[9]。超怒，数之[10]。伯俭曰：卿欲令长者出不义之言乎[11]？遂杀之[12]。

马超杀阎温之事详见《三国志》卷一八《魏书·阎温传》。

［注释］

[1]"其水北迳冀县故城北"：此句殿本原作"其水北迳冀县城北"，今据《七校》钞本、《注释》本补"故"字。又，此句中的"其水"与"迳冀县故城北"之水所指不同，后者当为"渭水"。换言之在"其水北"与"迳冀县故城北"之间恐脱去"其水"北入渭水之相关文字。其水：指上文所提长堑谷、安蒲溪、衣谷三水。迳：此处当指渭水经过。古渭水河道当较今偏南。冀县故城：治今甘肃省甘谷县大像山镇五里铺村、杨赵村附近。　[2]秦武公：春秋时秦国国君，嬴姓，赵氏，名不详。前697—前678年在位。秦武公十年：前688年。　[3]汉明帝：刘庄，汉光武帝刘秀之子，东汉第二位皇帝，57—75年在位。汉明帝即位第二年改用永平年号（58—75）。永平十七年：74年。汉阳郡：郡名，汉明帝置，郡治冀县。　[4]西伯：周文王姬昌曾受商人之封为西伯，此处指隗嚣自称为西伯。　[5]马超：东汉末武将，字孟起，扶风茂陵县（今陕西省兴平市东北）人，马腾之子。　[6]阎伯俭：阎温，字伯俭，天水郡西城县（今甘肃省礼县）人，东汉末官吏。潜出水中：指阎温潜水出城。古时城池由城墙和护城河围绕，马超围城，故阎温由护城河潜水而出。　[7]告急：报告事情紧急，并请求援助。夏侯渊：字妙才，沛国谯县（今安徽省亳州市）人，东

汉末年名将。　[8]大军方至：指援军快要到来之意。马超俘获阎温，希望他劝降守城将士，阎温佯装应允，临至城下却向城内将士喊话，希望他们继续坚守。　[9]咸称万岁：指城内之人都高呼万岁。　[10]数（shǔ）：责备。　[11]长（zhǎng）者：指有德行的人。　[12]遂杀之：指马超于是杀了阎温。

渭水又东合冀水^[1]，水出冀谷^[2]。次东有浊谷水^[3]，次东有当里溪水^[4]，次东有讬里水^[5]，次东有渠谷水^[6]，次东有黄土川水^[7]，俱出南山，北迳冀城东，而北流注于渭。

[注释]

[1]冀水：今大沙沟。冀水当临冀城。　[2]冀谷：今大沙沟上游河谷。　[3]浊谷水：今小沙沟。今小沙沟虽为大沙沟支流，然观地势，此水或曾改道，疑旧时出山后即东北流，单独入渭。　[4]当里溪水：今赵家沟。　[5]讬里水：今黄家沟。　[6]渠谷水：今霍家沟。　[7]黄土川水：今琥珀沟。

渭水又东出岑峡，入新阳川^[1]，迳新阳下城南^[2]，溪谷、赤蒿二水^[3]，并出南山，东北入渭水。

[注释]

[1]新阳川：今三阳川。　[2]新阳下城：疑即今天水市中滩镇

背湾村西樊家城遗址。　[3]溪谷、赤蒿（hāo）二水：溪谷水，今张家河沟；赤蒿水，今马家峪沟。

　　渭水又东与新阳崖水合[1]，即陇水也，东北出陇山[2]。其水西流右迳瓦亭南[3]，隗嚣闻略阳陷[4]，使牛邯守瓦亭[5]，即此亭也。一水亦出陇山，东南流历瓦亭北，又西南合为一水[6]，谓之瓦亭川。西南流迳清宾溪北，又西南与黑水合[7]。水出黑城北[8]，西南迳黑城西，西南流，莫吾南川水注之[9]，水东北出陇垂[10]，西南流历黑城南，注黑水。黑水西南出悬镜峡[11]，又西南入瓦亭水。

隗嚣使牛邯受瓦亭之事详见《后汉书》卷一三《隗嚣传》。

　"迳清宾溪北"：此句含义不明。《水经注疏》以为"北"字是衍文，意思应该是指瓦亭川经过清宾溪。

　　[**注释**]

[1]新阳崖水：今葫芦河。即下文陇水、瓦亭（川）水。　[2]陇山：今山名同，又名六盘山。在陕西省陇县西南，延伸于陕、甘边界，是渭河平原和陇西高原的分界。　[3]其水：指今葫芦河支流马莲川，郦道元视之为瓦亭水正源。瓦亭：在今宁夏回族自治区西吉县将台乡。在今将台乡有将台堡城址，当即瓦亭故址。　[4]略阳：县名，西汉置略阳道，东汉改为县，治今甘肃省秦安县东北陇城，属汉阳郡。　[5]牛邯（hán）：字儒卿，狄道（今甘肃省临洮县）人，降汉后官护羌校尉。　[6]一水：指今将台乡以上之葫芦河正源。　[7]黑水：今筛子河—渝河。　[8]黑城：在

今宁夏回族自治区隆德县联财镇王恒村附近。　[9]莫吾南川水：今清流河—渝河。　[10]垂：通"陲"，指山脚。　[11]悬镜峡：今东峡。

又有潊水[1]，自西来会，世谓之鹿角口[2]。又南迳阿阳县故城东[3]，中平元年[4]，北地羌胡与边章侵陇右[5]，汉阳长史盖勋屯阿阳以拒贼[6]，即此城也。其水又南与燕无水合[7]，水源延发东山，西注瓦亭水。

盖勋屯阿阳之事详见《后汉书》卷五八《盖勋传》。

[注释]

[1]潊水：今高界河。又，今高界河、甘沟河入葫芦河之处极近，或两水旧曾先合为一，即为潊水，亦未可知。潊，音未详。　[2]鹿角口：今甘肃省静宁县城川一带渝河、高界河入葫芦河处。大概由于诸水汇流此处，形似鹿角而获名。　[3]阿阳县故城：今甘肃省静宁县城川乡靳寺村南有古城遗址，或为阿阳县故城。按，此城址在葫芦河东侧，与郦《注》所载瓦亭水"南迳城东"相违。由于城址曾为河水冲毁，疑葫芦河旧时曾经发生过河流改道。然而，也存在郦道元误载或今人误判城址的可能性。　[4]中平元年：184 年。　[5]北地羌胡与边章侵陇右：指北地郡地区的羌人与边章等侵犯到了陇山以西地区。　[6]盖勋：字元固，敦煌广至（今甘肃省瓜州县西南）人，东汉末曾任汉阳郡长史一职。屯：驻军防守。　[7]燕无水：今甘渭河。参见下文"僵人峡"条注释。

瓦亭水又南，左会方城川 [1]，西注瓦亭水。瓦亭水又南迳成纪县东 [2]，历长离川 [3]，谓之长离水。右与成纪水合 [4]，水导源西北当亭川 [5]，东流出破石峡 [6]，津流遂断，故渎东迳成纪县故城 [7]，帝太皞庖牺所生之处也 [8]。汉氏以为天水县 [9]，王莽之阿阳郡治也 [10]。又东，潜源隐发通之 [11]。成纪水东南入瓦亭水。

伏羲（庖牺）生于成纪一说，又见于《续汉书·郡国志》汉阳郡成纪县刘昭注引《帝王世纪》。

"瓦亭水又南，左会方城川"至"成纪水东南入瓦亭水"：此段文字或为错简，原本当在下段注文"此当是数百年骸矣"句之后。由古今山川对应可知，瓦亭水先纳受渠水，历僵人峡，再经长离川，然后才纳入成纪水。

[注释]

[1] 方城川：今水渭沟。此水为今葫芦河出仙人峡、入阳山川附近东侧之最大河流。　[2] 成纪县：秦置县，北魏废。治今甘肃省静宁县李店镇西北成纪故城。　[3] 长离川：今阳山川。　[4] 成纪水：今金牛河—治平河。　[5] 当亭川：疑即今陇川。此川为今治平河上游最大川地。　[6] 破石峡：今安子山峡。　[7] "故渎东迳成纪县故城"：此句殿本原作"故渎东迳成纪县故"，今据文义补"城"字。成纪县故城：在今静宁县李店镇西北。　[8] 帝太皞（hào）庖牺：即伏羲，中国古代神话中人类的始祖，与他的妹妹女娲（wā）相婚而产生人类。　[9] "汉氏以为天水县"：此句殿本原作"汉以为天水郡县"，今据《大典》本、朱藏明钞本改。　[10] 阿阳郡：未见于他书，赵一清《水经注释》认为"盖是支郡"，谭其骧《新莽职方考》一文列"阿阳郡"为王莽时期新增郡之一。　[11] "潜源隐发通之"：此句殿本原作"潜源隐发通入"，今据其他各本改。通之：指成纪水湮而复通，而其下的"成纪水"三字当与下句连读。"津流遂断""故渎""潜源隐

发通之"等，皆指成纪水伏流之貌，但是今日治平河已无伏流现象。

瓦亭水又东南，与受渠水相会[1]，水东出大陇山[2]，西迳受渠亭北[3]，又西南入瓦亭水。瓦亭水又西南流，历僵人峡[4]，路侧岩上有死人僵尸峦穴[5]，故岫壑取名焉[6]。释鞍就穴直上[7]，可百余仞[8]，石路逶迤[9]，劣通单步[10]，僵尸倚窟，枯骨尚全，惟无肤发而已。访其川居之士，云其乡中父老作童儿时，已闻其长旧传[11]，此当是数百年骸矣[12]。

[注释]

[1] 受渠水：今庄浪河。参见下文"受渠亭"条注释。 [2] 大陇山：即陇山，今六盘山。 [3] 受渠亭：在今庄浪县南湖镇。此处有故城遗址，旧说即汉受渠亭，今从。然故城址在今庄浪河西北，与郦《注》所载存在矛盾之处，颇疑古今河道不同，古受渠水中游或曾沿今后河河道而流。 [4] 僵人峡：今仙人峡南段。 [5] 峦穴：山坡上的洞穴。 [6] 岫壑：沟谷。 [7] 释鞍就穴直上：下马沿着洞穴方向一直向上。 [8] 仞：古时长度单位。汉代一仞为七尺，东汉末则为五尺六寸。 [9] 逶迤（wēi yí）：蜿蜒曲折。 [10] 劣通单步：山路狭窄，行人只能侧身单步向前通过。劣，仅。步，古代行走时跨出一足为跬，左右足各跨出一跬则为一步。 [11] 长（zhǎng）旧：长辈，老人。 [12] 骸（hái）：尸骨。

其水又西南与略阳川水合^[1]，水出陇山香谷^[2]，西流，右则单溪西往^[3]，左则阁水入焉^[4]。其水又西历蒲池郊^[5]，石鲁水出东南石鲁溪^[6]，西北注之。其水又西历略阳川^[7]，西得破社谷水^[8]，次西得平相谷水^[9]，又西得金里谷水^[10]，又西得南室水^[11]，又西得蹏谷水^[12]，并出南山，北流于略阳城东，扬波北注川水^[13]。

［注释］

[1]略阳川水：今北河—清水河。　[2]"水出陇山香谷"：此句殿本原作"水出陇山香谷西"，今据《注释》本改。　[3]"右则单溪西往"：此句殿本原作"右则单溪西注"，今据残宋本、《大典》本、朱藏明钞本、黄本改。单溪：指略阳川水。　[4]"左则阁水入焉"：此句殿本原作"左则阁川水入焉"，今据残宋本、《大典》本、朱藏明钞本改。阁水：今南河，唯下游自今龙山镇西北入北河，与今河道不同。　[5]蒲池郊：在今张家川回族自治县龙山镇西南，疑为古代祭祀之地。　[6]石鲁水：今松树河。唯下游循今南河尾闾单独入北河，与今河道有别。石鲁溪：今松树河上游溪谷。　[7]略阳川：今川名同。　[8]破社谷水：今王李家沟。　[9]平相谷水：今张家沟。　[10]金里谷水：今魏家沟。　[11]南室水：今南砌沟。　[12]蹏谷水：今常家沟。　[13]川水：指略阳川水。

又西迳略阳道故城北^[1]，湼渠水出南山^[2]，

"建武八年"至"世祖与来歙会于此"所载之事详见《后汉书》卷一五《来歙传》。

北迳渥峡北入城[3]。建武八年[4]，中郎将来歙与祭遵所部护军王忠[5]、右辅将军朱宠[6]，将二千人，皆持卤刀斧[7]，自安民县之杨城[8]，元始二年[9]，平帝罢安定呼他苑[10]，以为安民县，起官寺市里[11]。从番须、回中[12]，伐树木，开山道，至略阳，夜袭击嚣拒守将金梁等，皆杀之，因保其城[13]。隗嚣闻略阳陷，悉众以攻歙[14]，激水灌城[15]。光武亲将救之[16]，嚣走西城，世祖与来歙会于此[17]。其水自城北注川，一水二川[18]，盖嚣所堨以灌略阳也[19]。

[注释]

[1]略阳道故城：在今甘肃省秦安县陇城镇蔡家河村。　[2]渥（ní）渠水：今苏家峡河。　[3]渥峡：今陈峡。　[4]建武八年：32年。　[5]祭（zhài）遵：字弟孙，颍川颍阳县（今河南省许昌市）人，东汉武将。《后汉书》卷二〇有传。　[6]朱宠：字仲威，京兆杜陵（今陕西省西安市东南）人，东汉大臣。　[7]卤：通"橹"，大盾。　[8]安民县：治今甘肃省华亭市一带。杨城：亦作阳城，属安民县。　[9]元始二年：2年。元始是西汉平帝刘衎（kàn）的年号（1—5）。　[10]安定：县名，治今甘肃省泾川县北。一说此安定指安定郡，治高平（今宁夏回族自治区固原市）。"呼他苑"：此三字殿本原作"滹沱苑"，今据残宋本、《大典》本、朱藏明钞本改。呼他苑：即呼池苑，为西汉边郡六牧师苑之一，地望在今

甘肃省华亭市一带。　[11]起官寺市里：在当地建起官府、衙署、市场，以及民居之里。起，建造，建立。　[12]番须：在今甘肃省华亭市西南陇山口。回中：在今甘肃省陇县西北。　[13]因：趁机。保：占有，拥有。　[14]悉：全部。　[15]激水：阻断水流而使其腾涌、飞溅。　[16]光武：即汉光武帝刘秀，东汉开国皇帝，字文叔，南阳蔡阳县（今湖北省枣阳市）人，汉高祖刘邦九世孙，在位33年。　[17]世祖：即汉光武帝刘秀，世祖是他的庙号，光武皇帝是他的谥号。　[18]一水二川：指塈渠水分为两股水流。　[19]堨（è）：以土障水。

川水西得白杨泉[1]，又西得蒲谷水[2]，又西得蒲谷西川[3]，又西得龙尾溪水[4]，与渭谷水合[5]，俱出南山，飞清北入川水[6]。川水又西南，得水洛口[7]，水源东导陇山，西迳水洛亭[8]，西南流，又得犊奴水口[9]，水出陇山，西迳犊奴川[10]，又西迳水洛亭南，西北注之，乱流西南，迳石门峡[11]，谓之石门水。西南注略阳川，略阳川水又西北流入瓦亭水。

[**注释**]

[1]白杨泉：今阎家沟。　[2]蒲谷水：今冯家沟。　[3]蒲谷西川：今福祥沟。　[4]龙尾溪水：今莲花南沟。　[5]"与渭谷水合"：此句殿本原作"与蒲谷水合"，今据残宋本、《大典》本、朱藏明钞本改。渭谷水：今黑峡沟。　[6]飞清：指流水清清，自高处落

下。 [7] 水洛口：水洛水入略阳川水之口。水洛水，即今水洛河。 [8] 水洛亭：今甘肃省庄浪县水洛镇内汉代故城遗址。 [9] 犊奴水口：犊奴水（今水洛南河）入水洛水之口。 [10] 犊奴川：今水洛南河下游川地。 [11] 石门峡：今峡名同。

瓦亭水又西南，出显亲峡[1]，石宕水注之[2]。水出北山，山上有女娲祠[3]。庖牺之后有帝女娲焉，与神农为三皇矣[4]。其水南流，注瓦亭水。

［注释］

[1] 显亲峡：今锦带峡，别名仍称显亲峡。 [2] 石宕（dàng）水：今寒水沟。 [3] 女娲祠：当在今甘肃省秦安县安伏镇北山中。 [4] 神农：传说中农业和医药的发明者。

瓦亭水又西南迳显亲县故城东南[1]，汉封大鸿胪窦固为侯国[2]。自石宕，次得虾蟆溪水[3]，次得金黑水[4]，又得宜都溪水[5]，咸出左右，参差相入瓦亭水。又东南合安夷川口[6]，水源东出胡谷，西北流历夷水川[7]，与东阳川水[8]会，谓之取阳交[9]。又西得何宕川水[10]，又西得罗汉水[11]。并自东北，西南注夷水。夷水又西迳显亲县南，西注瓦亭水。

［注释］

[1] 显亲县故城：在今甘肃省秦安县叶堡镇蔡家牌楼村北。　[2] 大鸿胪：官名，负责宾客入京后的迎送、接待、朝会等礼仪，九卿之一，秩中二千石。窦固：东汉名将，扶风平陵县（今陕西省咸阳市西北）人，字孟孙。《后汉书》有传。　[3] 虾（há）蟆（ma）溪水：今显清河。　[4] 金黑水：今杜家河—西小河。　[5] 宜都溪水：今锁子沟。　[6] 安夷川口：安夷川水入瓦亭水之口。安夷川水，即郦《注》下文夷水，今安业河—南清水河—南小河。　[7] 夷水川：今甘肃省秦安县王尹镇附近之南小河河谷。　[8] 东阳川水：今范山沟—南小河。　[9] 取阳交：今南小河与南清水河交汇处。　[10] 何宕川水：今大地河。　[11] 罗汉水：今崔家沟。依郦《注》所叙，东阳川水、何宕川水、罗汉水似依次注入夷水，然与今河流形势难以相应。颇疑郦《注》文义当为何宕川水、罗汉水先入东阳川水，而后合流入夷水。

　　瓦亭水又东南，得大华谷水[1]，又东南，得折里溪水[2]，又东得六谷水[3]，皆出近溪湍峡[4]，注瓦亭水。又东南出新阳峡[5]，崖岫壁立，水出其间，谓之新阳崖水。又东南注于渭也。

［注释］

[1] 大华谷水：今大山沟。　[2] 折里溪水：今出食沟。　[3] 六谷水：今九峪沟。　[4] 湍峡：水势急流之峡。　[5] 新阳峡：今郭家寺峡。

[点评]

以上郦《注》文字详细叙述了渭水经过冀县后两岸接纳的众多一二级支流的情况。其中对瓦亭水（今葫芦河）着墨最多，所述的瓦亭水的支流也最为详尽。今葫芦河是渭河上游的最大一级支流，在郦道元所记述的时代，瓦亭水也应该是渭水的一条大的支流。由此可以说明这一支流的河道古今变化不大。这主要是因为瓦亭水流经地区为山地河谷，河道的摆动自然受到制约。另外，在郦《注》这段文字中还提及了几个有意思的故事。其一是石鼓。此石鼓在渭水南岸的朱围山梧中聚，离地二百余丈，可自行发响，声若雷鸣，可传二百余里。而且一旦石鼓发声，就一定会发生战事。在郦道元的描写下，这个天然形成的石鼓显得极其神秘而富有灵性。其二是僵尸。渭水支流瓦亭水在向西南流的过程中，流经了一个叫作僵人峡的山谷，路边山岩之上的洞窟中有几百年的僵尸。这一地区平时降水稀少，气候干燥。再加上岩穴地势较高，通风良好，故僵尸可以长久保存下来。郦道元在卷十五《洛水篇》中也提到了一处洞穴僵尸，他之所以会二次记载这类事情，与六朝时流行志怪故事，不无联系。其三是激水灌略阳城。汉代略阳县城是一军事要地，位于瓦亭水支流略阳川水的南岸。东汉初年割据西北的隗嚣政权，为了试图击败攻陷略阳城的东汉军队，曾拦堰渠水灌略阳城。郦道元寥寥数笔，便将当时双方的惨烈激战生动地反映了出来。于此可见郦道元文笔的洗练。

又东过上邽县^[1]，

渭水东历县北邽山之阴^[2]，流迳固岭东北^[3]，东南流，兰渠川水出自北山^[4]，带佩众溪，南流注于渭。

[注释]

[1]上邽(guī)县：春秋时期秦置，至曹魏不改。参见下文"上邽县故城"条注释。　[2]邽山：今凤凰山。阴：古时用来指称山的北面或水的南面。　[3]固岭：今墩梁一带山地。　[4]兰渠川水：今寺下河。

渭水东南与神涧水合^[1]，《开山图》所谓灵泉池也^[2]，俗名之为万石湾^[3]，渊深不测，实为灵异，先后漫游者^[4]，多离其毙。

[注释]

[1]神涧水：今曹家沟。　[2]《开山图》：又名《遁甲开山图》，已佚，今有辑本，内容以山川地理为主，兼记神话传说。不过，今《遁甲开山图》辑本中并无"所谓灵泉池也"一句。又，郦《注》下文有"荣氏《开山图》"，亦指此书。　[3]万石湾：在今杨家沟村附近。　[4]"先后漫游者"二句：是说在此附近随意游玩的人，往往遭遇死亡。漫，随意，不受约束。"多离其毙"：此句殿本原作"多罹其毙"，今据其他各本改。离：同"罹"，遭受。毙：死亡。

"带佩众溪"四字用来描述水系的支流与干流的空间组合关系，既形象又灵动。《水经注》中凡遇到几条支流先后汇入一条主流，每每妙语如珠，下文中还可见到的有"翼带众流""差池雁注""翼带二川""引纳众流，合以成溪""众川泻浪，雁次鸣注"等。

渭水又东南得历泉水^[1]，水北出历泉溪^[2]，东南流注于渭。

渭水又东南出桥亭西^[1]，又南得藉水口^[2]，水出西山，百涧声流，总成一川。东历当亭川^[3]，即当亭县治也^[4]。左则当亭水注之^[5]，右则曾席水入焉。

又东与大弁川水合^[1]，水出西山，二源合注，东历大弁川，东南流注于藉水。藉水又东南流与竹岭水合^[2]，水出南山竹岭^[3]，二源同泻^[4]，东北入藉水。

[注释]

[1] 大弁（biàn）川水：今艾家川河。 [2] 竹岭水：今金家河。 [3] 竹岭：今甘肃省天水市秦州区秦岭镇竹林村西之喇嘛山。 [4] 二源：一源为今金家河正源，另一源为今铁炉坡东小河子。

藉水又东北入上邽县^[1]，左佩四水，东会占溪水^[2]，次东有大鲁谷水^[3]，次东得小鲁谷水^[4]，次东有杨反谷水^[5]，咸自北山，流注藉水。藉水右带四水：竹岭东得乱石溪水^[6]，次东得木门谷水^[7]，次东得罗城溪水^[8]，次东得山谷水^[9]，皆导源南山，北流入藉水。

[注释]

[1] "藉水又东北入上邽县"：此句殿本原作"藉水又东北迳上邽县"，今据《五校》稿本、《七校》钞本、《注释》本、《注疏》本改。 [2] 占溪水：今麻子沟。 [3] 大鲁谷水：今年集沟。 [4] 小鲁谷水：今韩家湾沟。 [5] 杨反谷水：今师家崖东沟。 [6] 乱石溪水：今芦子沟。 [7] 木门谷水：今普岔沟（又名木门谷水）。 [8] 罗城溪水：今卫家沟。 [9] 山谷水：今平峪沟。

藉水又东，黄瓜水注之^[1]，其水发源黄瓜西谷^[2]，东流迳黄瓜县北^[3]，又东，清溪^[4]、白水左右夹注^[5]，又东北，大旱谷水南出旱溪^[6]，历涧北流，泉溪委漾^[7]，同注黄瓜水。黄瓜水又东北历赤谷^[8]，咸归于藉。

[注释]

[1] 黄瓜水：今南沟河。　[2] 黄瓜西谷：今甘肃省天水市秦州区皂郊镇附近谷地。　[3] 黄瓜县：北魏置，县治确址不详，大概在今甘肃省天水市秦州区皂郊镇店镇村附近。　[4] 清溪：今老猫沟。　[5] 白水：今石家沟。　[6] 大旱谷水：今袁家河。　[7] 委漾：指泉水绵延溢出和溪水蜿蜒流淌的样子。　[8] 赤谷：今南沟河所经之谷地。两岸山头呈赤色。

藉水又东得毛泉谷水^[1]，又东迳上邽城南^[2]，得覈泉水^[3]，并出南山，北流注于藉。藉水即洋水也。北有濛水注焉^[4]，水出县西北邽山，翼带众流，积以成溪，东流南屈，迳上邽县故城西^[5]，侧城南出。上邽，故邽戎国也。秦武公十年伐邽^[6]，县之，旧天水郡治^[7]。五城相接，北城中有湖水^[8]，有白龙出是湖，风雨随之，故汉武帝元鼎三年^[9]，改为天水郡。其乡居悉以板盖屋，《诗》所谓西戎板屋也^[10]。濛水又南注藉水，《山

秦武公伐邽之事见《史记》卷五《秦本纪》。

《诗经》中的《秦风·小戎》有"在其板屋，乱我心曲"一句。毛《传》："西戎板屋。"

海经》曰：邽山，濛水出焉，而南流注于洋，谓是水也。

参见《山海经》卷二《西山经·西次四经》。

[注释]

[1] 毛泉谷水：今豹子沟。　[2] 上邽城：《注疏》本以为即北魏上封县城，当是。　[3] 頖泉水：今吕二沟。　[4] 濛水：今罗峪河。唯此水下游河道古今不同，《水经注》濛水大概沿今天水市区内弥陀寺巷—仁和里一线向南注入耤河。　[5] 上邽县故城：在今天水市区仁和里—弥陀寺巷—尚义巷以东，耤河以北，古邽山以南。　[6] 秦武公十年：前 688 年。　[7] 旧天水郡治：《注疏》本以为天水郡本治上邽，后徙治平襄，又以上邽县改属陇西郡。或是。　[8] 湖水：在今甘肃省天水市区爷坑一带，此处有湖相沉积。　[9] 元鼎三年：前 114 年。元鼎，汉武帝年号（前 116—前 111）。　[10]《诗》：即《诗经》，编于春秋时期，共三百零五篇，分为"风""雅""颂"三类，是中国最早的诗歌总集。

藉水又东得阳谷水 [1]，又得宕谷水 [2]，并自南山，北入于藉。藉水又东合段溪水 [3]，水出西南马门溪，东北流合藉水。藉水又东入于渭。

[注释]

[1] 阳谷水：今龙王沟。　[2] 宕谷水：今水家沟。　[3] 段溪水：今罗家河。

渭水又历桥亭南，而入绵诸县[1]，东与东亭水合[2]，亦谓之为桥水也，清水又或为通称矣。水源东发小陇山[3]，众川泻浪[4]，统成一水，西入东亭川为东亭水[5]，与小祇[6]、大祇二水合[7]。又西北得南神谷水[8]，三川并出东南，差池雁注[9]。又有埋蒲水[10]，翼带二川，与延水并西南注东亭水[11]。

[**注释**]

[1]"而入绵诸县"：此句殿本原作"而迳绵诸县"，今据残宋本、《大典》本、朱藏明钞本等改。绵诸县：秦置绵诸道，西汉因之，东汉废。北魏置绵诸县。 [2]东亭水：今牛头河。 [3]小陇山：指今清水县东境之陇山山脉。 [4]"众川泻浪"：此句殿本原作"众川泻注"，今据残宋本、《大典》本、朱藏明钞本等改。 [5]东亭川：今清水县山门镇以西至清水县城沿牛头河两岸谷地。 [6]小祇：今涧坡沟。 [7]大祇：今柳沟。 [8]南神谷水：今箭杆河。 [9]"差池雁注"：此句殿本原作"差池泻注"，今据残宋本、《大典》本、朱藏明钞本等改。 [10]埋蒲水：今柳林河。 [11]延水：今车道河。

东亭水又西，右则叹沟水[1]，次西得曲谷水[2]，水出东南，二溪西北流，注东亭川。东亭川水右则温谷水出小陇山[3]，又西，莎谷水出东北莎溪[4]，西南注东亭川水。

[注释]

[1]叹沟水：今太石河。　[2]曲谷水：今南道河。　[3]温谷水：今汤浴河。小陇山：郦《注》与前文"小陇山"有别，此指今张家川回族自治县东境之陇山山脉。　[4]"莎谷水出东北莎溪"：此句殿本原作"莎谷水出南山莎溪"，今据残宋本、《大典》本、朱藏明钞本等改"莎"为"莎"，又据《注疏》本改"南山"为"东北"。莎谷水：今石沟河。莎溪：今石沟河上游溪谷。莎，读音不详。

东亭川水又西得清水口[1]，清水导源东北陇山[2]，二源俱发，西南出陇口[3]，合成一水，西南流历细野峡[4]，迳清池谷[5]，又迳清水县故城东[6]，王莽之识睦县矣。其水西南合东亭川，自下亦通谓之清水矣。又迳清水城南，又西与秦水合[7]，水出东北大陇山秦谷[8]，二源双导，历三泉[9]，合成一水，而历秦川[10]。川有故秦亭[11]，秦仲所封也，秦之为号，始自是矣。秦水西迳降陇县故城南[12]，又西南，自亥[13]、松多二水出陇山[14]，合而西南流，迳降陇城北，又西南注秦水。

参见《汉书》卷二八《地理志》天水郡清水县条。

"秦仲所封也"：此句为郦道元误附史实。据《史记》卷五《秦本纪》载，周孝王使非子复续嬴氏祀，而非秦仲。

[注释]

[1]清水口：清水入东亭水之口。清水，今天河—樊河。　[2]"清水导源东北陇山"：此句殿本原作"水导源东北陇山"，今据残宋本、《大典》本、朱藏明钞本等补"清"字。陇山：今南山梁。　[3]陇口：陇山山口，在今张家川回族自治县恭门镇附近，为古陇坻道所经。　[4]细野峡：今下峡。　[5]清池谷：今清水县新城乡一带樊河谷地。　[6]清水县故城：在今甘肃省清水县城西北李崖遗址。　[7]秦水：今后川河。　[8]秦谷：今后川河上游谷地。　[9]三泉：指今段木沟、牛曲河、芦科沟，三水南流入后川河。　[10]秦川：今张家川、上磨川。　[11]秦亭：在今张家川回族自治县张家川镇瓦泉村。　[12]降陇县故城：在今张家川回族自治县城区。　[13]自亥：今直沟河。　[14]松多：今北河上游。

秦水又西南历陇川[1]，迳六槃口[2]，过清水城西，南注清水。清水上下，咸谓之秦川。又西，羌水注焉[3]，水北出羌谷[4]，引纳众流，合以成溪。潩水星会，谓之小羌水[5]。西南流，左则长谷水西南注之[6]，右则东部水东南入焉[7]。

[注释]

[1]陇川：今胡家川。　[2]六槃口：陇山山口，大概在今甘肃省清水县黄门乡附近。　[3]羌水：今白驼河。　[4]羌谷：今白驼河上游溪谷。　[5]小羌水：今黑牛湾沟。　[6]长谷水：今东沟河。　[7]东部水：今谢家河。

羌水又南入清水。清水又西南得绵诸水口 [1]，其水导源西北绵诸溪 [2]，东南与长思水合 [3]，水北出长思溪 [4]，南入绵诸水。又东南历绵诸道故城北 [5]，东南入清水。清水东南注渭。

[注释]

[1]绵诸水口：绵诸水入清水（东亭水）之处。绵诸水，今稠泥河。 [2]绵诸溪：今稠泥河上游溪谷。 [3]"东南与长思水合"：此句殿本原作"东南有长思水"，今据《五校》稿本、《注释》本、《注疏》本改。长思水：今石沟河。 [4]长思溪：今石沟河上游溪谷。 [5]绵诸道故城：在今清水县贾川乡林河村堡子山。

渭水又东南合泾谷水 [1]，水出西南泾谷之山 [2]，东北流与横水合 [3]，水出东南横谷 [4]，西北迳横水圹 [5]，又西北入泾谷水，乱流西北出泾谷峡 [6]，又西北，轩辕谷水注之 [7]，水出南山轩辕溪 [8]，南安姚瞻以为黄帝生于天水 [9]，在上邽城东七十里轩辕谷 [10]。皇甫谧云 [11]：生寿丘 [12]，丘在鲁东门北 [13]。未知孰是也 [14]。其水北流注泾谷水。

《说文解字》篇一三下土部："圹，堑穴也。"

皇甫谧的黄帝生寿丘说又见于《续汉书·郡国志》鲁国鲁县条下刘昭注引《帝王世纪》的内容。

［注释］

[1] 泾谷水：今小峡河—永川河，唯泾谷水与今永川河入渭处不同。今永川河在甘肃省天水市麦积区马跑泉镇北流，先于北岸之牛头河入渭，而郦《注》泾谷水入渭在东亭水（今牛头河）之后。 [2] 泾谷之山：今小峡河源头一带山地。 [3] 横水：今大峡河。 [4] 横谷：今大峡河上游河谷。 [5] 横水圹（kuàng）：今麦积山石窟。麦积山石窟在今大峡河畔，始凿于十六国后秦。 [6] 泾谷峡：今甘肃省天水市麦积区甘泉镇峡门村一带之永川河河谷。 [7] 轩辕谷水：今董水沟。 [8] 轩辕溪：今董水沟上游溪谷。 [9] 南安：郡名，东汉置，治豲道（北魏改名桓道，今甘肃省陇西县东南），属凉州。姚瞻（zhān）：其人不详。郦《注》下文有"姚睦曰：黄帝都陈"，《注释》本认为"姚睦""姚瞻"可能是同一人，"瞻""睦"中或有一字讹误。黄帝：传说中中原各族的共同祖先，姬姓，号轩辕氏、有熊氏。 [10] 轩辕谷：即郦《注》前文所说"轩辕溪"之溪谷。 [11] 皇甫谧（mì）：字士安，安定朝那（今宁夏回族自治区固原市东南，一说甘肃省灵台县境内）人，魏晋时期作家、医学家，著有《帝王世纪》《高士传》《列女传》等。郦《注》下文"皇甫士安《高士传》"中的"皇甫士安"即皇甫谧。 [12] 寿丘：今山东省曲阜市城东。 [13] 鲁东门：指鲁城东门。 [14] 未知孰是也：指关于黄帝出生之地，姚瞻的天水说和皇甫谧的寿丘说，不知哪个说法是对的。

杨难当使兄子保宗镇董亭之事见《魏书》卷一〇一《氐传》。

泾谷水又西北，白城溪东北流[1]，白娥泉水出其西[2]，东注白城水。白城水又东北入泾谷水，泾谷水又东北历董亭下[3]，杨难当使兄子保

宗镇董亭，即是亭也。其水东北流注于渭。《山
海经》曰：泾谷之山，泾水出焉，东南流注于渭
是也。

参见《山海经》
卷二《西山经·西
次四经》。

［注释］

[1] 白城溪：今谢家河，即郦《注》下文"白城水"。　[2] 白
娥泉水：今小沟。　[3] 董亭：大概在今天水市麦积区马跑泉镇
附近。

渭水又东，伯阳谷水入焉[1]。水出刑马之山
伯阳谷[2]。北流，白水出东南白水溪[3]，西北注
伯阳水。伯阳水又西北历谷，引控群流，北注
渭水。

［注释］

[1] 伯阳谷水：今东柯河。　[2] 刑马之山：今东柯河、花庙河
流域间放马滩一带山地。伯阳谷：今东柯河上游河谷。　[3] 白水：
今南河。白水溪：今南河上游溪谷。

渭水又东历大利[1]，又东南流，苗谷水注
之[2]，水南出刑马山，北历平作[3]，西北迳苗
谷[4]，屈而东迳伯阳城南[5]，谓之伯阳川，盖李
耳西入[6]，往迳所由，故山原畎谷[7]，往往播其

名焉 [8]。

[注释]
[1]大利：在今天水市麦积区社棠镇东渭河川地。　[2]苗谷水：今毛峪河。　[3]平作：今毛峪河上游白柳树滩附近川地。　[4]苗谷：今毛峪河中游河谷。　[5]伯阳城：在今天水市麦积区伯阳镇下河村附近。　[6]李耳：即老子，姓李，名耳，字伯阳，春秋时期思想家，道家之创始人，著有《老子》一书。老子其人其事见于《史记·老子韩非列传》。　[7]畎（quǎn）谷：山谷。　[8]往往播其名焉：指伯阳城、伯阳川为老子西行所经之地，故山原畎谷往往使用（流传）着老子之名。播，传播，传扬。

渭水东南流，众川泻浪，雁次鸣注：左则伯阳东溪水注之 [1]，次东得望松水 [2]，次东得毛六溪水 [3]，次东得皮周谷水 [4]，次东得黄杜东溪水 [5]，出北山，南入渭水；其右则胡谷水 [6]，次东得丘谷水 [7]，次东得丘谷东溪水 [8]，次东有钳岩谷水 [9]，并出南山，东北注渭。

[注释]
[1]伯阳东溪水：今红崖河。　[2]望松水：今涧沟河。　[3]毛六溪水：今庙坪沟。　[4]皮周谷水：今北峪沟。　[5]黄杜东溪水：今灰条沟。　[6]“其右则胡谷水”：此句殿本原作“其右则明谷水”，今据其他各本改。胡谷水：今码头河。　[7]丘谷水：今太碌

大沟。　[8] 丘谷东溪水：今太碌小沟。　[9] 钳岩谷水：今秦岭沟。
又，渭水水系温谷水—钳岩谷水段示意图见图 3。

渭水又东南出石门[1]，度小陇山[2]，迳南由县南[3]，东与楚水合[4]，世所谓长蛇水，水出汧县之数历山也[5]。南流迳长蛇戍东[6]，魏和平三年筑[7]，徙诸流民以遏陇寇[8]。楚水又南流注于渭。阚骃以是水为汧水[9]，言又东，汧、汘二水入焉。余按诸地志[10]，汧水出汧县西北。阚骃《十三州志》与此同，复以汧水为龙鱼水[11]，盖以其津流迳通而更摄其通称矣[12]。

参见《魏书》卷三〇《陆真传》。

[注释]

[1] 石门：今金门山。　[2] 小陇山：与郦《注》前文"小陇山"有别，此指今陕西省宝鸡市陈仓区西境陇山南脉。　[3] 南由县：北魏置，治今陕西省宝鸡市陈仓区香泉镇附近。　[4] 楚水：今香泉河。　[5] 汧县：汉置县，属右扶风，在今陕西省陇县南。十六国时尚存。数历山：今陇山贾家沟梁一段。　[6] 长蛇戍：在今陕西省宝鸡市陈仓区罗家坡。参见下文"徙诸流民以遏陇寇"条注释。　[7] 魏和平三年：462 年。和平，北魏文成帝年号。　[8] 徙诸流民以遏陇寇：将各种流亡在外者迁徙到长蛇戍，以阻止从陇山西部侵犯而来的流寇。徙，迁移。流民，流亡在外的人。遏，阻止。　[9] "阚骃以是水为汧水"二句：此二句殿本原作"阚骃以是水为汧水焉，渭水又东"，今据《大典》本、朱藏明钞

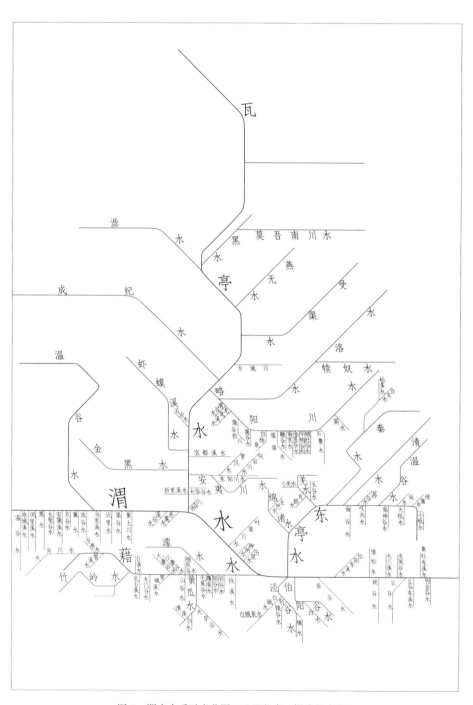

图3 渭水水系示意分图二（温谷水—钳岩谷水段）

本、《注疏》本等改。阚骃：敦煌（今甘肃省敦煌市西）人，字玄阴，先后在北凉、北魏朝任官。著有《十三州志》，今佚，有辑本。　[10] 余：我。地志：专记地理情况的书籍。　[11] 龙鱼水：今蒲峪河。　[12] 盖以其津流迳通而更摄其通称矣：大概因为同一条河中的干流与支流相通，因而彼此的水名就相互沿袭通用了。摄，取。

　　渭水东入散关[1]，抱朴子《神仙传》曰[2]：老子西出关，关令尹喜候气[3]，知真人将有西游者，遇老子，强令之著书，耳不得已，为著《道》《德》二经[4]，谓之《老子书》也。有老子庙。干宝《搜神记》云[5]：老子将西入关，关令尹喜好道之士，睹真人当西，乃要之途也[6]。皇甫士安《高士传》云：老子为周柱下史[7]，及周衰，乃以官隐，为周守藏室史，积八十余年，好无名接[8]，而世莫知其真人也。至周景王十年[9]，孔子年十七[10]，遂适周见老聃[11]。然幽王失道[12]，平王东迁[13]，关以捍移，人以职徙，尹喜候气[14]，非此明矣。往径所由[15]，兹焉或可。

[**注释**]

[1] 散关：在今陕西省宝鸡市渭滨区晁峪乡附近。此关与郦《注》下文"大散关"所指不是一地。　[2] 抱朴子《神仙传》：指东晋葛洪所著《神仙传》，十卷，记录古代传说中的仙人事迹。葛洪，字稚川，自号抱朴子，丹阳郡句容（今江苏省句容市）人，东晋著名医药学家。　[3] 关令：把关之官。尹喜：字文公，周代人，官至大夫，为早期道家学派的重要人物。候：看望。　[4]《道》、《德》二经：即《道德经》，又名《老子》，即下文所说《老子书》。全书八十一章，前三十七章为《道经》，后四十四章为《德经》，全书提出以道为中心的思想体系，被道教奉为经典，并作为道教神仙信仰的依据。　[5] 干宝《搜神记》：指东晋干宝所著《搜神记》，是一部志怪小说。干宝，字令升，汝南郡新蔡（今河南省新蔡县）人，东晋文学家、史学家。　[6] 乃要之途也：指尹喜在老子西出途中迎候。要，迎候，迎接。　[7] 柱下史：职官名。周、秦时掌理天下图书、计籍的官吏。　[8] 好无名接：似指老子主张"无名""接"等观点。《水经注笺》朱谋㙔曰："按，《高士传》云：老子好养精气，贵接而不施。"何焯校曰："'好无名接'难晓，然又似非直如《笺》中所引也。"　[9] 周景王十年：前 535 年。周景王，姓姬，名贵，在位 25 年。　[10] 孔子：名丘，字仲尼，鲁国陬邑（今山东省曲阜市东南）人，春秋末期思想家、政治家、教育家，儒家创始者。孔子整理《诗经》《尚书》，删修《春秋》，他和他门下弟子的谈话、问答收录于《论语》。　[11] 适：往，到。老聃（dān）：即老子，一说老子姓李，字聃。　[12] 幽王：即周幽王，姬姓，名宫湦，在位 11 年。前 771 年，周幽王为犬戎所杀，西周遂灭亡。　[13] 平王：即周平王，名宜臼，周幽王子，东周第一位国君，在位 51 年。东迁：指周幽王死后，诸侯立其子宜臼为王，并迁都洛邑，史称东周。　[14]"尹喜候气"二句：是说尹

喜望气的地方显然不是这里。　[15]"往径所由"二句：是说老子西出关经过这里还是有可能的。

渭水又东迳西武功北^[1]，俗以为散关城，非也。褚先生乃曰^[2]：武功，扶风西界小邑也^[3]，蜀口栈道近山^[4]，无他豪^[5]，易高者是也^[6]。

[**注释**]

[1] 西武功：在今陕西省宝鸡市渭滨区高家村附近。《注疏》本以之为武功别城。　[2] 褚先生：即褚少孙，颍川（治今河南省禹州市）人，西汉经学家、史学家，曾补司马迁《史记》。今本《史记》中"褚先生曰"的文字就是他的补作。　[3] 扶风：即右扶风，与京兆尹、左冯翊合称为汉代三辅，辖境约当今陕西省秦岭以北，咸阳市、旬邑县以西之地。西汉时，治长安，东汉移治槐里（今陕西省兴平市东南），三国魏改为扶风郡。　[4] 蜀口栈道近山：通往蜀地的栈道就在山边。　[5] 无他豪：没有其他什么豪杰之士。　[6] 易高：容易出人头地。

[**点评**]

"褚先生乃曰"至"无他豪，易高者是也"这段所述见于《史记》卷一〇四《田叔列传》，文字略有不同。所谓"无他豪"，《史记》作"无豪"。原文指任安选择在武功安家，因为他认为在武功县这个小地方，没有其他什么豪杰之士，容易出人头地。郦道元熟读史书，行文至"武功"时，将《史记》中的文字缩略后加入注文之中。由于语境的改变，若不注意，此段文字的含义便有可能引起误解而附会为武功县所在之地没有什么高山。

　　渭水又与扞水合^[1]，水出周道谷^[2]，北迳武都故道县之故城西^[3]，王莽更名曰善治也。故道县有怒特祠，《列异传》曰^[4]：武都故道县有怒特祠，云神本南山大梓也^[5]，昔秦文公二十七年^[6]，伐之，树疮随合^[7]，秦文公乃遣四十人持斧斫之^[8]，犹不断。疲士一人^[9]，伤足不能去^[10]，卧树下，闻鬼相与言曰：劳攻战乎^[11]？其一曰：足为劳矣。又曰：秦公必持不休^[12]。答曰：其如我何^[13]？又曰：赤灰跋于子^[14]，何如？乃默无言。卧者以告，令士皆赤衣，随所斫以灰跋，树断化为牛入水，故秦为立祠。其水又东北历大散关而入渭水也^[15]。渭水又东而右合南山五溪水^[16]，夹涧流注之。

[注释]

[1] 扞（hàn）水：今清姜河。　[2] 周道谷：今陕西省宝鸡市渭滨区、凤县间陈仓故道谷地。陈仓故道旧称周道。　[3] 武都：郡名，西汉武帝置，治今甘肃省成县西北。故道县之故城：今陕

西省宝鸡市渭滨区神农镇观音山村附近。 [4]《列异传》：魏晋时期志怪小说集，曹丕撰（一说张华撰），原书已亡佚，今有辑本。 [5]梓：树名，落叶乔木。 [6]秦文公二十七年：前739年。秦文公，春秋时期秦国国君，在位50年。 [7]树疮随合：树上伤口随砍随合。 [8]斫（zhuó）：砍。 [9]疲士一人：其中一个砍树者精疲力竭。 [10]去：离开。 [11]劳：使人辛苦。 [12]持：保持，维持。 [13]其如我何：此句为倒装句，意指那对我又能怎样？ [14]"赤灰跋于子"二句：把红色灰土洒在你上面，你会怎么样啊？跋，用同"泼"，泼洒。子，你。 [15]大散关：今陕西省宝鸡市渭滨区神农镇二里关西。 [16]"渭水又东而右合南山五溪水"：此句殿本原作"渭水又东南右合南山五溪水"，今据残宋本、《大典》本等改。南山五溪水：即今瓦峪河、石坝河、龙山河、沙河、茵香河。

[点评]

以上郦《注》文字详细叙述了渭水经过上邽县后两岸接纳的众多一二级支流的情况，重点描述了渭水上游的另外一条河流藉水（今潘家河—耤河）所经之地的地理。其中位于藉水下游北岸的上邽县故城，本是西戎之地，后为秦国攻取，成为较早置县的所在。到了汉代，又成了天水郡的治所。郦《注》中提及上邽县故城为"五城相接"的形制，在其他传世文献中，似未之见，对于了解其时的城邑建筑提供了宝贵的信息。在这节的最后，郦《注》还引述了两则故事。其一是综合引用了《神仙传》《搜神记》《高士传》三书中所载，将有关老子西出关时，为关令尹喜所留，著《道德经》的传说做了征引。

并同时对这一传说的可信性提出了自己的观点。其二是《列异传》中记载有关怒特祠的神异故事。这类神异故事的记载，是郦《注》的一大特色，一定程度上反映了南北朝时期人们的所思所想。

又东过陈仓县西 [1]，

县有陈仓山 [2]，山上有陈宝鸡鸣祠 [3]。昔秦文公感伯阳之言，游猎于陈仓，遇之于北坂 [4]，得若石焉，其色如肝，归而宝祠之，故曰陈宝。其来也自东南，晖晖声若雷，野鸡皆鸣，故曰鸡鸣神也。《地理志》曰：有上公、明星、黄帝孙、舜妻盲冢祠 [5]。有羽阳宫 [6]，秦武王起 [7]。应劭曰：县氏陈山 [8]。姚睦曰 [9]：黄帝都陈，言在此。荣氏《开山图》注曰 [10]：伏羲生成纪 [11]，徙治陈仓也。非陈国所建也。

渭水自西向东穿陈仓县境，县城在其北，疑句末"西"字为"南"字之误。戴震自定《水经》此句作"又东过陈仓县南"。

"昔秦文公"至"故曰鸡鸣神也"：此段文字所载内容可参见《史记》卷二八《封禅书》和《汉书》卷二五《郊祀志》。

[注释]

[1]陈仓县：战国秦置县，至曹魏不改。治今陕西省宝鸡市东陈仓故城。　[2]陈仓山：位于今宝鸡市北西平原南缘。郦《注》所载陈仓山与他书不同。自《三秦记》《元和郡县志》《太平寰宇记》皆以山在县南，而明、清地志更直以鸡峰山当之。此或郦道元误将陈宝鸡鸣祠所在与陈仓山"山有石鸡"之载联系而致误。　[3]陈宝鸡鸣祠：又作"宝鸡鸣祠""宝鸡神祠"，在今陕

西省宝鸡市北郊戴家湾村西。　　[4]"遇之于北坂"：此句殿本原作"遇之于此坂"，今据吴本、《五校》稿本、《七校》钞本、《注释》本、《注疏》本改。　　[5]上公：即太白上公，古时对金星的别称。明星：星名，比作太白之妻。黄帝孙：舜。舜妻盲：指舜的妻子育。按，"盲"当为"育"字之讹。冢祠：建造在坟墓前供逝者亲属祭祀的享堂，亦称祠堂、食堂、庙祠、斋祠等。　　[6]羽阳宫：在今宝鸡市东陈仓故城内。　　[7]秦武王：名荡。有力好戏，与力士孟说比赛举鼎而亡，在位4年。　　[8]县氏陈山：陈仓县因陈山而命名。　　[9]姚睦：一说即姚瞻，参见前文"姚瞻"条注释。　　[10]荣氏《开山图》：参见前文"开山图"条注释。　　[11]"伏羲生成纪，徙治陈仓也"：此二句殿本原作"伏牺生成纪，徙治陈仓"，今据《五校》稿本、《七校》钞本、《注释》本、《注疏》本改。

魏明帝遣将军太原郝昭筑陈仓城[1]，成，诸葛亮围之[2]。亮使昭乡人靳详说之[3]，不下，亮以数万攻昭千余人，以云梯、冲车、地道逼射昭[4]；昭以火射、连石拒之[5]，亮不利而还。今汧水对亮城[6]，是与昭相御处也[7]。陈仓水出于陈仓山下[8]，东南流注于渭水。

参见《三国志》卷三《魏书·明帝纪》所载"曹真遣将军费曜等拒之"句下裴松之注引《魏略》。

[注释]

[1]太原：郡名，秦置，汉、魏因之。郡治晋阳县（今山西省太原市西南）。郝昭：字伯道，三国时期魏国武将。陈仓城：在今陕西省宝鸡市北郊戴家湾村西北。　　[2]诸葛亮：字孔明，琅琊阳

都县（今山东省沂南县）人，三国时期蜀汉政治家、军事家，著有《诸葛亮集》，原书久佚，今有辑本。　[3]"靳详"：此二字殿本原作"靳祥"，今据残宋本、《大典》本改。乡人：同乡人。　[4]以云梯、冲（chōng）车、地道逼射昭：是说诸葛亮在攻取郝昭守护的城池时，借助云梯来翻越城墙，利用冲车来撞破城门，通过挖地道来潜入城中，用土填平壕沟来接近城墙，用井阑车向城内射箭。云梯，攻城时攀登城墙所用的长梯，下有木车连接。冲车，攻城时冲破城门所用的木车，车辕前端以铁连接。逼，靠近。射，此处特指以井阑车从高处向城内射箭。　[5]昭以火射、连石拒之：是说郝昭用带火的箭射烧云梯、用绳子绑着石头砸毁冲车。　[6]汧水：今千河，唯下游河道古今不同。亮城：即诸葛亮城，在今宝鸡市陈仓区千河镇底店村西南塬上。诸葛亮筑城于此，可阻断陈仓城与东方之联系，亦与郦《注》下文自绥阳小谷出兵"扳连贼势"之载相符。就此城与陈仓城相对位置而言，此城面汧水，或可解释郦《注》所说的"汧水对亮城"的意思。　[7]御：抵挡。　[8]陈仓水：今戴家沟。此水出西平原下，侧陈仓故城东南流。

渭水又东与绥阳溪水合[1]，其水上承斜水[2]，水自斜谷分注绥阳溪，北届陈仓入渭。故诸葛亮《与兄瑾书》曰[3]：有绥阳小谷，虽山崖绝重[4]，溪水纵横，难用行军，昔逻候往来[5]，要道通人[6]，今使前军斫治此道，以向陈仓，足以扳连贼势[7]，使不得分兵东行者也。

［注释］

[1] 绥阳溪水：今马尾河。　　[2]"其水上承斜水"二句：按，郦《注》此处所载恐非。斜水（今石头河）与绥阳溪水（今马尾河）上游有大山阻隔，后者无法"上承斜水"。　　[3] 诸葛亮《与兄瑾书》：指诸葛亮写给兄长诸葛瑾的书信。瑾，即诸葛瑾，诸葛亮兄，字子瑜，琅琊阳都（今山东省沂南县）人，三国时期效力于孙权，官至吴国大将军。　　[4]"虽山崖绝重"：此句殿本原作"虽山崖绝险"，今据残宋本、《大典》本、朱藏明钞本等改。山崖绝重：意指群山之间层层重叠，隔绝难通。　　[5] 逻候：侦察巡逻者。　　[6]"要道通人"：此句殿本原作"要道通入"，今据其他各本改。　　[7] 扼连贼势：意指牵制故军。

　　渭水又东迳郁夷县故城南[1]，《地理志》曰：有沂水祠。王莽更之曰郁平也。《东观汉记》曰[2]：隗嚣围来歙于略阳，世祖诏曰：桃花水出[3]，船檝皆至郁夷、陈仓，分部而进者也。沂水入焉，水出沂县之蒲谷乡弦中谷[4]，决为弦蒲薮[5]。《尔雅》曰[6]：水决之泽为沂，沂之为名[7]，实兼斯举。

参见《尔雅·释水》。

［注释］

[1] 郁夷县故城：在今陕西省宝鸡市陈仓区阳平镇西北。　[2]《东观汉记》：纪传体史书，东汉刘珍等撰，记载东汉光武帝至灵帝历史，原书久佚，今有辑本。　[3] 桃花水：指仲春时水量迅速上

涨的河流，因此时恰逢桃花盛开，故又称桃花汛。　[4]蒲谷乡：在今陇县北部温水镇、火烧寨镇一带。弦中谷：今北河上游河谷。　[5]决：开通水道；导引水流。弦蒲薮：在今陕西省陇县城区东南千河川地。薮，湖泽的通称。　[6]《尔雅》：中国古代最早解释词义的专书，由汉代学者缀辑而成，今本有 19 篇。　[7]"汧之为名"二句：是说用"汧"字来作为名字，实际上还含有《尔雅》中提出的那一层意思。

水有二源，一水出县西山，世谓之小陇山[1]，岩嶂高险，不通轨辙[2]，故张衡《四愁诗》曰[3]：我所思兮在汉阳，欲往从之陇坂长[4]。其水东北流，历涧，注以成渊[5]，潭涨不测，出五色鱼[6]，俗以为灵，而莫敢采捕，因谓是水为龙鱼水[7]，自下亦通谓之龙鱼川。川水东迳汧县故城北[8]，《史记》秦文公东猎汧田[9]，因遂都其地是也。

[旁注]《史记》卷二八《封禅书》载："秦文公东猎汧渭之间，卜居之而吉。"据此，《水经注》此句或当作："《史记》秦文公东猎汧渭，遂都其地是也。"其中，颇疑"渭"字在传抄过程中讹为"田""因"二字。

[注释]

[1]小陇山：与郦《注》前文"小陇山"有别，此指今陕西省陇县西南陇山。　[2]不通轨辙：指车辆不能通行。　[3]张衡：字平子，南阳郡西鄂（今河南省南阳市石桥镇）人，东汉科学家、文学家，文集已佚，今有辑本《张河间集》。　[4]坂：山坡。陇坂，陇山。　[5]注以成渊：指龙鱼水积潴成湖。该湖水当在今陕西省陇县天成镇一带蒲峪河川地。　[6]五色鱼：即秦岭细鳞鲑，今千

河上游蒲峪河等支流中尚有分布。 [7]龙鱼水：今蒲峪河。 [8]汧县故城：在今陕西省陇县东南郑家沟村南。 [9]"《史记》秦文公东猎汧田"二句：是说汧县故城就是《史记》中所记载的秦文公狩猎并建都的地方。

又东历泽，乱流为一[1]。右得白龙泉[2]，泉径五尺，源流奋通[3]，沦漪四泄[4]，东北流注于汧。汧水又东会一水[5]，水发南山西侧，俗以此山为吴山[6]，三峰霞举[7]，叠秀云天，崩峦倾返，山顶相捍，望之恒有落势。《地理志》曰：吴山在县西，古文以为汧山也。《国语》所谓虞矣[8]。山下石穴广四尺，高七尺，水溢石空，悬波侧注，溯溙震荡[9]，发源成川，北流注于汧。自水会上下[10]，咸谓之为龙鱼川。

[注释]

[1]乱流为一：意指弦蒲薮中水流散乱，又最终合为一股汧水。泽，即弦蒲薮。 [2]白龙泉：在今陇县牙科乡申家嘴村至杜阳镇刘家嘴村间千河南岸。 [3]"源流奋通"：此句殿本原作"源穴奋通"，今据吴本、《注笺》本、《注释》本等改。 [4]沦漪（yī）：水面细波。 [5]一水：即今梨林河。梨林河二源八渡河与大蒿地河皆发源自吴山之西，合流东北入千河。 [6]吴山：今山名同。 [7]"三峰霞举"五句：是说吴山的三座主峰高举入霞，层层叠叠、秀立云天之间，山峰陡峭，势如崩塌，山顶互相抵住，

看上去总有摇摇欲坠之趋势。　[8]《国语》: 相传为春秋时左丘明所撰, 主要记载西周末年和春秋时期周以及几个大的诸侯国的历史与传说。　[9] 滆(pēng)济震荡: 形容水势激昂, 发出巨响。滆, 水流相互冲击发出的声音。济, 入水的样子。　[10] 水会: 水道汇合之处。

汧水又东南迳隃糜县故城南^[1], 王莽之扶亭也。昔郭歆耻王莽之征^[2], 而遁迹于斯。建武四年^[3], 光武封耿况为侯国矣。汧水东南历慈山^[4], 东南迳郁夷县, 平阳故城南^[5],《史记》秦宁公二年徙平阳^[6]。徐广曰^[7]: 故郿之平阳亭也^[8]。城北有《汉邠州刺史赵融碑》^[9], 献帝建安元年立^[10]。汧水又东流注于渭。

郭歆遁迹之事见《汉书》卷七二《鲍宣传》, 唯"郭歆"作"郭钦"。

"邠州刺史": 此刺史之名汉代不见。《水经注疏》杨守敬曰: "此（邠州）当作幽州, '幽'讹为'豳', 校者又改为'邠'也。"

汧、渭二水交汇形势古今不同。汧水当于今千河镇南折东, 紧临今陈仓城区南东流, 至阳平镇南沿今渭河河道东流, 至钓渭镇东北入渭。渭水则当于磻溪镇北折向东南, 经今天

[**注释**]

[1] 隃(yú)糜(mí)县故城: 在今千阳县城区东约 1000 米处。　[2] "昔郭歆耻王莽之征"二句: 是说从前郭歆把王莽的征召视为耻辱, 于是隐居在这里。　[3] 建武四年: 28 年。　[4] 慈山: 今陕西省宝鸡市陈仓区、千阳县、凤翔县交界一带山地。　[5] 平阳故城: 在今陕西省宝鸡市陈仓区阳平镇宁王村北。　[6] 秦宁公二年: 前 714 年。秦宁公, 即秦宪公, 春秋时秦国国君, 嬴姓, 赵氏, 在位 12 年。徙平阳: 迁居至平阳。　[7] 徐广: 参见卷十五《伊水篇》"徐广"条注释。　[8] 郿(méi): 县名, 今陕西省眉县, 参见下文"郿县故城"条注释。　[9]《汉邠州刺史赵融碑》:

碑名。赵融,《后汉书·何进传》载,灵帝中平五年(188),以"赵融为助军校尉"。此碑后世无闻,当早已亡失。 [10]"献帝":此二字殿本原作"灵帝",然"建安"是汉献帝的年号,而赵融至中平五年时尚在世,据此,改"灵帝"作"献帝"。献帝建安元年:196年。献帝,即汉献帝刘协,在位31年,是东汉最后一个皇帝。

王镇、钓渭镇北而会湃水。其间二水并流区域狭长,可能存在散流互通的现象。

渭水之右,磻溪水注之[1],水出南山兹谷[2],乘高激流,注于溪中,溪中有泉,谓之兹泉[3]。泉水潭积,自成渊渚,即《吕氏春秋》所谓太公钓兹泉也[4]。今人谓之几谷[5],石壁深高[6],幽隍邃密,林障秀阻,人迹罕交。东南隅有一石室[7],盖太公所居也。水次平石钓处[8],即太公垂钓之所也。其投竿跽饵[9],两膝遗迹犹存,是有磻溪之称也。其水清泠神异[10],北流十二里注于渭,北去雍城七十里[11]。

《三国志》卷三五《蜀书·诸葛亮传》有"(建兴)六年春,扬声由斜谷道取郿,使赵云、邓芝为疑军,据箕谷"的记载,其中"箕谷"即此"几谷"。

[注释]

[1]磻溪水:今伐鱼河。又,渭水水系楚水—磻溪水段示意图见图4。 [2]兹谷:今伐鱼河上游河谷。 [3]兹泉:今滋泉。 [4]《吕氏春秋》:又称《吕览》,战国末秦相吕不韦集门客编撰而成,内容以儒家、道家思想为主,是杂家的代表著作。太公:姜姓,吕氏,名望,字尚父,一说字子牙,辅佐周武王灭商有功,受封于齐,为周代齐国始祖,有"太公"之称,俗称"姜

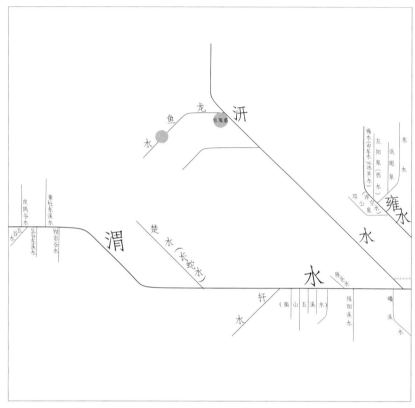

图 4　渭水水系示意分图三（楚水—磻溪水段）

太公"。　[5]"今人谓之几谷"：此句殿本原作"今人谓之丸谷"，今据残宋本、《大典》本、朱藏明钞本等改。　[6]"石壁深高"至"人迹罕交"：《括地志》引《水经注》此段文字作"石壁高深，幽篁邃密，林泽秀阻，人迹罕及"，语义似较殿本更佳。篁（huáng）：通"篁"，指竹林。林障秀阻：深林与茂盛的草木阻隔。　[7]石室：即今钓鱼台水库东南山上之"静室"。　[8]"水次平石钓处"二句：是说水边岩石附近，就是姜太公当初钓鱼的地方。　[9]"其投竿跽（jì）饵"三句：是说姜太公放下钓竿、跪着装鱼饵，双膝留下的痕迹仍然可见，因此称这条河为"磻溪"。跽，长跪，长时间双膝着地，上身挺直。　[10] 清泠（líng）：清净凉爽。　[11] "雍城"：此二字殿本及其他各本原作"维堆城"。然郦《注》下文雍水部分并未言及维堆城，而只有雍城，且方位与此处所谓"维堆城"合，加上"雍"字与"维""堆"字形相似，故改"维堆城"作"雍城"。参见下文"雍城"条注释。

渭水又东迳积石原[1]，即北原也。青龙二年[2]，诸葛亮出斜谷，司马懿屯渭南[3]，雍州刺史郭淮策亮必争北原而屯[4]，遂先据之。亮至[5]，果不得上。渭水又东迳五丈原北[6]。《魏氏春秋》曰[7]：诸葛亮据渭水南原[8]，司马懿谓诸将曰：亮若出武功，依山东转者，是其勇也；若西上五丈原，诸君无事矣。亮果屯此原，与懿相御。

参见《三国志》卷二六《魏书·郭淮传》。

[注释]

[1] 积石原：今碛雍原。　[2] 青龙二年：234 年。青龙是三国时期魏明帝曹叡的年号（233—237）。　[3] 司马懿（yì）：字仲达，河内郡温县（今河南省温县西南）人，三国时魏国重臣，多次带兵与诸葛亮对抗。其孙司马炎代魏称帝，建立晋朝，追尊司马懿为宣帝。　[4] 郭淮：字伯济，太原阳曲（今山西省阳曲县）人，三国时魏国将领。　[5] "亮至"二句：是说诸葛亮率大军到后，果然不能攻上北原。　[6] 五丈原：今原名同，在陕西省岐山县南，斜谷口西侧的渭水南岸。　[7]《魏氏春秋》：东晋孙盛撰，编年体

史书，记载曹魏政权的史事。裴松之注《三国志》时，多有征引，原书今已亡佚。　[8]"诸葛亮据渭水南原"至"与懿相御"：是说诸葛亮军队驻扎在渭水南原后，司马懿和手下诸将分析形势，认为如果诸葛亮带兵取道武功县、依山东转，那么说明诸葛亮骁勇；如果他西上五丈原，那么大家就不用担心了。后来诸葛亮果然驻扎在五丈原，与司马懿军队相对峙。

渭水又东迳郿县故城南[1]，《地理志》曰：右辅都尉治[2]。《魏春秋》诸葛亮寇郿[3]，司马懿据郿拒亮。即此县也。

[注释]

[1] 郿县故城：在今陕西省眉县常兴镇附近。　[2] 右辅：即扶风，参见前文"扶风"条注释。　[3] 寇：侵犯。

[点评]

以上郿《注》文字详细叙述了渭水经过陈仓县后两岸接纳的众多一二级支流的情况。其中先重点讲述了三国时期蜀汉与曹魏之间的陈仓争夺战。蜀汉是进攻一方，由诸葛亮指挥。守方是曹魏的大将郝昭。尽管蜀汉军队兵力众多，军械装备精良，但最终仍未能将陈仓城攻破。此节最后郦道元又引《魏氏春秋》中的记载，描述了诸葛亮与司马懿之间斗智斗勇的一则故事。在中国民间，受《三国演义》的影响，司马懿被说成是后知后觉，总不如诸葛亮神算。但这则故事，打破了我们的固有观念，诸葛亮的出兵计划，完全在司马懿的预料掌控之中。而《魏氏春秋》所记史实的真实性，远胜后代的《三国演义》。因此，历史中的司马懿无疑也是一位足智多谋之士。

卷十八

渭水中 [1]

又东过武功县北 [2]，

渭水于县，斜水自南来注之 [3]。水出县西南衙岭山 [4]，北历斜谷 [5]，迳五丈原东 [6]，诸葛亮《与步骘书》曰 [7]：仆前军在五丈原 [8]，原在武功西十里 [9]。餘水出武功县 [10]，故亦谓之武功水也。是以诸葛亮《表》云 [11]：臣遣虎步监孟琰 [12]，据武功水东，司马懿因水长攻琰营 [13]，臣作竹桥 [14]，越水射之，桥成驰去。其水北流注于渭^[15]。《地理志》曰：斜水出衙岭，北至郿注渭^[16]。

[注释]

[1]本卷所叙述的渭水河段起自武功县（今陕西省武功县），至盩（zhōu）厔（zhì）县（今陕西省周至县）止。　[2]武功县：战国时秦置，汉属右扶风。武功县故城，在今陕西省扶风县东南。　[3]斜水：今桃川河—石头河—清水河。　[4]衙岭山：今五里坡，在陕西省太白县东十里处。　[5]斜谷：今谷同名，谷有二口，南曰褒（bāo），北曰斜，故亦称"褒斜谷"。　[6]五丈原：今原名同，在陕西省岐山县南，斜谷口西侧的渭水南岸。　[7]步骘（zhì）：临淮郡淮阴县（今江苏省淮安市淮阴区西南）人，三国时期吴国大臣。　[8]仆：谦辞，诸葛亮用以自称。　[9]原在武功西十里：此处的"武功"当指武功水，武功水即斜水，参见下条注释。　[10]餘水：即斜水。"餘"是"余"的异写，而"余"通"斜"。　[11]表：奏章的一种。　[12]虎步监：三国时期蜀国武官名号，统率虎步兵。孟琰（yǎn）：字休明，朱提（今云南省昭通市）人，诸葛亮南征时归入蜀军，后又从诸葛亮出师北伐。　[13]水长（zhǎng）：河水上涨。　[14]"臣作竹桥"三句：是说诸葛亮命士兵在河水架起竹桥，同时用弓弩射对岸的司马懿军队，等竹桥架好，司马懿便撤走了。　[15]其水：指武功水，即斜水。　[16]郿：在今陕西省眉县东、渭河北岸。

渭水又东迳马冢北^[1]。诸葛亮《与步骘书》曰：马冢在武功东十余里，有高势，攻之不便，是以留耳。

［注释］

[1] 马冢：今陕西眉县渭水南岸的马头原。

渭水又迳武功县故城北^[1]，王莽之新光也。

［注释］

[1] 武功县故城：今陕西省扶风县绛帐镇卢家滩附近。

此处的文字内容，又见于《太平御览》卷四〇《地部》引辛氏《三秦记》所载。因此，"亦曰"之上可能脱去了"《三秦记》"三字。

《地理志》曰：县有太一山^[1]。《古文》以为终南，杜预以为中南也。亦曰：太白山在武功县南，去长安二百里^[2]，不知其高几何。俗云：武功太白，去天三百。山下军行^[3]，不得鼓角^[4]，鼓角则疾风雨至。杜彦达曰^[5]：太白山，南连武功山^[6]，于诸山最为秀杰，冬夏积雪，望之皓然^[7]。

［注释］

[1] 太一山：广义指今陕西秦岭，又称终南山、南山；狭义指今陕西省太白县东南、秦岭主峰太白山。　[2] 长安：汉朝都城，在今陕西省西安市西北。　[3] 山下军行：指军队在山下行走。　[4] 鼓角：本义是战鼓和号角，此处指行军时军队发出的鼓

角声。　[5] 杜彦达：史籍乏载。不过，郦道元可能见过他的著作，并在《水经注》中四次引到杜彦达的评论，除了这里的一处外，后三处分别是："杜彦达曰：可治百病，世清则疾愈，世浊则无验"（本卷）、"故杜彦达云：然如沸汤，可以熟米，饮之愈百病"（卷三十一《漉（zhì）水篇》）、"杜彦达曰：同穴止宿，养子互相哺食，长大乃止"（卷四十《〈禹贡〉山水泽地所在》）。　[6] 武功山：据上下文义，此处武功山是指武功水所发源的山峰，确址无考。　[7] 皓然：洁白的样子。

山上有谷春祠。春，栎阳人[1]，成帝时病死[2]，而尸不寒，后忽出栎南门及光门上[3]，而入太白山。民为立祠于山岭，春秋来祠中止宿焉[4]。

参见刘向《列仙传》卷下《谷春》。

[注释]

[1] 栎（yuè）阳：县名，秦置，西汉属左冯翊，治今陕西省西安市阎良区武屯镇古城。　[2] 成帝：即汉成帝，参见前文"汉成帝"条注释。　[3] 出栎南门及光门上：指谷春飞出栎阳南门，飞到长安城的光门上。光门，即横门，汉长安城城门之一，详见后文"横门"条注释。　[4] 春秋来祠中止宿焉：指谷春每到春秋时节便会飞来祠中休憩、过夜。"止"：此字殿本原本作"上"，今据《五校》稿本、《注释》本、《注疏》本改。

山下有太白祠，民所祀也。刘曜之世[1]，是山崩，长安人刘终于崩所得白玉[2]，方一尺[3]，有文字曰：皇亡皇亡改赵昌[4]，井水竭[5]，构五

参见《晋书》卷一〇三《刘曜载记》。

梁[6]，咢酉小衰困嚣丧[7]。呜呼！呜呼！赤牛奋靷其尽乎[8]？时群官毕贺[9]，中书监刘均进曰[10]：此国灭之象，其可贺乎？终如言矣。

[注释]

[1]刘曜之世：指刘曜在位期间。　[2]长安人刘终于崩所得白玉：指刘终这个长安县的人，在山崩的地方得到一块白玉。　[3]方一尺：大小有一尺见方。汉代一尺为21—23厘米，魏晋南北朝时期与此略同。　[4]"皇亡皇亡改赵昌"：此句殿本原作"皇亡皇亡败赵昌"，今据残宋本、《大典》本、《注笺》本、《注释》本改。　[5]井水竭：除字面意思外，此句中"井"又指星宿"东井"，其所对分野即秦地，暗指刘曜所都的长安之地。　[6]构五梁：除字面意思外，"五""梁"分别指星宿"五车""大梁"，其分野为赵地，即石勒所控制的实际区域。　[7]咢酉小衰困嚣丧：此句为谶语，意味着在酉年会有败军杀将的大事发生，在子年国家会丧败。咢，指太岁纪年法中的"作咢"之年；酉，指酉年；小衰，指败军杀将；困，指太岁纪年法中的"困敦"之年；嚣丧，指国家丧败。　[8]赤牛奋靷（yǐn）其尽乎：此句亦是谶语，意味着丑年国家会灭亡，没有人能幸免。赤牛奋靷，即太岁纪年法的"赤奋若"之年，且牛指牵牛，对应为"丑"，即丑年；靷，同"纼"，牛鼻绳；其尽乎，指彻底灭亡。　[9]毕：全部，尽。　[10]中书监：官名，负责出纳皇帝诏令等机要政务，三国时期魏国始置。进：奉上，呈上，进言的意思。

渭水又东，温泉水注之[1]，水出太一山，其

水沸涌如汤 [2]，杜彦达曰：可治百病，世清则疾愈，世浊则无验。其水下合溪流 [3]，北注十三里入渭。

[注释]

[1]温泉水：今汤峪河—清水河。　[2]汤：热水。　[3]溪流：今见子河。

渭水又东，迳釐县故城南 [1]，旧邰城也 [2]，后稷之封邑矣 [3]。《诗》所谓"即有邰家室"也。城东北有姜嫄祠 [4]，城西南百步有稷祠 [5]。郿之釐亭也。王少林之为郿县也 [6]，路迳此亭 [7]。亭长曰：亭凶杀人 [8]。少林曰：仁胜凶邪，何鬼敢忤 [9]？遂宿。夜中，闻女子称冤之声。少林曰：可前来理 [10]。女子曰：无衣，不敢进。少林投衣与之。女子前诉曰：妾夫为涪令 [11]，之官 [12]，过宿此亭，为亭长所杀。少林曰：当为理寝冤 [13]，勿复害良善也。因解衣于地，忽然不见。明告亭长，遂服其事 [14]，亭遂清安。

《史记》卷四《周本纪》："封弃于邰，号曰后稷。"

参见《诗·大雅·生民》。

王少林郿亭理冤之事参见《后汉书》卷八一《王忳传》。

[注释]

[1]釐（tái）县故城：在今陕西省咸阳市杨陵区揉谷镇法禧村。　[2]邰（tái）城："邰"即"釐"，古邑名。　[3]后稷（jì）

之封邑矣；相传周族始祖自后稷至公刘定居于此。 [4]姜嫄祠：在今陕西省咸阳市杨陵区揉谷镇法禧村东北。 [5]稷祠：在今陕西省咸阳市杨陵区揉谷镇法禧村西南。今法禧村西尚有后稷祠。 [6]王少林之为郿县：指王少林去郿县主政。之，去，往。为，治理。 [7]亭：秦汉时的基层行政单位。《汉书·百官公卿表》载："大率十里一亭，亭有长。十亭一乡。" [8]亭凶杀人：指这个地方凶险，会害死人。 [9]忤（wǔ）：违逆，不顺从。 [10]可前来理：指可以上前来申理。 [11]涪（fú）令：涪县县令。 [12]之官：前往就任。 [13]寝冤：沉冤，即积久未报的冤仇。 [14]遂服其事：指亭长于是承认了自己的所作所为。

渭水又东迳雍县南[1]，雍水注之[2]，水出雍山[3]，东南流，历中牢溪[4]，世谓之中牢水，亦曰冰井水。

[注释]

[1]雍县：本春秋时期雍邑，秦德公时迁都于此，后置县，治今陕西省凤翔县南。 [2]雍水：今枣子河—塔寺河—纸坊河—雍水河—漳（wéi）河—后河—漆水河。 [3]雍山：今陕西省凤翔县北部山地，《水经注》此处"雍山"所指范围比今雍山范围更广。 [4]中牢溪：今枣子河上游溪谷。

南流迳胡城东[1]，俗名也。盖秦惠公之故居[2]，所谓祈年宫也，孝公又谓之为橐泉宫[3]。按《地理志》曰皆雍[4]。崔骃曰[5]：穆公冢在橐

参见《汉书》卷二八《地理志》右扶风雍县条。

泉宫祈年观下[6]，《皇览》亦言是矣[7]。刘向曰[8]：穆公葬无丘垄处也。《史记》曰：穆公之卒，从死者百七十七人[9]，良臣子车氏奄息、仲行、针虎，亦在从死之中，秦人哀之，为赋《黄鸟》焉。余谓崔骃及《皇览》谬志也[10]。惠公、孝公并是穆公之后继世之君矣[11]，子孙无由起宫于祖宗之坟陵矣。以是推之[12]，知二证之非实也。

刘向所言参见《汉书》卷三六《刘向传》。

秦穆公卒后众人随葬及秦人作《黄鸟》之事并见《左传》文公六年与《史记》卷五《秦本纪》。

[**注释**]

[1]胡城：在今陕西省凤翔县城关镇西古城村。按，由郦《注》下句"秦惠公之故居，所谓祈年宫也"可知，"胡城"即"祈年宫"，疑此"胡城"当是"故城"之讹写。　[2]秦惠公：战国时秦国国君，在位13年。　[3]孝公：即秦孝公，战国时秦国国君，在位24年。　[4]"按《地理志》曰皆雍"：此句殿本原作"按《地理志》曰在雍"，今据残宋本、《大典》本改。　[5]崔骃：东汉文学家，字亭伯，涿郡安平（今河北省深州市）人。崔骃所言见于《史记》卷五《秦本纪》"缪公卒，葬雍"句下《史记集解》引《皇览》曰。　[6]穆公：即秦穆公，春秋时秦国国君，春秋五霸之一。　[7]《皇览》：类书，三国时魏国刘劭、王象等奉敕编纂，分门别类，凡一千余篇，原书早已亡佚，今仅存清人辑录的佚文一卷。　[8]刘向：原名更生，字子政，沛县（今江苏省沛县）人，西汉经学家、目录学家、文学家。有《洪范五行传》《新序》《说苑》《列女传》等著述存世。　[9]从死者：殉葬的人。　[10]谬志：指记载不合情理。　[11]"惠公、孝公并是穆公之后继世之君矣"二句：是说秦惠公、秦孝公都是秦穆公的后人，又是继承王位的

君主，作为子孙，他们没有理由将自己的宫殿建造在祖宗的坟陵之上。 [12]"以是推之"二句：是说由这一点推测可知，崔骃和《皇览》的两条引证是不切实际的。

而左会左阳水^[1]，世名之西水。北出左阳溪^[2]，南流迳岐州城西^[3]，魏置岐州刺史治^[4]。左阳水又南流注于雍水。

[注释]

[1]"而左会左阳水"：此句殿本原作"雍水又东左会左阳水"，今据《大典》本、《注笺》本、《注释》本、《注疏》本等改。左阳水：今马家河。 [2]"北出左阳溪"：此句殿本原作"水北出左阳溪"，今据残宋本、《大典》本、《注笺》本、《注释》本等改。左阳溪：今马家河上游溪谷。 [3]岐州城：在今陕西省凤翔县糜杆桥镇肖史宫村。 [4]刺史：官名。元封五年（前106）汉武帝始置，将当时的西汉疆域分为十三部（州），每部置刺史，汉成帝时改刺史为州牧，东汉初年复称刺史。初为监察区域，东汉末年成为郡国之上的一级行政区划。三国至南北朝时各州多置刺史。治：治所，这里指州一级地方政府所在地。

雍水又与东水合^[1]，俗名也。北出河桃谷^[2]，南流，右会南源，世谓之返眼泉^[3]。乱流南迳岐州城东，而南合雍水，州居二水之中，南则两川之交会也。世亦名之为淬空水。

[注释]

[1] 东水：今蟠桃河—纸坊河。　[2] 河桃谷：今蟠桃河上游溪谷。　[3] 返眼泉：今响泉沟。

东流，邓公泉注之 [1]，水出邓艾祠北 [2]，故名曰邓公泉。数源俱发于雍县故城南，县故秦德公所居也 [3]。《晋书·地道记》以为西虢地也 [4]。《汉书·地理志》以为西虢县 [5]。《太康地记》曰 [6]：虢叔之国矣 [7]。有虢宫。平王东迁 [8]，叔自此之上阳 [9]，为南虢矣。

参见《汉书》卷二八《地理志》右扶风虢县条与弘农郡陕县条。

周平王东迁之事参见《史记·周本纪》。

[注释]

[1] 邓公泉：今袁家河。　[2] 邓艾祠：当在今陕西省凤翔县柳林镇河湾村附近。邓艾，字士载，三国时义阳棘阳县（今河南省南阳市南）人，魏国镇西将军。　[3] 秦德公：春秋时期秦国国君，秦武公之弟。即位后迁都于雍，所以郦道元说雍县是以前秦德公居住之地。　[4]《晋书·地道记》：东晋王隐撰《晋书》中的一志，专记地理方面的内容。卷数不详，今已亡佚，有清人毕沅辑本。《水经注》在引用时，又称"王隐《地道记》""《地道记》"等。西虢（guó）：国名，开国君主为周文王弟弟，后为秦国所灭。　[5] 西虢县：秦武公灭西虢（前 687）后置，治今陕西省宝鸡市西。　[6]《太康地记》：又称"《太康三年地志》""《晋太康地记》""《地记》"等，撰者与卷数不详，原书今已亡佚。太康，晋武帝司马炎年号（280—289）。　[7] 虢叔：周文王弟，受封于虢，故称"虢叔"。　[8] 平王东迁：前 771 年，周幽王被杀，诸

侯拥立其子宜臼，即周平王。次年，周平王由鄷（即"镐"）（hào）京迁都洛阳（今河南省洛阳市王城公园附近）。后世史学家以此事件作为"东周"的开始。 [9]上阳：在今河南省三门峡市南李家窑附近。郦道元认为这里就是南虢的都城，亦即南虢是由西虢东迁而来的。

参见《汉书》卷二八《地理志》右扶风雍县条。

参见《史记》卷二八《封禅书》与《汉书》卷二五《郊祀志》。

雍有五畤祠[1]，以上祠祀五帝。昔秦文公田于汧、渭之间，梦黄蛇自天属地[2]，其口止于鄜衍[3]，以为上帝之神，于是作鄜畤祠白帝焉[4]。秦宣公作密畤于渭南[5]，祀青帝焉。灵公又于吴阳作上畤[6]，祀炎帝焉[7]。献公作畦畤[8]，祠赤帝焉[9]。汉高帝问曰[10]：天有五帝，今四何也？博士莫知其故。帝曰：我知之矣，待我而五。遂立北畤，祀黑帝焉。应劭曰：四面积高曰雍。阚骃曰：宜为神明之隩[11]，故立群祠焉。

[注释]

[1]畤（zhì）：古代祭祀天地、五帝的固定场所。 [2]"梦黄蛇自天属地"：此句殿本原作"梦黄蛇自天下属地"，今据其他本改。属（zhǔ）：接连，连缀。 [3]鄜（fū）：鄜县，汉属左冯翊，治今陕西省洛川县东南。衍：山坡。 [4]"于是作鄜畤祠白帝焉"：此句殿本原作"于是作鄜畤祀白帝焉"，今据残宋本、《大典》本、《注笺》本、《注释》本等改。 [5]秦宣公：春秋时期秦国国君，秦德公长子，在位12年。渭南：指渭水以南。 [6]灵公：秦灵公，

战国时秦国国君，在位 10 年。吴阳：春秋战国时期的秦邑，在今陕西省陇县西南。　[7]"祀炎帝焉"：此句殿本原作"祀黄帝作下畤祀炎帝焉"，今据残宋本、《大典》本、《注笺》本、《注释》本等改。　[8]献公：秦献公，战国时秦国国君，秦灵公之子，即位后迁都栎阳，在位 23 年。　[9]"祠赤帝焉"：此句殿本原作"于栎阳而祀白帝"，今据黄本、吴本、《注笺》本改。　[10]汉高帝：即汉高祖，西汉开国皇帝，姓刘，名邦，字季，沛县（今江苏省沛县）人，在位 12 年。　[11]隩（ào）：同"墺"，指居住之地。

又有凤台、凤女祠[1]。秦穆公时，有箫史者，善吹箫，能致白鹄、孔雀[2]，穆公女弄玉好之[3]，公为作凤台以居之。积数十年，一旦随风去，云雍宫世有箫管之声焉。今台倾祠毁，不复然矣。

参见刘向《列仙传》卷上《萧史》。

[注释]

[1] 凤台、凤女祠：可能在今陕西省凤翔县城关镇纸坊村东南。　[2] 致白鹄（hú）：招来白天鹅。　[3] 穆公女弄玉好（hào）之：指传说中的秦穆公女儿弄玉喜欢善吹箫的箫史。

邓泉东流注于雍[1]。自下虽会他津[2]，犹得通称。故《禹贡》有雍、沮会同之文矣。

[注释]

[1] 雍：指雍水。　[2]"自下虽会他津"二句：从字面意思上看，本句指雍水自邓泉汇入以后，虽然还会和其他河流相汇流，但仍

然以"雍水"为通名。此段中"自下虽会他津，犹得通称。故《禹贡》有雍、沮会同之文矣"数句可能是后人整理《水经注》时羼入的句子。按《禹贡》的记载，雍、沮在兖州，从地理方位上看，与此处的雍水并无牵涉。而且，《水经注》卷二四《瓠子河篇》中也引用到《禹贡》中的这句话，更能证明这里的引证应该不是《水经注》中的原句。

　　雍水又东迳邵亭南 [1]，世谓之树亭川，盖邵、树声相近，误耳。亭，故邵公之采邑也 [2]。京相璠曰：亭在周城南五十里。《后汉·郡国志》曰 [3]：鄠县有邵亭。谓此也。

［注释］

[1] 本段中的"邵"字，殿本原皆作"召"。"召公""邵公"本指同一人，今据残宋本、《大典》本统一改作"邵"字。邵亭：在今陕西省岐山县凤鸣镇温家村附近。　[2] 邵公：即姬奭（shì），又称召公、召伯、召康公、召公奭，是西周宗室。　[3]《后汉·郡国志》：即《续汉书·郡国志》。参见卷六《汾水篇》"司马彪《后汉书·郡国志》"条注释。

徐广之言参见《史记》卷四《周本纪》"（古公）乃与私属遂去豳，度漆、沮"句下裴骃《集解》所引。

　　雍水又东南流与杜水合 [1]，水出杜阳山 [2]。其水南流，谓之杜阳川。东南流，左会漆水 [3]，水出杜阳县之漆溪 [4]，谓之漆渠。故徐广曰：漆水出杜阳之岐山者，是也。漆渠水南流，大峦水

注之 [5]。水出西北大道川 [6]，东南流入漆，即故岐水也。《淮南子》曰：岐水出石桥山，东南流。相如《封禅书》曰：收龟于岐。《汉书音义》曰 [7]：岐，水名也。谓斯水矣。二川并逝，俱为一水，南与杜水合 [8]，俗谓之小横水，亦或名之米流川。

参见《淮南子》卷四《墬形训》。

参见《史记》卷一一七《司马相如传》。

[注释]

[1]"雍水又东南流与杜水合"：此句殿本原作"雍水又东南流与横水合"，今据其他各本改。杜水：今吴家河—川口河—横水河。按，此处郦《注》所言的"漆水"，仅指整条古漆水的源头段。　[2] 杜阳山：今吴家河源一带山地。　[3] 漆水：今涧渠河。　[4] 杜阳县：秦置县，西晋废。西汉属右扶风，治今陕西省麟游县西北。漆溪：今涧渠河上游溪谷。　[5] 大峦水：今曹家河。　[6] 大道川：今曹家河上游河谷川地。　[7]《汉书音义》：书名。唐颜师古注《汉书》时曾引用二十多家《汉书音义》，其中《水经注》中经常可见的有应劭、服虔、苏林、张晏、韦昭、晋灼等。其书今皆已亡佚。　[8]"南与杜水合"：此句殿本原作"南与横水合，自下通得岐水之目"，今据其他各本改。

"居岐之阳"语出《诗经·鲁颂·闷宫》。

盗食穆公马之事详见《史记》卷五《秦本纪》。

《太平御览》卷七八《皇王部》引《帝王世纪》讲述炎帝出生故事较为详细。

迳岐山西 [1]，又屈迳周城南 [2]，城在岐山之阳而近西，所谓居岐之阳也。非直因山致名，亦指水取称矣。又历周原下 [3]，北则中水乡成周聚 [4]，故曰有周也。水北即岐山矣。昔秦盗食穆公马处也。岐水又东迳姜氏城南为姜水 [5]。按《世本》[6]：

炎帝，姜姓。《帝王世纪》曰[7]：炎帝，神农氏，姜姓。母女登，游华阳，感神而生炎帝，长于姜水。

[注释]

[1]岐山：今山名同。颜师古曰：“岐山即在今之岐山县，其山两岐，俗呼为箭括岭。”　[2]周城：在今陕西省岐山县凤鸣镇周公庙附近。　[3]周原：今原名同。　[4]中水乡成周聚：今陕西省岐山县京当镇与扶风县法门镇之间的周原遗址。　[5]姜氏城：在今陕西省岐山县凤鸣镇帖家河村附近。姜水：今横水河下游。　[6]《世本》：又称“世”“世系”，由先秦时期史官所撰，记载从黄帝到春秋时期的“帝王”、诸侯、卿大夫的世系、氏姓，以及“帝王”的都邑、制作、谥法等。原书已亡佚，清代有多种辑本。　[7]《帝王世纪》：皇甫谧撰，专述三皇至汉魏时期的帝王世系、年代及事迹。原书已亡佚，今有辑本。参见前文“皇甫谧”条注释。

《汉书》卷二八《地理志》右扶风杜阳县条载：“杜水南入渭。《诗》曰‘自杜’。莽曰通杜。”

水合而东[1]，会美阳县之中亭川水也[2]。水发杜阳县大岭侧[3]，世谓之赤泥岘[4]，沿波历涧，俗名大横水也，疑即杜水矣。其水东南流，东迳杜阳县故城[5]，东西三百步[6]，南北二百步，世谓之故县川。又故县有杜阳山[7]，山北有杜阳谷[8]，有地穴，北入，亦不知所极，在天柱山南[9]，故县取名焉，亦指是水而摄目矣[10]。即王莽之通杜也。故《地理志》曰：县自杜[11]。

[注释]

[1] "水合而东"：此句殿本原作 "是其地也，东注雍水，雍水又南"，今据残宋本、《大典》本、《注笺》本等改。按，"姜水入雍水" 至 "雍水合中亭川" 还有一段距离，这里的上下文义难以连缀，颇疑其中有脱文。　[2] "会美阳县之中亭川水也"：此句殿本原作 "迳美阳县之中亭川合武水"，今据《注疏》本改。美阳县：秦置，汉属右扶风，治今陕西省武功县西北；北魏时废而后又复置，徙治今陕西省咸阳市杨陵区揉谷镇法禧村。中亭川水，今漆水河，今漆水河上游仍有杜水之名。　[3] 大岭：今页岭（陕西省麟游县招贤镇北一段），此处今有地名 "大岭"。　[4] 岘（xiàn）：小而险峻的山。　[5] 杜阳县故城：今陕西省麟游县招贤镇东杜阳县故城遗址。　[6] "东西三百步，南北二百步"：此十字殿本原在上文 "水发杜阳县大岭侧" 一句之后，今据其他各本改。　[7] "又故县有杜阳山"：此句殿本原作 "又故虢县有杜阳山"，今据《注疏》本改。　[8] 杜阳谷：今陕西省麟游县西花庙河或园子沟河河谷。　[9] 天柱山：即今岐山。　[10] 亦指是水而摄目矣：意思是杜阳县取名乃是由杜水而得名。　[11] "县自杜"：此句殿本原作 "县有杜水"，今据《大典》本、《注笺》本等改。

　　水东[1]，二坑水注之[2]。水有二源，一水出西北渎雠[3]，水二合而东，历五将山[4]，又合乡谷水[5]，水出乡溪[6]，东南流入杜水，谓之乡谷川。

[注释]

[1] "水东"：此二字殿本原作 "杜水又东"，今据《大典》本、《注笺》本等改。　[2] 二坑水：今澄水河。　[3] "一水出西北渎

魋（kuí），水二合而东"：此二句殿本原作"一水出西北，与渎魋水合而东"，今据《注笺》本、《五校》稿本等改。　[4] 五将山：今陕西省麟游县南境山地。　[5] 乡谷水：今武申河。　[6] 乡溪：今武申河上游河谷。

参见《汉书》卷二八《地理志》右扶风好畤县条。

参见《后汉书》卷一九《耿弇传》。

又南，莫水注之[1]，水出好畤县梁山大岭泉[2]，南迳梁山宫西[3]，故《地理志》曰：好畤有梁山宫，秦始皇起。水东有好畤县故城[4]，王莽之好邑也。世祖建武二年[5]，封建威大将军耿弇为侯国[6]。

［注释］

[1] 莫水：今漠西河。　[2] 好畤县：秦置，西汉属右扶风，治今陕西省乾县东，东汉废，西晋复置，至北魏不变。梁山大岭：今永寿梁。　[3] 梁山宫：今陕西省乾县城关镇西梁山宫遗址。　[4] 好畤县故城：在今陕西省乾县大杨镇双新村北。　[5] 世祖：即东汉开国皇帝刘秀，庙号世祖。建武二年：26 年。　[6] 耿弇（yǎn）：字伯昭，东汉扶风茂陵（今陕西省兴平市东北）人，东汉中兴"云台二十八将"之一，任建威大将军，封好畤侯。

又南迳美阳县之中亭川[1]，注雍水，谓之中亭水。又南于美阳县西[2]，永元二年[3]，更封彰侯耿秉为侯国[4]。其水又南流注于渭。

［注释］

[1]中亭川：今陕西省武功县武功镇漆水河沿岸川地。　[2]"又南于美阳县西"：此句殿本原作"雍水又南迳美阳县西"，今据残宋本、《大典》本、黄本改。　[3]"永元二年"：此四字殿本原作"章和二年"，源于《后汉书·耿秉传》记年之误，杨守敬辨之已详，今据其他各本改。永元二年：90年。　[4]耿秉：耿弇之侄，参见前文"耿弇"条注释。

渭水又东迳郿坞南[1]，《汉献帝传》曰：董卓发卒筑郿坞[2]，高与长安城等，积谷为三十年储。自云：事成，雄据天下；不成，守此足以毕老。其愚如此。

董卓筑郿坞之事参见《三国志》卷六《魏书·董卓传》、《后汉纪》卷二六《汉献帝纪》及《后汉书》卷七二《董卓传》。

［注释］

[1]郿坞：在今陕西省眉县常兴镇柳巷村。　[2]董卓：字仲颖，东汉陇西临洮（今甘肃省岷县）人，东汉末年，借入朝增援的机会，挟持汉献帝，把控朝廷。初平元年（190），挟天子迁都长安，纵火焚烧洛阳周围数百里。为囤积金银、粮食，在郿县筑坞。两年后，为王允、吕布所杀。

渭水又东，洛谷之水出其南山洛谷[1]，北流迳长城西[2]，魏甘露三年[3]，蜀遣姜维出洛谷[4]，围长城，即斯地也。

姜维围长城之事参见《三国志》卷四四《蜀书·姜维传》。

［注释］

[1] 洛谷之水：今西骆峪河。洛谷：即西骆峪。　[2] 长城：在今陕西省周至县马召镇西北。　[3] 魏甘露三年：258 年。　[4] 姜维：字伯约，三国时期天水冀县（今甘肃省甘谷县）人，蜀国名将。

又东，芒水从南来流注之 [1]。

芒水出南山芒谷 [2]，北流迳玉女房 [3]，水侧山际有石室，世谓之玉女房。芒水又北迳盩厔县之竹圃中 [4]，分为二水。汉冲帝诏曰 [5]：翟义作乱于东 [6]，霍鸿负倚盩厔芒竹 [7]。即此也。其水分为二流，一水之东北为枝 [8]，一水北流注于渭也。

参见《汉书》卷八四《翟义传》。

［注释］

[1] 芒水：今黑河。　[2] 芒谷：今黑河峪。　[3] 玉女房：今陕西省周至县马召镇仙游寺东玉女洞。　[4] 盩厔县：西汉置，属右扶风，治今陕西省周至县东终南镇，东汉废，西晋复置，至北魏不变。竹圃：大型竹园，其地域范围以今陕西省周至县司竹镇为中心，东至田峪河一带，西至西骆峪河畔，南至楼观镇附近，北至渭河沿岸。　[5] 汉冲帝：指孺子婴，汉宣帝玄孙。汉平帝死后王莽称"摄皇帝"，迎立孺子婴为皇太子。新朝建立后，降为定安公。郦《注》此处的"汉冲帝"并非谥号，只是对孺子婴年龄幼冲的形容，与东汉第九位皇帝汉冲帝刘炳无涉。　[6] 翟义作乱于东：指汉平帝死后，王莽摄政，翟义联结东郡都尉举兵讨伐王莽，立严乡侯刘信为帝，自称大司马、柱天大将军，后兵败。翟义，字文仲，西汉末上蔡（今河南省上蔡县西南）人，西汉大

臣。　[7]霍鸿负倚蓥屋芒竹：指槐里人霍鸿等人起兵响应翟义，依凭蓥屋的大片竹林来进行防守。　[8]"一水之东北为枝"：此句殿本原作"一水东北为枝流"，今据残宋本、《大典》本改。

[点评]

在这一卷之中，郦《注》针对两条《水经》渭水（渭水水系斜水—芒水段示意图见图5）的文字进行了解说。文中首先据今已亡佚的诸葛亮《与步骘书》谈及了他借斜水的地理形势在五丈原布阵以应对司马懿大军的策略，从中可看出诸葛亮对作战区域地形的熟悉及其在军事行动中的合理运用；其次述及了渭水流经的太白祠、姜嫄祠、邓艾祠等与民间信仰有关的人文景观；最后，郦道元用较多的文字谈论了秦雍地所修建的五畤祠及秦人的一些祭祀观念。另外，在此卷中还顺带记载了有关郿县令王少林审冤案与秦穆公为其女与箫史筑凤台的传说。综上所述，可以看出郦《注》在借水道流路注释自然地理景观的同时，对人为的景观、民间信仰、民间传说等诸多方面也都颇为关注，大大丰富了《水经》原本概略的信息。

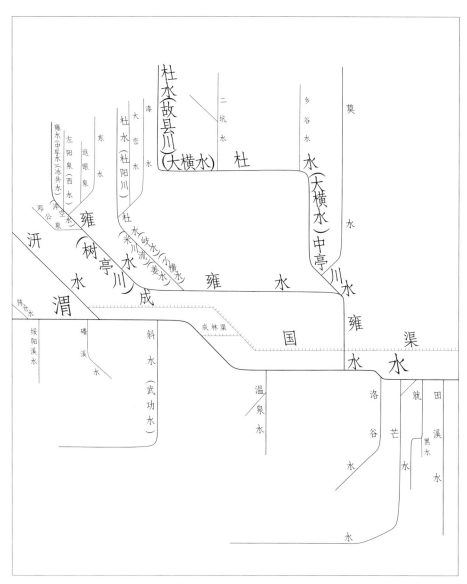

图 5　渭水水系示意分图四（斜水—芒水段）

卷十九

渭水下^[1]

又东过槐里县南^[2]，又东，涝水从南来注之^[3]。

渭水迳县之故城南^[4]，《汉书集注》，李奇谓之小槐里，县之西城也。又东与芒水枝流合^[5]，水受芒水于竹圃，东北流，又屈而北入渭^[6]。渭水又东北迳黄山宫南^[7]，即《地理志》所云，县有黄山宫，惠帝二年起者也^[8]。《东方朔传》曰^[9]：武帝微行^[10]，西至黄山宫，故世谓之游城，

根据《水经注》的体例，赵一清在《水经注释》中于此卷后又辑补了"洛水""泾水""丰水""沔水"等四篇的佚文。此外，至明代以前，《水经注》在流传过程中发生的错简现象，在本卷中也十分典型与突出，竟达十多处。从明万历年间的吴琯、朱谋㙔，到清初的胡渭、王峻，再到雍正、乾隆年间的沈炳巽、全祖望、赵一清、戴震等，都在梳理错简问题上下了极大的功夫。今天我们能读到正确反映渭水沿路山川、湖泊、城邑等内容的《水经注》文本，与这些学者所打下的坚实基础密不可分。

非也^[11]。

[**注释**]

[1] 本卷所叙述的渭水河段起自槐里县（今陕西省兴平市），至渭水入河水止。　[2] 槐里县：原为秦所置废丘县，西汉改槐里县，属右扶风，治今陕西省兴平市东南，东汉废，西晋复置，至北魏不变。　[3] 涝水：今涝峪河。　[4] 县之故城：在今陕西省兴平市桑镇祝原北庄附近。按，此处所指"故城"，即下文"县之西城"，而与下文"槐里县故城"有别。　[5] 芒水枝流：今已无对应河道。　[6]"又屈而北入渭"：此句殿本原作"又屈而北入于渭"，今据残宋本、《大典》本、《注疏》本改。　[7] 黄山宫：在今陕西省兴平市汤坊镇附近。　[8] 惠帝二年：前193年。　[9] 东方朔：字曼倩，平原厌次（今山东德州市陵城区东北，一说今山东省惠民县东）人，西汉文学家。　[10] 微行：微服出行。　[11]"非也"：此二字殿本原作"也"，今据残宋本、《大典》本、《注笺》本改。

就水注之^[1]，水出南山就谷^[2]，北迳大陵西^[3]，世谓之老子陵。昔李耳为周柱下史^[4]，以世衰入戎^[5]，于此有冢，事非经证。然庄周著书云^[6]：老聃死，秦失吊之，三号而出。是非不死之言。人禀五行之精气^[7]，阴阳有终变，亦无不化之理。以是推之，或复如传，古人许以传疑，故两存耳。

庄子所言参见《庄子·内篇·养生主》。

[注释]

[1] 就水：今峗（jiù）峪河。　 [2] 南山就谷：今峗峪。　 [3] 大陵：今陕西省周至县司竹镇高家凹村老子墓。　 [4]“昔李耳为周柱下史”：此句殿本原作“昔李耳为周柱史”，今据沈本、《注释》本、《注疏》本改。柱下史：周代官名，参见前文“柱下史”条注释。李耳，即老子，参见前文“李耳”条注释。　 [5] 以世衰入戎：因为世道衰落，出走去了戎族地区。　 [6] 庄周：即庄子，战国时期宋国蒙（今河南省商丘市东北）人。其思想继承和发展了老子“道法自然”的观点，对后世影响很大。著作有《庄子》。　 [7]“人禀五行之精气”三句：是说人所秉承的是五行的精气，阴、阳有着最终的变化，也就没有不死的道理。

就水历竹圃，北与黑水合 [1]，水上承三泉 [2]，就水之右，三泉奇发，言归一渎，北流左注就水，就水又北流注于渭。

[注释]

[1] 黑水：今已无河道对应。　 [2] 三泉：今塔峪沟、东观峪、闻仙沟。

渭水又东合田溪水 [1]，水出南山田谷 [2]，北流迳长杨宫西 [3]，又北迳盩厔县故城西 [4]。又东北与一水合 [5]，水上承盩厔南南泉 [6]，北迳其县东，又北迳思乡城西 [7]，又北注田溪。田溪水又北流注于渭水也。

［注释］

[1] 田溪水：今田峪河。　[2] 田谷：今田峪。　[3] 长杨宫：在今陕西省周至县终南镇竹园头村附近。　[4] 盩厔县故城：今陕西省周至县终南镇西南终南遗址。　[5] 一水：今无对应河流。　[6] "水上承盩厔南南泉"：此句殿本原作"水上承盩厔县南源"，今据残宋本、《大典》本、《注笺》本改。　[7] 思乡城：今陕西省周至县尚村镇东寺章村附近。

县北有蒙茏渠[1]，上承渭水于郿县，东迳武功县为成林渠，东迳县北，亦曰灵轵渠，《河渠书》以为引堵水。徐广曰：一作诸川，是也。

［注释］

[1] 县北：指槐里县之北。蒙茏渠：即成国渠。参见后文"成国故渠"条注释。

参见《汉书》卷二八《地理志》右扶风槐里县条。

皇甫嵩封为槐里侯之事参见《后汉书》卷七一《皇甫嵩传》。

渭水又东迳槐里县故城南[1]，县，古犬丘邑也，周懿王都之[2]，秦以为废丘，亦曰舒丘。中平元年[3]，灵帝封左中郎将皇甫嵩为侯国[4]。县南对渭水，北背通渠。

[注释]

[1] 槐里县故城：今陕西省兴平市阜寨镇南佐村东之西周至秦汉时期遗址。　[2] 周懿王：西周君主，周共王之子，姬姓，名囏（jiān），西周君主，在位 25 年（一说 8 年）。由于国势衰落，西戎侵入，周懿王将都城从鄗京迁往犬丘（槐里）。　[3] 中平元年：184 年。中平，汉灵帝年号（184—189）。　[4] 灵帝：即汉灵帝，刘宏，东汉皇帝，在位 22 年。皇甫嵩：字义真，安定朝那（今甘肃省平凉市西北）人，东汉将领。

《史记·秦本纪》云：秦武王三年[1]，渭水赤三日[2]；秦昭王三十四年[3]，渭水又大赤三日。《洪范五行传》云[4]：赤者，火色也；水尽赤[5]，以火沴水也；渭水，秦大川也；阴阳乱，秦用严刑，败乱之象。后项羽入秦[6]，封司马欣为塞王[7]，都栎阳[8]；董翳为翟王[9]，都高奴[10]；章邯为雍王[11]，居槐里[12]，为三秦[13]。汉祖北定三秦[14]，引水灌城，遂灭章邯。三年[15]，改曰槐里，王莽更名槐治也，世谓之为大槐里。晋太康中，始平郡治也。其城递带防陆[16]，旧渠尚存，即《汉书》所谓槐里环堤者也。

今本《史记》卷五《秦本纪》缺"秦昭王三十四年，渭水又大赤三日"的记载，而《汉书》卷二七《五行志》引《史记》所载较全。

《洪范五行传》所云内容可参见《汉书》卷二七《五行志》。

"汉祖北定三秦""三年改曰槐里"之事参见《史记》卷八《高祖本纪》《汉书》卷一《高帝纪》及《汉书》卷二八《地理志》右扶风槐里县条。

"槐里环堤"参见《汉书》卷八四《翟方进传》。

[注释]

[1] 秦武王三年：前 308 年。　[2] 渭水赤三日：指渭水发红，

为期三天。　[3]秦昭王三十四年：前273年。　[4]《洪范五行传》：即《洪范五行传论》，是对《尚书》中的《洪范》篇所作的诠释，著者刘向，西汉人，参见前文"刘向"条注释。　[5]"水尽赤"二句：是说水色全红，是因为火克水。沴（lì），本义为水流不畅，又指因气不和生的灾害，引申为相克、相害。　[6]项羽入秦：指前206年，项羽击败秦军主力后进入关中。项羽，秦末起义军领袖，名籍，字羽，下相（今江苏宿迁市西南）人，楚将项燕之后。从叔父项梁起事，在巨鹿之战中摧毁章邯所率秦军主力。秦亡之后，项羽自立为西楚霸王，分封诸侯王，其中刘邦被封为汉王。此后的楚汉战争中，为刘邦所击败，最后从垓下（今安徽固镇东北，沱河南岸）突围到乌江（今安徽和县东北），自刎而亡。　[7]司马欣：秦将章邯的长史。秦亡后随章邯投降项羽，楚汉战争时投降刘邦，此后又反。　[8]栎阳：县名，秦置，西汉属左冯翊，治今陕西省西安市阎良区武屯镇古城。　[9]董翳（yì）：秦将。秦亡后，投降项羽，章邯死后又投降汉军。　[10]高奴：县名，秦置，西汉属上郡，治今陕西省延安市北。　[11]章邯：秦将。陈胜、吴广起义后，章邯率军抗击，后在巨鹿之战中败于项羽，遂投降。项羽自立为王后，封章邯为雍王。翌年，楚汉战争中被刘邦军队围困于废丘（槐里），兵败后自杀。　[12]"居槐里"：此三字殿本原作"都废丘"，今据残宋本、《大典》本、朱藏明钞本改。　[13]三秦：项羽将关中的主要区域分封给章邯、司马欣、董翳三名投降的秦将，遂以"三秦"代指关中地区。　[14]汉祖：即汉高祖刘邦，参见前文"汉高帝"条注释。　[15]三年：即刘邦受封汉王后第三年（前204）。　[16]递带：指环绕的长堤。

东有漏水[1]，出南山赤谷[2]，东北流迳长杨宫东，宫有长杨树，因以为名。漏水又北历苇圃西[3]，亦谓之仙泽。又北迳望仙宫[4]。

[注释]

[1] 漏水：今赤峪河—大耿峪河。　[2] 赤谷：今赤峪。　[3] 苇圃：在今陕西省周至县尚村镇王屯村附近。　[4] 望仙宫：在今陕西省周至县集贤镇竹园头村附近。

又东北，耿谷水注之[1]，水发南山耿谷[2]，北流与柳泉合[3]。东北迳五柞宫[4]，长杨、五柞二宫，相去八里，并以树名宫，亦犹陶氏以五柳立称[5]。故张晏曰：宫有五柞树，在盩厔县矣[6]。其水北迳仙泽东北[7]，又迳望仙宫东，又北与赤水会[8]，又北迳思乡城东，又北注渭水。

陶渊明《五柳先生传》："先生不知何许人也，亦不详其姓字。宅边有五柳树，因以为号焉。"参见《陶渊明集》卷六。

[注释]

[1] 耿谷水：今大耿峪河。　[2] 耿谷：今耿峪。　[3] 柳泉：今柳泉沟。　[4]"东北迳五柞（zuò）宫"，此句殿本原作"东北迳五柞宫西"，其中"西"字衍，今删。五柞宫：在今陕西省周至县集贤镇集贤东村一带。　[5] 犹陶氏以五柳立称：指长杨宫、五柞宫的命名方法，就像陶渊明以五棵柳树来称呼自己笔下之人为"五柳先生"一样。　[6]"在盩厔县矣"：此句殿本原作"在盩厔

县西"，按，五柞宫在盩厔县东南，不得在西，今据《大典》本改。　[7]"其水北迳仙泽东北，又迳望仙宫东"：此二句殿本原作"其水北迳仙泽东，又北迳望仙宫东"，即"北""又"二字互换顺序，今据残宋本、《大典》本、《注笺》本、《注释》本改。　[8]赤水：即郦《注》前文"漏水"，漏水源出南山赤谷，因此亦有"赤水"之名。

渭水又东合甘水 [1]，水出南山甘谷 [2]，北迳秦文王萯阳宫西 [3]，又北迳五柞宫东。又北迳甘亭西 [4]，在水东鄠县 [5]。昔夏启伐有扈 [6]，作誓于是亭 [7]。故马融曰 [8]：甘，有扈南郊地名也。

夏启伐有扈之事参见《史记》卷二《夏本纪》。

[注释]

[1]甘水：今甘峪河。　[2]南山：今首阳山。甘谷：今甘峪。　[3]萯（fù）阳宫：在今陕西省西安市鄠邑区蒋村街道曹村、富村窑一带。　[4]甘亭：在今陕西省西安市鄠邑区甘河街道甘水坊村附近。　[5]鄠（hù）县：汉属右扶风，治今陕西省西安市鄠邑区。　[6]夏启：夏代国君启，姓姒，禹之子。有扈（hù）：即有扈氏，夏代部落名，姒姓。禹曾想禅让给东夷的伯益，禹死后，启自继为王，杀伯益，有扈氏不服，最终也被启所灭。　[7]作誓：指启攻有扈氏之前，作《甘誓》，其文收入《尚书·甘誓》。　[8]马融：字季长，右扶风茂陵（今陕西省兴平市东北）人，东汉经学家、文学家，遍注群经，生徒千人，郑玄、卢植都是其门生。其所注各书今已亡佚，明人辑有《马季长集》存世。

甘水又东得涝水口[1]，水出南山涝谷[2]，北迳汉宜春观东[3]，又北迳鄠县故城西[4]。涝水际城北出，合美陂水[5]。水出宜春观北，东北流注涝水。

[注释]

[1]涝水口：涝水入甘水之口，在今陕西省西安市鄠邑区涝店街道附近。　[2]涝谷：今涝峪。　[3]宜春观：在今西安市鄠邑区甘亭街道丈八寺村附近。　[4]鄠县故城：在今陕西省西安市鄠邑区北。　[5]美陂水：今锦绣沟。

涝水北注甘水，而乱流入于渭。即上林故地也[1]。《东方朔传》称[2]：武帝建元中微行[3]，北至池阳[4]，西至黄山[5]，南猎长杨[6]，东游宜春[7]。夜漏十刻[8]，乃出，与侍中、常侍、武骑、待诏及陇西、北地良家子能骑射者[9]，期诸殿门[10]，故有期门之号。旦明[11]，入山下，驰射鹿、豕、狐、兔，手格熊罴[12]，上大欢乐之[13]。上乃使大中大夫虞丘寿王与待诏能用算者[14]，举籍阿城以南[15]，盩厔以东，宜春以西，提封顷亩，及其贾直，属之南山[16]，以为上林苑。东方朔谏，秦起阿房而天下乱[17]，因陈《泰阶六符》

参见《汉书》卷六五《东方朔传》。

参见《史记》卷一一七《司马相如列传》、《汉书》卷五七《司马相如传》。

之事[18]。上乃拜大中大夫、给事中，赐黄金百斤。卒起上林苑[19]。故相如请为天子游猎之赋[20]，称乌有先生、亡是公而奏《上林》也。

[注释]

[1] 上林故地：即上林苑，秦都咸阳时所置宫苑，前殿即阿（ē）房（páng）宫。汉初荒废，汉武帝时扩充至方圆二百多里，苑内放养禽兽，建有离宫、观、馆等数十处，司马相如在《上林赋》中对其奢侈之状有所描述。故址在今陕西西安市西。　[2] “《东方朔传》称”：此句殿本本无“传”字，今据《注疏》本补。　[3] 微行：微服出行。　[4] 池阳：即池阳宫，遗址在今陕西省三原县嵯峨乡天齐原上。　[5] 黄山：即黄山宫，参见前文“黄山宫”条注释。　[6] 长杨：即长杨宫，参见前文“长杨宫”条注释。[7] 宜春：即宜春宫，在今陕西省西安市城区东南的曲江附近。　[8] 夜漏十刻：指夜晚过了十刻以后。漏，是古代滴水计时的器具，上有刻度以示时间。　[9] 侍中、常侍、武骑、待诏：西汉官职名。陇西、北地良家子能骑射者：来自陇西、北地两郡且属于“良家子”这个阶层中善于骑射的人。　[10] “期诸殿门”：此句殿本原作“期诸殿下”，今据残宋本、《大典》本、朱藏明钞本改。期诸殿门：约好在殿门处碰头。诸，之于。　[11] 旦明：次日天明。　[12] 手格熊罴：徒手与熊罴格斗。罴：体型巨大的熊。　[13] 上大欢乐之：指武帝十分喜欢这种微服出游的射猎。　[14] 能用算者：指懂得算术的人。　[15] “举籍阿城以南”五句：是说将阿城以南、盩厔以东、宜春以西地区的户籍编册，总计其中的土地亩数及其折算的价值。贾（jiǎ）直，即价值。　[16] 属之南山：指让上林苑之地与南山相连。　[17] 阿房：即阿房宫，秦代宫殿建筑，其前殿

筑于秦始皇三十五年（前212），整体规模宏大，至秦亡时犹未完工。遗址在今陕西省西安市阿房村。　[18]《泰阶六符》：即《黄帝泰阶六符经》，以星象比喻人间政事的著作。泰阶，星名，分上台、中台、下台，每台二星，共六星，两两并排而上，如阶梯状，故名。符，指符验。　[19] 卒：终于。　[20] 相如：指司马相如，字长卿，蜀郡成都（今四川省成都市）人，西汉辞赋家。作《子虚赋》为汉武帝赏识，又作《上林赋》，以"乌有先生""亡是公"为假托人物，描写帝王狩猎场景，并因此被武帝起用为郎。其文集已亡佚，明人辑有《司马文园集》存世。

[点评]

这一部分郦《注》主要围绕渭水流经的汉槐里县故城、盩厔县故城及鄠县故城的周边展开论述。这一区域属汉三辅地区的右扶风，在都城长安的西部。在这一带有不少自然与人文景观，郦《注》自然要多着些笔墨。

在此部分开头，郦道元首先提及了老子陵，并进而就老子生平和故迹做出了自己的判断。老子"以世衰入戎"，西出散关（在郦《注》前文"散关"处已经提到），而此地在散关之东，所以郦道元提出"于此有冢，事非经证"的疑问。同时，他又引庄周的话，说明历史上确有老子过世、秦失前往悼念的记载。既然老子不是"不死"的，那么留下墓冢也是很正常的事情。最后，郦道元以当时所流行的观点（"人禀五行之精气"）来阐述自己的看法——阴阳的变化最终会停止而人也没有不死的道理（"阴阳有终变，亦无不化之理"），这样理解下，或许老子正是如传言所说，死后葬在了这里，既然古人容许存疑，所以他也将两种不同的说法（指老子出关而不知所终与老子陵这两件事）都记录了下来（"故两存耳"）。

其次，这一部分还对渭水沿途与之沟通的一些人工渠道进行了描述，如蒙茏渠、成林渠（灵轵渠）。历史上，关中平原由于地形与河流的优势，诸如此类的渠道开凿了不少，这些渠道利用渭水而形成了灌溉运河，为当地的农业生产提供了发展便利。

除上述内容外，郦《注》对汉上林苑故地所在的黄山宫（槐里故城西）、长杨宫、望仙宫（鳌屋故城与漏水附近）、五柞宫（耿谷水）以及宜春观（鄠县故城南与涝水附近）等建筑群也进行了描述。"苑"是古代帝王游玩、打猎的风景园林场所。汉代的上林苑在中国历史上颇负盛名，它占地广大，宫殿棋布，河流纵横，林木繁茂，各类禽兽孕育其间，是帝王理想的狩猎场所。司马相如在其所撰的《上林赋》里将上林苑的秀丽景色施以文学描绘，更留给后人无限的遐想。

又东，丰水从南来注之 [1]。

《地说》云 [2]：渭水又东与丰水会于短阴山内 [3]，水会无他高山异峦，所有惟原阜石激而已。水上旧有便门桥 [4]，与便门对直 [5]，武帝建元三年造 [6]。张昌曰：桥在长安西北，茂陵东 [7]。如淳曰：去长安四十里。渭水又迳太公庙北[8]，庙前有《太公碑》，文字褫缺[9]，今无可寻。

[注释]

[1] 丰水：今沣峪河—沣河—沙河。　[2]"《地说》云"：此三字之前殿本原有"丰水出丰溪，西北流分为二水：一水东北流为枝津，一水西北流，又北，交水自东入焉，又北，昆明池水注之，又北迳灵台西，又北至石墩注于渭"五十五字，今据其他各本删。　[3] 短阴山：即短阴原，今陕西省咸阳市秦都区钓台街道文王嘴。　[4] 便门桥：即西渭桥，其遗址在今陕西省咸阳市秦都区钓台街道文王嘴附近。　[5] 便门：即长安城西门。　[6] 建元三年：前138年。　[7] 茂陵：西汉五陵县之一，汉武帝建元二年（前139）在槐里茂乡筑茂陵，迁户置县，治今陕西省兴平市东北，武帝死后葬于此。　[8] 太公庙：在今陕西省咸阳市秦都区钓台街道钓鱼台村。太公，即姜太公吕望，曾钓于渭水之滨的磻溪，后人为之立庙建碑。　[9] 褫（chǐ）缺：毁坏残缺。

渭水又东北与鄗水合[1]，水上承鄗池于昆明池北[2]，周武王之所都也。故《诗》云：考卜维王，宅是鄗京[3]，维龟正之，武王成之。自汉武帝穿昆明池于是地，基构沦褫[4]，今无可究。

参见《诗·大雅·文王有声》。

[注释]

[1] 鄗水：今漆渠河。　[2] 鄗池：今陕西省西安市长安区鄗池

遗址，范围约东至南丰村西、村北与丰镐村南一线，南至南丰村西，北至丰镐村南与落水村之间，西至落水村东部。昆明池：今陕西省西安市长安区昆明池遗址，范围约东至西安市长安区斗门街道孟家寨，南至细柳街道石匣口村，西至斗门街道，北至北丰镐村、上泉北村一带。　[3] 鄗京：今陕西省西安市长安区镐京遗址，大约在斗门街道至落水村之间。　[4] 沦褫：消失。

参见郦《注》下文"江神返璧"故事。

《春秋后传》曰 [1]：使者郑容入柏谷关，至平舒置，见华山有素车白马，问郑容安之？答曰：之咸阳。车上人曰：吾华山君使，愿讬书致鄗池君，子之咸阳，过鄗池，见大梓下有文石 [2]，取以款梓 [3]，当有应者，以书与之，勿妄发，致之得所欲。郑容行至鄗池，见一梓下果有文石，取以款梓，应曰：诺。郑容如睡，觉而见宫阙，若王者之居焉。谒者出，受书，入。有顷，闻语声言：祖龙死。神道茫昧 [4]，理难辨测，故无以精其幽致矣 [5]。

[**注释**]

[1]《春秋后传》：西晋乐资撰，记载战国至秦末史事，原书今已亡佚，清人辑有《春秋后传》，收入王谟辑《汉魏遗书钞》。 [2] 梓：梓树，其木适用于雕刻。 [3]"取以款梓"：此句殿本原作"取以款列梓"，今据《注疏》本改。下文"取以款梓"之"款梓"同。

款梓：款，敲击，叩。　[4]茫昧：模糊不清的样子。　[5]无以精
其幽致：指难以完全知晓天理的奥秘。

鄗水又北流，西北注与滮池合[1]，水出鄗池
西，而北流入于鄗。《毛诗》云[2]：滮，流浪也。
而世传以为水名矣。郑玄曰：丰、鄗之间，水北
流也。鄗水北迳清灵台西[3]，又迳磁石门西[4]，
门在阿房前，悉以磁石为之，故专其目[5]。令四
夷朝者[6]，有隐甲怀刃入门而胁之以示神，故
亦曰却胡门也。鄗水又北注于渭。渭水北有杜
邮亭[7]，去咸阳十七里，今名孝里亭，中有白起
祠[8]。嗟乎！有制胜之功[9]，惭尹商之仁，是地
即其伏剑处也。

参见《诗·小
雅·白华》毛《传》。

《史记》卷
七三《白起王翦列
传》："（白起）出
咸阳西门十里，至
杜邮。"

[**注释**]
　[1]滮（biāo）池：今陕西省西安市长安区斗门街道下泉村西
一带。　[2]《毛诗》：指《诗》学中的古文学派，相传为西汉毛亨
和毛苌（cháng）所传，《汉书·艺文志》著录有《毛诗》《毛诗
故训传》。东汉时，郑玄治《毛诗》，为之作《笺》，魏晋以后，《毛
诗》尤为盛行。　[3]"鄗水北迳清灵台西"：此句殿本原作"鄗水
北迳清泠台西"，今据《五校》稿本改。清灵台：其地望在今陕西
省西安市未央区三桥街道后围寨村北。　[4]磁石门：在今陕西省
西安市未央区三桥街道后围寨村附近。　[5]故专其目：指该门因

此以磁石为名。专，有主持、管理的意思。目，即名目。　[6]"令四夷朝者"二句：是说四方来朝的人中如有想偷藏利刃进门的，（此磁石门）就会使他们感到来自神灵的威慑（意思就是说阿房宫门上的磁石就会把那些人暗藏的利刃给吸出来而无法带入）。　[7]杜邮亭：在今陕西省咸阳市渭城区渭阳街道任家嘴村东。　[8]白起祠：在今陕西省咸阳市渭城区渭阳街道任家嘴村附近。白起，又称"公孙起"，郿（今陕西省眉县东）人，战国时秦将。长平之战中，大败赵军。　[9]"有制胜之功"三句：是说白起有克敌制胜的本领，却愧无商朝伊尹那样的仁心，这里就是他拔剑自刎的地方啊。

《汉书》卷一《高帝纪》"高祖常繇咸阳"句下颜师古注引文颖曰："咸阳，今渭北渭城是也。"

周太史儋见秦献公事参见《史记》卷四《周本纪》、卷五《秦本纪》等。

秦孝公作咸阳之事参见《史记》卷五《秦本纪》、卷六八《商君列传》。

渭水又东北迳渭城南[1]，文颖以为故咸阳矣。秦孝公之所居离宫也。献公都栎阳，天雨金，周太史儋见献公曰：周故与秦国合而别，别五百岁复合，合七十岁而霸王出。至孝公作咸阳、筑冀阙而徙都之。故《西京赋》曰[2]：秦里其朔[3]，实为咸阳。太史公曰：长安，故咸阳也。汉高帝更名新城，武帝元鼎三年[4]，别为渭城，在长安西北渭水之阳，王莽之京城也。始隶扶风，后并长安。

[注释]

[1]渭城：今陕西省咸阳市渭城区渭城街道渭城遗址。　[2]《西

京赋》：东汉张衡撰，与《东京赋》并称《二京赋》。西京，即长安，因西汉都长安，而东汉时迁都雒（洛）（luò）阳，因称雒阳为"东京"，长安为"西京"。郦《注》对长安城描述非常具体，详见下文。　[3]秦里其朔：即秦国地域在北方。朔，即北方。　[4]元鼎三年：前114年。

而沄水注之[1]，水上承皇子陂于樊川[2]，其地即杜之樊乡也。汉祖至栎阳，以将军樊哙灌废丘[3]，最，赐邑于此乡也。其水西北流迳杜县之杜京西[4]，西北流迳杜伯冢南[5]。杜伯与其友左儒仕宣王，儒无罪见害，杜伯死之，终能报恨于宣王。故成公子安五言诗曰：谁谓鬼无知，杜伯射宣王。沄水又西北迳下杜城[6]，即杜伯国也。

樊哙灌废丘之事参见《史记》卷九五《樊郦滕灌列传》。

杜伯死后化为鬼魂射杀周宣王之事参见《国语》《墨子》。

[注释]

[1]"而沄（jué）水注之"：此句殿本原作"南有沄水注之"，今据《注疏》本改。沄水：今皂河。　[2]皇子陂：在今陕西省西安市长安区韦曲街道东南。樊川：今陕西省西安市长安区王曲街道、太乙宫街道一带川地。　[3]樊哙：沛县（今江苏省沛县）人，早年以屠狗为生，秦末随刘邦起事，为其部将。　[4]杜京：今少陵塬。　[5]杜伯冢：在今陕西省西安市雁塔区杜城街道附近。　[6]下杜城：在今陕西省西安市雁塔区杜城街道。

　　沇水又西北，枝合故渠[1]，渠有二流，上承交水，合于高阳原[2]，而北迳河池陂东[3]，而北注沇水。

[注释]

[1]"枝合故渠"三句：是说此处的故渠上游分成两支，均来自交水。交水，今交河。　[2]高阳原：今西安西南、潏（jué）河以北的高地。　[3]河池陂：在今陕西省西安市长安区郭杜街道河池寨北。

　　沇水又北与昆明故渠会[1]，又北迳秦通天台东[2]，又北迳竭水陂东[3]，又北得陂水，水上承其陂，东北流入于沇水。

[注释]

[1]"沇水又北与昆明故渠会"：此句殿本原作"沇水又北与昆明故池会"，今据郦《注》上下文义改。昆明故渠：今已无对应水道。据郦《注》描述，渠水自昆明池东出，东流入河池陂，又东流入沇水。　[2]"又北迳秦通天台东"：此句殿本原作"又北迳秦通六基东"，今改。按，"六"与"天"、"基"与"台（臺）"形近，故而致讹。通天台：地望在今陕西省西安市未央区三桥街道阿房宫村南上天台遗址。　[3]竭水陂：在今陕西省西安市未央区三桥街道北何村、高家庄附近。

沇水又北迳长安城西，与昆明池水合[1]，水上承池于昆明台[2]，故王仲都所居也。桓谭《新论》称[3]：元帝被病[4]，广求方士。汉中送道士王仲都，诏问所能。对曰：能忍寒暑。乃以隆冬盛寒日，令袒[5]，载驷马，于上林昆明池上，环冰而驰，御者厚衣狐裘寒战，而仲都独无变色，卧于池台上，曛然自若[6]。夏大暑日，使曝坐，环以十炉火，不言热，又身不汗。

[注释]

[1]昆明池水：今无对应水道。　[2]昆明台：在今陕西省西安市长安区斗门街道南丰镐村附近古昆明池东北岸一带。　[3]桓谭：字君山，沛国相（今安徽省濉溪县西北）人，东汉哲学家、经学家，著有《新论》二十九篇，早佚，清人有辑本。　[4]元帝：即汉元帝刘奭（shì），西汉皇帝。被（bèi）病：指疾病缠身。　[5]袒：指脱衣裸身。　[6]曛（xūn）然：自得貌。

池水北迳鄗京东、秦阿房宫西[1]，《史记》曰：秦始皇三十五年[2]，以咸阳人多，先王之宫小，乃作朝宫于渭南，亦曰阿城也。始皇先作前殿阿房，可坐万人，下可建五丈旗。周驰为阁道，自殿直抵南山。表山巅为阙。为复道自阿房度渭，

参见《史记》卷六《秦始皇本纪》。

属之咸阳，象天极阁道绝汉抵营室也。《关中记》曰 [3]：阿房殿在长安西南二十里。殿东西千步，南北三百步，庭中受十万人。

[注释]

[1] 阿房宫：此处指阿房宫前殿，其遗址在今陕西省西安市西郊阿房村。　[2] 秦始皇三十五年：前 212 年。　[3]《关中记》：晋潘岳撰，记载秦汉时期关中的山川形势、宫殿池沼、故事歌谣等内容，原书今已亡佚，清人有辑佚本。

其水又屈而迳其北，东北流注竭水陂。陂水北出，迳汉武帝建章宫东 [1]，于凤阙南 [2]，东注沈水。沈水又北迳凤阙东。《三辅黄图》曰 [3]：建章宫，汉武帝造，周二十余里，千门万户。其东凤阙，高七丈五尺，俗言贞女楼，非也。《汉武帝故事》云 [4]，阙高二十丈。《关中记》曰：建章宫圆阙，临北道，有金凤在阙上，高丈余，故号凤阙也。故繁钦《建章凤阙赋》曰 [5]：秦汉规模，廓然毁泯，惟建章凤阙，岿然独存，虽非象魏之制，亦一代之巨观也。

[注释]

[1] 建章宫：西汉大型宫殿群，汉武帝太初元年（前 104）建于上林苑内，其遗址在今陕西省西安市未央区三桥街道高堡子村、低堡子村附近。郦《注》下文的"凤阙""神明台""井干楼""渐台"等都属于该宫殿建筑群内建筑。　[2] 凤阙：在今陕西省西安市未央区三桥街道南北双凤村东。　[3]《三辅黄图》：又作《西京黄图》，作者不详，成书时代不晚于南北朝，是一部记载秦汉时期都城的古地理书，内容详备。　[4]《汉武帝故事》：又称《汉武故事》，作者不详，记述有关汉武帝的轶闻琐事，原书今已亡佚，有辑本存世。　[5] 繁钦：字休伯，颍川（今河南省禹州市）人，东汉文人，以善写诗赋闻名。

沈水又北，分为二水，一水东北流 [1]，一水北迳神明台东 [2]。《傅子宫室》曰 [3]：上于建章中作神明台、井干楼，咸高五十余丈，皆作悬阁，辇道相属焉 [4]。《三辅黄图》曰：神明台在建章宫中，上有九室，今人谓之九子台，即实非也 [5]。

[注释]

[1] 一水东北流：此处"一水"即郦《注》后文"沈水枝津"，今无对应水道。　[2] 一水北迳神明台东：此处"一水"指沈水干流，今无对应水道。神明台，在今陕西省西安市未央区建章路街道孟家村北。　[3]《傅子宫室》：按，今本《傅子》一书中并无"宫室"篇。　[4] 辇（niǎn）道：宫中楼阁间可以乘辇而行

的通道。辇，皇帝与皇后乘坐的由人推挽的车。　[5] 即实：通"其实"。

　　沉水又迳渐台东[1]，《汉武帝故事》曰[2]：建章宫北有太液池[3]，池中有渐台三十丈。渐，浸也，为池水所渐。一说星名也。南有璧门三层，高三十余丈，中殿十二间，阶陛咸以玉为之[4]，铸铜凤五丈，饰以黄金，栖屋上[5]，椽首薄以玉璧[6]。因曰璧玉门也。沉水又北流注渭，亦谓是水为漏水也[7]。故吕忱曰：漏水出杜陵县。《汉书音义》曰：漏，水声，而非水也。亦曰高都水。前汉之末[8]，王氏五侯大治池宅[9]，引沉水入长安城，故百姓歌之曰：五侯初起，曲阳最怒[10]，坏决高都，竞连五杜，土山渐台，像西白虎。即是水也。

[注释]

[1] 渐台：在今陕西省西安市未央区三桥街道高堡子村、低堡子村西北。　[2]《汉武帝故事》：又称《汉武故事》，参见前文"《汉武帝故事》"条注释。　[3] 太液池：在今陕西省西安市未央区三桥街道高堡子村、低堡子村西北。　[4]阶陛：宫殿的台阶。　[5]"栖屋上"：此三字殿本原作"楼屋上"，今据残宋本、《大典》本、黄

本、吴本、《注笺》本、沈本、《注疏》本改。按，"栖（樓）"字
与"楼（樓）"字形近而易讹。　[6]椽：屋顶的木条，上面隔板
或直接铺设瓦片。薄：通"敷"，装饰。　[7]潏水："潏"与"沆"
两字古音相近。　[8]前汉：即西汉。　[9]王氏五侯：西汉末，成
帝即位不久，太后王氏当道，同一日内封诸舅五人为侯：平阿侯
王谭、红阳侯王立、曲阳侯王根、成都侯王商、高平侯王逢时，
所以称"王氏五侯"。　[10]曲阳最怒：指五侯之中，曲阳侯势力
最强盛。

［点评］

　　这部分的郦《注》主要描述从西周到秦汉的京城区
域，其中涉及的都城包括西周的镐京、秦咸阳及汉长安。
这三座都城虽然在地理位置上并不重合，但其所处的区
域是西周至秦汉的京畿所在，因此，这一区域是其时政
治、经济及文化等的中心。郦道元在这一部分不但提及
了鄗池、滮池、昆明池、皇子陂、河池陂、竭水陂等长
安周边的人造水利工程，还重点描绘了秦咸阳宫、汉建
章宫等宫殿建筑群的恢宏气势。另外，在叙述这些景观
的同时，郦道元还不忘穿插讲述一些传说与历史故事（如
郑容以石款梓传书、王仲都能忍寒暑等），使读者在了
解这一区域自然与人文地理的同时也增长了不少茶余饭
后的谈资。此外，尚需要指出的是，本段注文中的郑容
以石款梓传书一事并未完结，郦道元在此处似乎只是埋
下伏笔，后文中他还将提到这个故事中的"华山君使"
究竟是谁，而所谓"祖龙死"又寓意何指。反观此段注
文之中，只是着力渲染了郑容的神奇经历，至于真相大

白之时，郦道元另有精心安排，还请读者诸君耐心阅读下去。

又东过长安县北[1]，

渭水东分为二水，《广雅》曰[2]：水自渭出为荥，其由河之有雍也[3]。此渎东北流迳《魏雍州刺史郭淮碑》南[4]，又东南合一水[5]，迳两石人北。秦始皇造桥，铁镦重不能胜[6]，故刻石作力士孟贲等像以祭之，镦乃可移动也。又东迳阳侯祠北[7]，涨辄祠之，此神能为大波，故配食河伯也。后人以为邓艾祠[8]。悲哉！谗胜道消，专忠受害矣。

《广雅·释水》曰："水自渭出为荥（xué），水自汾出为派。"

《尔雅·释水》曰："水自河出为灉。"

[注释]

[1] 长安县：汉高帝五年（前 202）置，至曹魏不变。治今陕西省西安市未央区汉城街道。 [2]《广雅》：三国时期张揖撰，是研究古代词汇和训诂的重要书籍。 [3] "其由河之有雍也"：此句殿本作 "其犹河之有雍也"，今据《注疏》本改。 [4] 此渎：指渭水分汊之北道，今无对应水道。《魏雍州刺史郭淮碑》：此碑今无考，碑文无存。 [5] 又东南合一水：指渭水分汊与渭水主干相合。 [6] "铁镦（duī）重不能胜"：此句殿本作 "铁镦重不胜"，今据《注疏》本改。铁镦：铁锤。镦，打夯用的重锤。 [7] 阳侯祠：地望大致在今陕西省西安市未央区六村堡街道唐家村北。 [8] 邓

艾：义阳棘阳县（今河南省南阳市南）人，字士载，初为司马懿属下，后为曹魏镇西将军。景元四年（263），与钟会分军灭蜀，先入成都受降。次年，遭钟会诬蔑为谋反，被监军卫瓘所杀。

此水又东注渭水，水上有梁，谓之渭桥[1]，秦制也，亦曰便门桥。秦始皇作离宫于渭水南北，以象天宫，故《三辅黄图》曰：渭水贯都，以象天汉[2]，横桥南度，以法牵牛[3]。桥广六丈[4]，南北三百八十步，六十八间，七百五十柱，一百二十二梁[5]。桥之南北有堤，激立石柱，柱南[6]，京兆主之；柱北，冯翊主之。有令丞，各领徒一千五百人[7]。桥之北首，垒石水中，故谓之石柱桥也。旧有忖留神像[8]，此神尝与鲁班语，班令其人出。忖留曰：我貌很丑[9]，卿善图物容，我不能出。班于是拱手与言曰：出头见我。忖留乃出首，班于是以脚画地，忖留觉之，便还没水，故置其像于水，惟背以上立水上。后董卓入关，遂焚此桥，魏武帝更修之[10]，桥广三丈六尺。忖留之像，曹公乘马见之惊，又命下之。《燕丹子》曰[11]：燕太子丹质于秦[12]，秦王遇之无礼，

"故《三辅黄图》曰"至"又命下之"：此段描述内容参见《三辅黄图》卷一《咸阳故城》。

乃求归。秦王为机发之桥^[13]，欲以陷丹，丹过之，桥不为发。又一说，交龙扶舉而机不发^[14]。但言，今不知其故处也。

> "但言"：此二字后语义未尽，当有脱文。

[注释]

[1] 渭桥：在今陕西省西安市未央区六村堡街道西席村北。　[2] 天汉：即银河。　[3] 牵牛：即牵牛星，通称牛郎星，与织女星隔银河相对。　[4] "桥广六丈"：此句殿本原作"南有长乐宫，北有咸阳宫，欲通二宫之间，故造此桥，广六丈"，今据残宋本、《大典》本、黄本、吴本、《注笺》本改。　[5] "一百二十二梁"：此句殿本原作"百二十二梁"，今据黄本、吴本、《注笺》本、沈本、《注释》本、《注疏》本补"一"字。　[6] "柱南"四句：是说石柱南，受京兆尹管辖；石柱北，受左冯翊管辖。　[7] "各领徒一千五百人"：此句殿本原作"各领徒千五百人"，今据残宋本、《大典》本、黄本、吴本、《注笺》本、沈本、《注释》本、《注疏》本补"一"字。　[8] 忖（cǔn）留：古代传说中的神名。《水经注》之前，尚未见到其他典籍中提及。　[9] 很：通"狠"，凶恶。　[10] 魏武帝：曹操，亦即下句中"曹公"，三国时政治家、军事家、诗人。字孟德，小名阿瞒，沛国谯县（今安徽省亳州市）人。东汉末迎接汉献帝都于许（今河南省许昌市东），借皇帝名义发号施令。官渡之战大败袁绍后，逐渐统一中国北部。子曹丕称帝后，追尊为武帝。　[11]《燕丹子》：撰者不详，是一部成书较早的古小说。原书早佚，今本《燕丹子》由后人从《永乐大典》中辑出。　[12] 质于秦：在秦国做人质。　[13] 机发之桥：指桥下暗设机关控制。　[14] 交龙：通"蛟龙"。舉（yú）：同"舆"，指车。

渭水又东与沉水枝津合[1]，水上承沉水，东北流迳邓艾祠南[2]，又东分为二水，一水东入逍遥园[3]，注藕池[4]，池中有台观，莲荷被浦[5]，秀实可玩[6]。其一水北流注于渭。

[注释]

[1]沉水枝津：大致相当于今皂河凤阙村以北至闫家村北之水道。　[2]邓艾祠：即郦《注》前文所说"阳侯祠"。　[3]逍遥园：在今陕西省西安市未央区六村堡街道西席村与汉城街道高庙村间汉长安城北侧。　[4]藕池：在今陕西省西安市未央区六村堡街道西席村与汉城街道高庙村间，汉长安城北侧，古逍遥园中。　[5]莲荷被浦：莲蓬荷花盖满池水。　[6]秀实可玩：指莲蓬荷花都可供人玩赏。秀，指植物吐穗开花。实，植物结的果。

渭水又东迳长安城北[1]，汉惠帝元年筑[2]，六年成，即咸阳也。秦离宫无城，故城之，王莽更名常安。十二门：东出北头第一门，本名宣平门[3]，王莽更名春王门正月亭，亦曰东城门[4]，其郭门亦曰东都门[5]，即逢萌挂冠处也[6]。

逢萌挂冠之事参见《后汉书》卷八三《逢萌传》。

[注释]

[1]长安城：即汉长安城，遗址今存，在今陕西省西安市西北。　[2]汉惠帝元年：前194年。　[3]宣平门：又名东城门，

在今陕西省西安市未央区汉城街道青门口（青东村、青西村）西。　[4]"亦曰东城门"：此句殿本原作"一曰东都门"，今据残宋本、《大典》本、黄本、吴本、《注笺》本、《注释》本改。　[5]郭门：大致在今陕西省西安市未央区张家堡街道盐张村北，古宣平门外。　[6]逄（páng）萌挂冠：指逄萌辞官隐退的典故。逄萌，北海都昌（今山东昌邑市）人，西汉末年不满王莽专权，在长安时听闻王莽杀其子王宇，逄萌便解下官帽，挂在东都门上后扬长而去。

第二门，本名清明门[1]，一曰凯门，王莽更名宣德门布恩亭，内有藉田仓[2]，亦曰藉田门。

[注释]

[1]清明门：又名凯门、藉田门，在今陕西省西安市未央区汉城街道玉丰村。　[2]藉田仓：粮仓，用于贮藏从藉田中收缴来的粮食。藉田，古代天子、诸侯在春耕前下田躬耕，后逐渐演变成一种仪式，以上敬于神，下垂范于民。

东陵瓜的由来参见《史记》卷五三《萧相国世家》。

《文选》所收阮籍此首《咏怀诗》一共有十句，

第三门，本名霸门[1]，王莽更名仁寿门无疆亭，民见门色青，又名青城门，或曰青绮门，亦曰青门。门外旧出好瓜，昔广陵人邵平为秦东陵侯，秦破[2]，为布衣，种瓜此门，瓜美，故世谓之东陵瓜。是以阮籍《咏怀诗》云[3]：昔闻东陵瓜，近在青门外。连畛拒阡陌^[4]，子母相钩带。指谓此门也。

其后六句为："五色曜朝日，嘉宾四面会。膏火自煎熬，多财为患害。布衣可终身，宠禄岂足赖。"

［注释］

[1]"本名霸门"：此句殿本原作"本名霸城门"，今据残宋本、《大典》本、朱藏明钞本改。霸门：又名青城门、青绮门，在今陕西省西安市未央区未央宫街道范家北村。 [2]"秦破"二句：是说当秦朝灭亡后，邵平由原先的东陵侯身份降为了普通平民。 [3]阮籍：世称"阮步兵"。参见卷十六《穀水篇》的"阮步兵"条注释。 [4]连畛拒阡陌：指田间小路将大片田地划成方形地块。畛、阡、陌，均指田间小路，"阡""陌"二字连用，亦指田界。拒，本义为抵挡，此处引申为隔开、划分。

南出东头第一门，本名覆盎门^[1]，王莽更名永清门长茂亭。其南有下杜城，应劭曰：故杜陵之下聚落也，故曰下杜门，又曰端门，北对长乐宫^[2]。

［注释］

[1]覆盎门：又名下杜门、端门，在今陕西省西安市未央区未央宫街道大白杨村。 [2]长乐宫：西汉主要宫殿群之一，汉高祖五年（前202）以秦兴乐宫改建，至七年建成，汉初为朝见之所，惠帝后移至未央宫而长乐宫改为太后居所。位于汉长安城东南隅霸门内大街南，范围包括今陕西省西安市未央区未央宫街道阁老门、唐家寨、张家巷、讲武殿等村。面积约占汉长安城总面积的

1/4，是当时范围最大的宫殿群。

第二门，本名安门[1]，亦曰鼎路门，王莽更名光礼门显乐亭，北对武库[2]。

[注释]

[1] 安门：又名鼎路门，在今陕西省西安市未央区未央宫街道东张村。　[2] 武库：储藏兵器之所，在今陕西省西安市未央宫街道大刘寨村东。

第三门，本名平门[1]，王莽更名信平门诚正亭，一曰西安门，北对未央宫[2]。

[注释]

[1]“本名平门”：此句下殿本原有“又曰便门”，今据残宋本、《大典》本、黄本、吴本、《注笺》本、《注释》本、《注疏》本移至郦《注》下文“亦曰光华门也”一句之后。平门：又名西安门，在今陕西省西安市未央区未央宫街道西马寨村。　[2] 未央宫：西汉主要宫殿群之一，汉高祖七年（前 200）丞相萧何主持建筑，为朝见之所，毁于新莽末。位于汉长安城西南隅，范围包括今陕西省西安市未央区未央宫街道马家寨、东张村、大刘寨、小刘寨、柯家寨、周家河湾、卢家口等。

西出南头第一门，本名章门[1]，王莽更名万秋门亿年亭，亦曰光华门也，又曰便门^[2]。

[注释]

[1] 章门：又名光华门、便门，在今陕西省西安市未央区未央宫街道卢家口村。　[2]"又曰便门"：此四字殿本原在郦《注》上文"本名平门"一句之后，今据残宋本、《大典》本、黄本、吴本、《注笺》本、《注释》本、《注疏》本移至此处。

第二门，本名直门^[1]，王莽更名直道门端路亭，故龙楼门也。张晏曰：门楼有铜龙。《三辅黄图》曰：长安西出第二门，即此门也。

[注释]

[1] 直门：又名龙楼门，在今陕西省西安市未央区未央宫街道周家河湾村。

第三门，本名西城门^[1]，亦曰雍门，王莽更名章义门著义亭，其水北入，有函里，民名曰函里门，又曰光门^[2]，亦曰突门。

[注释]

[1] 西城门：又名雍门、函里门、光门、突门，在今陕西省西安市未央区六村堡街道六村堡村。　[2]"又曰光门"：此四字殿本原无，今据《大典》本、黄本、吴本、《注笺》本、《注释》本、《注

疏》本补。

北出西头第一门，本名横门[1]，王莽更名朔都门左幽亭[2]。如淳曰：音光，故曰光门。其外郭有都门、有棘门。徐广曰：棘门在渭北。孟康曰：在长安北，秦时宫门也。如淳曰：《三辅黄图》曰棘门在横门外。按《汉书》：徐厉军于此备匈奴。又有通门、亥门也。

徐厉备匈奴之事参见《史记》卷二二《汉兴以来将相名臣年表》及卷五七《绛侯周勃世家》。

［注释］

[1]横门：又名光门，在今陕西省西安市未央区六村堡街道相小堡村。　[2]"王莽更名朔都门左幽亭"：此句殿本原作"王莽更名霸都门左幽亭"，今据《太平御览》卷一八二《居处部》引《水经注》文字改。

第二门，本名洛门[1]，又曰朝门，王莽更名建子门广世亭，一曰高门。苏林曰：高门，长安城北门也。一曰厨门[2]，其内有长安厨官，在东，故名曰厨门也。如淳曰：今名广门也。

［注释］

[1]"本名洛门"：此句殿本原作"本名厨门"，今据其他各本改。洛门：又名朝门、高门、厨门，在今陕西省西安市未央区汉城街

道曹家堡村。　[2]"一曰厨门"：此句殿本原无，今据《注笺》本、《注释》本、《注疏》本补。

第三门，本名杜门[1]，亦曰利城门，王莽更名进和门临水亭，其外有客舍，故民曰客舍门，又曰洛门也。

[注释]
[1]杜门：又名利城门、客舍门、洛门，在今陕西省西安市未央区汉城街道高庙村。

凡此诸门，皆通逵九达[1]，三途洞开[2]，隐以金椎[3]，周以林木[4]，左出右入，为往来之径，行者升降，有上下之别。汉成帝之为太子，元帝尝急召之，太子出龙楼门，不敢绝驰道[5]，西至直城门，方乃得度。上怪迟，问其故，以状对，上悦，乃著令令太子得绝驰道也。

[注释]
[1]通逵（kuí）九达：指四通八达的道路，《尔雅·释宫》曰："九达谓之逵。"又，长安城及其周边示意图见图6。　[2]三途洞开：指每个城门都有三条大路通里外。　[3]隐以金椎：指道路内暗埋下铁柱以支撑路基。　[4]周以林木：指周边树木林立。　[5]绝驰

道：横穿驰道。

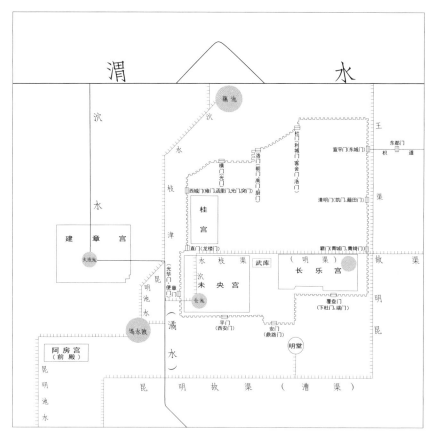

图 6　长安城及其周边示意图

　　渭水东合昆明故渠[1]，渠上承昆明池东口[2]，
东迳河池陂而北[3]，亦曰女观陂。又东合沈水，
亦曰漕渠，又东迳长安县南[4]，东迳明堂南[5]，
旧引水为辟雍处[6]，在鼎路门东南七里，其制上

圆下方，九宫十二堂，四向五色^[7]，堂北三百步有灵台，是汉平帝元始四年立^[8]。

参见《汉书》卷一二《平帝纪》、卷九九《王莽传》。

[注释]

[1]昆明故渠：即下文的"漕渠"，今已无对应水道。　[2]昆明池东口：在今陕西省西安市长安区斗门街道万村西。　[3]"东迳河池陂而北"：此句殿本原作"东迳河池陂北"，今据《注释》本改。　[4]长安县：此处所指即汉长安城。　[5]明堂：即今陕西省西安市莲湖区桃园路街道大土门村北侧汉代礼制建筑遗址。　[6]辟（bì）雍：天子设立的大学。　[7]"四向五色"：此句殿本原作"四向五室"，今据残宋本、《大典》本、黄本、吴本、《注笺》本、沈本改。　[8]元始四年：公元4年。

渠南有汉故圜丘^[1]，成帝建始二年^[2]，罢雍五畤，始祀皇天上帝于长安南郊。应劭曰：天郊在长安南，即此也。故渠之北有白亭、博望苑^[3]，汉武帝为太子立^[4]，使通宾客，从所好也。太子巫蛊事发^[5]，斫杜门东出，史良娣死^[6]，葬于苑北，宣帝以为戾园，以倡优千人乐思后园庙^[7]，故亦曰千乡。

汉成帝祀于南郊之事参见《汉书》卷一○《成帝纪》。

[注释]

[1]汉故圜（yuán）丘：在今陕西省西安市莲湖区桃园路街道

大土门村以南。　[2] 建始二年：前 31 年。　[3] 白亭、博望苑：在今陕西省西安市莲湖区任家庄一带。　[4]"汉武帝为太子立"三句：是说汉武帝因为新立刘据为太子，所以造了博望苑，以便让他可以根据自己的喜好在那里与宾客往来。　[5] 巫蛊：参见卷一一《滱水篇》"戾太子以巫蛊出奔"条注释。　[6] 史良娣：太子刘据之妾，姓史，良娣是品位的称号。史良娣是汉宣帝的祖母。　[7] 倡优：表演歌舞技艺为业的人。

故渠又东而北屈迳青门外，与沉水枝渠会[1]，渠上承沉水于章门西，飞渠引水入城，东为仓池[2]，池在未央宫西，池中有渐台。汉兵起，王莽死于此台。

《汉书》卷九九《王莽传》载："莽就车，之渐台……商人杜吴杀莽，取其绶。"

[注释]

[1] 沉水枝渠：今已无对应水道。　[2] 仓池：在汉未央宫遗址西南，今陕西省西安市未央区未央宫街道马家寨村一带。

又东迳未央宫北，高祖在关东[1]，令萧何成未央宫[2]，何斩龙首山而营之[3]。山长六十余里，头临渭水，尾达樊川[4]，头高二十丈，尾渐下，高五六丈，土色赤而坚，云昔有黑龙从南山出饮渭水，其行道因山成迹，山即基阙，不假筑[5]，高出长安城。北有玄武阙，即北阙也。东有苍龙

阙，阙内有闒阖、止车诸门。未央殿东有宣室、
玉堂、麒麟、含章、白虎、凤皇、朱雀、鹓鸾、
昭阳诸殿，天禄、石渠、麒麟三阁。

[注释]

[1] 高祖：汉高祖刘邦。关东：指函谷关以东。　[2] 萧何：西
汉初大臣，沛县（今江苏省沛县）人，秦末佐刘邦起事。刘邦入
咸阳时负责收取秦朝律令图书，楚汉相争时推荐韩信为大将，并
以丞相身份留守关中，负责战事后勤。刘邦称帝后，受封为酇侯，
名列功臣第一。　[3] 何斩龙首山而营之：指萧何开辟龙首山来营
建未央宫。　[4] 樊川：即郦《注》前文"而沇水注之，水上承皇
子陂于樊川"之"樊川"，今陕西省西安市长安区王曲街道、太
乙宫街道一带川地。　[5] 不假筑：指门阙无须再添筑基台。

未央宫北，即桂宫也[1]。周十余里，内有明
光殿、走狗台、柏梁台，旧乘复道，用相迳通。
故张衡《西京赋》曰：钩陈之外，阁道穹窿[2]，
属长乐与明光，迳北通于桂宫。故渠出二宫之
间[3]，谓之明渠也。

[注释]

[1] 桂宫：在汉长安城遗址西北部，范围包括今陕西省西安市
未央区六村堡街道夹城村、民娄村、黄家庄、铁锁村等。　[2] "阁
道穹窿"：此句殿本原作"阁道穹隆"，今据《注疏》本改。　[3] 故

渠：即郦《注》前文"沈水枝渠"，今已无对应水道。

樗里子其人其事参见《史记》卷七一《樗里子甘茂列传》。

又东历武库北，旧樗里子葬于此[1]，樗里子名疾，秦惠王异母弟也，滑稽多智，秦人号曰智囊。室于昭王庙西[2]，渭南阴乡樗里，故俗谓之樗里子。云我百岁后，是有天子之宫夹我墓。疾以昭王七年卒[3]，葬于渭南章台东。至汉，长乐宫在其东，未央宫在其西，武库直其墓[4]。秦人喭曰[5]：力则任鄙[6]，智则樗里是也。

［注释］

[1] 樗（chū）里子：战国时秦国贵族，名疾，秦惠文王的异母弟，初任庶长，助秦将魏章攻楚，取得楚国汉中地，以功封严君。秦武王时，与甘茂分任左右丞相。　[2]"室于昭王庙西"：此句殿本原作"葬于昭王庙西"，今据残宋本、《大典》本、朱藏明钞本改。　[3] 昭王七年：前300年。　[4] 武库直其墓：指武库正对着樗里子的墓。　[5] 喭（yàn）：同"谚"，谚语。　[6] 任鄙：秦武王的力士。

明渠又东迳汉高祖长乐宫北，本秦之长乐宫也。周二十里，殿前列铜人，殿西有长信、长秋、永寿、永昌诸殿，殿之东北有池，池北有层台，俗谓是池为酒池，非也。故渠北有《汉京兆尹司马文预碑》[1]。

[注释]

[1]"故渠北有《汉京兆尹司马文预碑》":此句殿本原作"故渠北有楼,竖《汉京兆尹司马文预碑》",今据沈本、《注疏》本改。《汉京兆尹司马文预碑》:碑址在今陕西省西安市未央区汉城街道樊家寨附近。此碑1952年出土于西安市西大街广济街,仅存上半段,现藏于西安碑林博物馆。

故渠又东出城分为二渠,即《汉书》所谓王渠者也。苏林曰:王渠,官渠也,犹今御沟矣。晋灼曰:渠名也,在城东霸门外[1]。一水迳杨桥下[2],即青门桥也,侧城北迳邓艾祠西[3],而北注渭。今无水。

《汉书》卷八六《王嘉传》载:"(汉哀帝)为(董)贤治大第,开门乡北阙,引王渠灌园池。"颜师古注:"苏林曰:王渠,官渠也,犹今御沟也。晋灼曰:渠名也,在城东覆盎门外。"按,其中颜师古注引晋灼言恐误。

[注释]

[1]"在城东霸门外":此句殿本原作"在城东覆盎门外",今据残宋本、《大典》本、黄本、吴本、《注笺》本、《注释》本、《注疏》本改。　[2]杨桥:又名青门桥,在汉长安城霸门外渠水之上,因霸门又称青城门,故名"青门桥"。　[3]邓艾祠:在今陕西省西安市未央区汉城街道朱宏堡村附近。与郦《注》前文"邓艾祠"不是同一处。

其一渠东迳奉明县广城乡之广明苑南[1]。史皇孙及王夫人葬于郭北[2]，宣帝迁苑南，卜以为悼园[3]，益园民千六百家，立奉明县，以奉二园。园在东都门，昌邑王贺自霸御法驾[4]，郎中令龚遂骖乘[5]，至广明东都门是也。

宣帝迁立悼园之事参见《汉书》卷六三《戾太子刘据传》。

刘贺自霸上入长安城之事参见《汉书》卷六三《昌邑哀王刘髆传》。

[**注释**]

[1] "其一渠东迳奉明县广城乡之广明苑南"：此句殿本原作"其一水右入昆明故渠东迳奉明县广城乡之廉明苑南"，今据残宋本、《大典》本、黄本、吴本、《注笺》本、《注释》本改。其一渠：指沴水枝渠汇入昆明故渠后之水，东流，仍沿用"昆明故渠"之称。奉明县：汉县，东汉初废。广明苑：在今陕西省西安市未央区张家堡街道一带。　[2] 史皇孙：刘进，汉武帝刘彻长孙，戾太子刘据之子，汉宣帝刘询之父。征和二年（前91），巫蛊案之后，与妻王翁须同时在长安遇害。王夫人：即王翁须，史皇孙刘进之妻。　[3] 卜以为悼园：经占卜，选为营建悼园的地址。　[4] 昌邑王贺：即刘贺，汉武帝孙，昌邑哀王刘髆子，西汉皇帝，仅在位27天，又称汉废帝。自霸御法驾：指刘贺从霸上起，改坐皇帝的车驾。　[5] 骖（cān）乘：指在刘贺车驾边陪乘。古时乘车，尊者居左，御者在中，骖乘在右，负责警卫。

故渠东北迳汉太尉夏侯婴冢西[1]，葬日，枢马悲鸣[2]，轻车罔进[3]，下得《石椁铭》云：于嗟滕公居此室。故遂葬焉。冢在城东八里饮马桥南四里[4]，故时人谓之马冢。故渠又北分为二渠：东迳虎圈南而东入霸^[5]，一水北合渭，今无水。

[注释]

[1] 夏侯婴冢：在今陕西省西安市未央区谭家街道帽珥冢村西北。夏侯婴冢又称"马冢"，与"帽珥冢"音近。夏侯婴，沛县（今江苏省沛县）人，秦末跟随刘邦起兵，封滕公，汉立，封汝阴侯。　[2] 柩（jiù）马：拉着柩车的马。柩，装着尸体的棺材。　[3] 轻车罔进：指柩车很轻却不得前进。　[4] 饮马桥：在今陕西省西安市城市运动公园附近。　[5] 虎圈：在今陕西省西安市未央区徐家湾街道北辰村附近。

[点评]

这部分的郦《注》所述内容以汉长安城的十二城门为主，按东、南、西、北的方位顺序（每个方位有三座城门），记载了各个门的名称与别称，还顺带提及了城门周边的许多建筑（如著名的汉未央宫）。这部分的记载，对恢复汉长安城的整体形制提供了极有价值的参考资料。

又东过霸陵县北^[1]，霸水从县西北流注之^[2]。

霸者，水上地名也。古曰滋水矣。秦穆公霸世^[3]，更名滋水为霸水，以显霸功。水出蓝田县

《史记》卷六《秦始皇本纪》"（沛公）遂至霸上"句下裴骃《集解》引应劭曰："霸，水上地名，在长安东三十里。古名滋水，秦穆公更名霸水。"

蓝田谷[4]，所谓多玉者也。西北有铜谷水[5]，次东有轻谷水[6]，二水合而西注，又西流入埏水[7]。

[注释]

[1] 霸陵县：秦芷阳县，西汉改为霸陵邑，属京兆尹，曹魏时改为霸城县。治今陕西省西安市东北灞桥区灞桥街道谢王庄附近。　[2] 霸水：今蓝桥河—灞河。　[3] 秦穆公霸世：秦穆公称霸于世。　[4] 蓝田县：秦置，至曹魏不变。据郦《注》，蓝田县当在今陕西省蓝田县东南、灞河以南、辋（wǎng）峪河以东。蓝田谷：今灞河上游蓝桥河上游山谷。　[5] 铜谷水：今峒峪河。　[6]"次东有轻谷水"：此句殿本原作"次东有辋谷水"，今据残宋本、《大典》本、黄本、吴本、《注笺》本改。轻谷水：今清峪河。　[7] 埏水：今流峪河—灞河。按，据《长安志》可知，郦《注》此段记载注入埏水支流的文字中，脱掉了位于铜谷水西南更接近源头的"石门谷水"（今道沟峪河），当补。

参见《汉书》卷一《高帝纪》。

埏水又西迳峣关[1]，北历峣柳城[2]。东、西有二城，魏置青埏军于城内，世亦谓之青埏城也[3]。秦二世三年[4]，汉祖入自武关攻秦[5]，赵高遣将距于峣关者也[6]。《土地记》曰：蓝田县南有峣关，地名峣柳，道通荆州[7]。《晋地道记》曰：关当上洛县西北[8]。

[注释]

[1] 峣（yáo）关：在今陕西省蓝田县东南、灞河南岸。 [2] 峣柳城：在今陕西省蓝田县城区。 [3] 清漼城：在今陕西省蓝田县普化镇西南。 [4] 秦二世三年：前207年。 [5] 武关：关隘名，战国秦置，在今陕西省丹凤县东南，为古代关中通荆楚的要隘之一。 [6] 赵高：秦臣，原为赵国人。秦始皇死后，与李斯篡改遗诏，逼死秦始皇长子扶苏，立胡亥为二世皇帝，不久又杀二世而立子婴为秦王。前207年，刘邦率先攻入关中，秦王子婴杀赵高后不久即向刘邦投降。 [7] 荆州：汉武帝所置十三刺史部之一，东汉末成为行政区，治汉寿（今湖南省常德市东北）。三国时期，魏、吴各有荆州，两晋时又合二为一，东晋时治江陵（今湖北省荆州市荆州区）。 [8] 上洛县：西汉置上雒县，三国魏改上洛县，治今陕西省商洛市商州区。西晋为上洛郡治，北魏为荆州（后改洛州）治。

浐水又西北流入霸，霸水又北历蓝田川[1]，迳蓝田县东。《竹书纪年》[2]：梁惠成王三年[3]，秦子向命为蓝君，盖子向之故邑也。川有汉临江王荣冢[4]，景帝以罪征之，将行，祖于江陵北门[5]，车轴折，父老泣曰：吾王不反矣。荣至，中尉郅都急切责王，王年少，恐而自杀，葬于是川，有燕数万，衔土置冢上，百姓矜之[6]。

参见《史记》卷五九《五宗世家》与《汉书》卷五三《临江闵王荣传》。

[注释]

[1] 蓝田川：今陕西省蓝田县南，灞河所经谷地。　[2]《竹书纪年》：完成于战国末年的魏国编年体史书。晋武帝时出土于魏襄王墓，本名《纪年》，因用竹简书成，故名《竹书纪年》。　[3] 梁惠成王三年：前 367 年。　[4] 汉临江王荣冢：在今陕西省蓝田县三里镇陈家岩东南，今名"燕子冢"。汉临江王荣：即刘荣，西汉景帝长子，庶出，汉景帝四年（前 153）立为皇太子，四年后被废为临江王。　[5] 祖：出行时祭祀路神，引申为饯行。　[6] 矜（jīn）：怜悯。

秦襄王葬芷阳之事参见《史记》卷六《秦始皇本纪》。

汉文帝葬霸陵之事参见《汉书》卷四《文帝纪》。

王仲宣赋诗出自其《七哀诗》，参见《文选》卷二三《诗·哀伤》。

汉文帝下峻坂之事参见《史记》卷一〇一《袁盎晁错列传》与《汉书》卷四九《爰盎传》。

霸水又左合浐水[1]，历白鹿原东[2]，即霸川之西，故芷阳矣[3]。《史记》秦襄王葬芷阳者是也，谓之霸上，汉文帝葬其上，谓之霸陵。上有四出道以泻水，在长安东南三十里。故王仲宣赋诗云[4]：南登霸陵岸，回首望长安。汉文帝尝欲从霸陵上，西驰下峻坂[5]，袁盎揽辔于此处[6]。上曰：将军怯也[7]。盎曰：臣闻千金之子[8]，坐不垂堂[9]，百金之子，立不倚衡[10]，圣人不乘危[11]，今驰不测，如马惊车败，奈高庙何[12]？上乃止。

[注释]

[1] 浐水：今辋峪河。　[2] 白鹿原：今原同名。　[3] 芷阳：

参见前文"霸陵县"条注释。　[4]王仲宣：即王粲，字仲宣，山阳高平（今山东邹城）人，三国时曹魏名臣，建安七子之一。　[5]下峻坂：指从陡峭的山坡上下来。　[6]袁盎：《汉书》作"爰盎"，字丝，楚人，西汉大臣。揽辔：指袁盎拉住了马的缰绳。　[7]怯（qiè）：胆怯，害怕。　[8]千金之子：指家有千金的富贵人士。　[9]垂堂：靠近堂屋屋檐下。檐上瓦片坠落可能伤人。　[10]倚衡：靠在马车的衡轭上。　[11]乘危：登上或踏上危险之地，指冒险。　[12]奈高庙何：如何对得起祖上呢？高庙，死后庙号为"高"的君主，此处指汉高祖刘邦。

霸水又北，长水注之[1]，水出杜县白鹿原[2]，其水西北流，谓之荆溪。溪水又西北[3]，左合狗枷川水[4]，水有二源，西川上承魂山之斫槃谷[5]，次东有苦谷[6]，二水合而东北流迳风凉原西[7]，《开山图》曰[8]：丽山之西，川中有阜，名曰风凉原，在魂山之阴，雍州之福地，即是原也。其水傍溪北注，原上有汉武帝祠。

［注释］
[1]长水：今鲸鱼沟—浐河。　[2]杜县：秦置县，汉因之，宣帝改置杜陵邑，曹魏复置杜县，晋改杜城县，北魏改杜县。　[3]"溪水又西北"：此句殿本原作"又西北"，今据残宋本、《大典》本、朱藏明钞本、黄本、《注疏》本补"溪水"二字。　[4]狗枷川水：今浐河"纳鲸鱼沟前之河段"。　[5]西川：今扯袍峪河—库峪河。

魂山：今陕西省西安市长安区杨庄街道东斜坡一带山地。斫槃谷：今扯袍峪。　[6] 苦谷：今库峪。　[7] 风凉原：今库峪河东，浐河以西，石门、史家寨、马家塬所在之高地。　[8] "《开山图》曰"：此句殿本原作"关中图曰"，今据《注疏》本改。

其水右合东川[1]，水出南山之石门谷[2]，次东有孟谷[3]，次东有大谷[4]，次东有雀谷[5]，次东有土门谷[6]。五水北合[7]，西北历风凉原东，又北与西川会。原为二水之会，乱流北迳宣帝许后陵东[8]，北去杜陵十里[9]，斯川于是有狗枷之名。川东亦曰白鹿原也，上有狗枷堡。《三秦记》曰[10]：丽山西有白鹿原，原上有狗枷堡，秦襄公时，有大狗来下，有贼则狗吠之，一堡无患，故川得厥目焉。川水又北迳杜陵东，元帝初元元年[11]，葬宣帝杜陵，北去长安五十里。陵之西北有杜县故城[12]，秦武公十一年县之[13]，汉宣帝元康元年[14]，以杜东原上为初陵，更名杜县为杜陵，王莽之饶安也。

宣帝葬杜陵之事参见《汉书》卷九《元帝纪》。

秦武公置杜县之事参见《史记》卷五《秦本纪》。

汉宣帝更杜县为杜陵之事参见《汉书》卷八《宣帝纪》。

[注释]

[1] 东川：今岱峪河。　[2] 石门谷：今峙峪。　[3] 孟谷：今汤峪。　[4] 大谷：今大洋峪。　[5] 雀谷：今牛心峪。　[6] 土门谷：

今岱峪。　[7]"五水北合"：此句殿本原作"五水北出谷"，今据《注释》本改。五水北合：指与郦《注》上文对应的由东向西的五条山谷的溪水各自向北流出后汇合而成"东川"。　[8]许后陵：在今陕西省西安市长安区大兆街道司马村。　[9]杜陵：在今陕西省西安市雁塔区曲江街道三兆村南。　[10]《三秦记》：汉辛氏撰，详记秦汉三秦地区地理、民俗、山川、都邑、宫室等。　[11]元帝初元元年：前48年。　[12]杜县故城：在今陕西省西安市雁塔区曲江街道三兆村附近。　[13]秦武公十一年：前687年。　[14]汉宣帝元康元年：前65年。

　　其水又北注荆溪，荆溪水又北入霸县[1]，又有温泉入焉[2]。水发自原下，入荆溪水，乱流注于霸，俗谓之浐水，非也[3]。《史记音义》：文帝出长门，《注》云：在霸陵县，有故亭，即《郡国志》所谓长门亭也。《史记》云：霸、浐，长水也。虽不在祠典，以近咸阳，秦、汉都，泾、渭、长水，尽得比大川之礼[4]。昔文帝居霸陵，北临厕[5]，指新丰路示慎夫人曰[6]：此走邯郸道也。因使慎夫人鼓瑟，上自倚瑟而歌[7]，凄怆悲怀[8]，顾谓群臣曰：以北山石为椁[9]，用纻絮斫陈漆其间[10]，岂可动哉[11]？释之曰[12]：使其中有可欲[13]，虽锢南山犹有隙[14]；使无可欲，虽无石椁，又何戚焉[15]。文帝曰：善。拜廷尉[16]。韦

此处所引《史记音义》等语见于《史记》卷二八《封禅书》"文帝出长门"句下各注。据此《注疏》本改"《史记音义》"作"《史记·封禅书》"。

《续汉书·郡国志》京兆尹霸陵条："有枳道亭。有长门亭。"

《史记》卷二八《封禅书》："霸、产、长水、沣、涝、泾、渭皆非大川，以近咸阳，尽得比山川祠，而无诸加。"

"昔文帝居霸陵，北临厕"等句所述之事参见《史记》卷一〇二《张释之冯唐列传》与《汉书》卷五〇《张释之传》。

昭曰：高岸夹水为厕，今斯原夹二水也[17]。

[注释]

[1]"荆溪水又北入霸县"：此句殿本原作"荆溪水又北迳霸县"，今据其他各本改。荆溪水又北入霸县：此句中的"霸县"指的是霸城县境。 [2]温泉：今江村沟。 [3]"俗谓之浐水，非也"：按，荆溪水即浐水，此处郦道元理解有偏差。 [4]尽得比大川之礼：指泾水、渭水等都可以受到与大川相比的祭祀。 [5]居霸陵北临厕：指汉文帝在霸陵的北侧俯瞰。厕，同"侧"，旁边。 [6]指新丰路示慎夫人：汉文帝指着去往新丰的道路给慎夫人看。慎夫人：汉文帝妃子之一，邯郸人，能歌善舞。 [7]上自倚瑟而歌：汉文帝自己和着瑟的曲调歌唱。 [8]凄怆（chuàng）悲怀：指汉文帝唱歌时情意凄惨悲伤。 [9]椁（guǒ）：用以套在棺材外的大棺材。 [10]用纻（zhù）絮斫陈漆其间：把苧麻、棉絮斫细，用漆黏合着塞到石椁缝隙间。 [11]岂可动哉：指这样的石椁哪还能打得开呢？ [12]释之：即张释之，字季，南阳堵阳（今河南省方城县东）人，西汉官吏，掌刑狱。 [13]使其中有可欲：假使棺木中有能够引起人的贪欲的东西。 [14]虽锢（gù）南山犹有隙：指即使把整个南山都用金属浇铸封闭起来，也还会有空隙。锢，用熔化的金属堵塞空隙。 [15]戚：忧愁，悲哀。 [16]拜廷尉：授予张释之廷尉一职。拜，任命，授职。 [17]斯原夹二水：指这片原地夹在两条河水之间。

霸水又北会两川[1]，又北，故渠右出焉[2]。霸水又北迳王莽九庙南[3]。王莽地皇元年[4]，博征天下工匠，坏撤西苑建章诸宫馆十余所[5]，取

王莽九庙营建之事参见《汉书》卷九九《王莽传》。

材瓦以起九庙。算及吏民[6]，以义入钱谷，助成九庙。庙殿皆重屋，太初祖庙[7]，东西南北各四十丈，高十七丈，余庙半之，为铜薄栌[8]，饰以金银雕文，穷极百工之巧，褫高增下[9]，功费数百巨万，卒死者万数。

[注释]

[1] 两川：此处"两川"指荆溪水、霸水交汇处之荆溪水枝津，位于荆溪水北面，今已无对应河道。　[2] 故渠：指霸水故渠，今已无对应河道。　[3] 王莽九庙：庙即宗庙，按照周制，天子七庙，汉代宗庙之制不用周礼，王莽改增为九庙，此后历代皇帝均沿袭九庙制。按，郦《注》所载之王莽九庙的位置在汉魏霸桥西南，其方位与现代考古发现不符。考古所定王莽九庙遗址在陕西省西安市大土门北汉长安城南郊，共发现12座建筑。　[4] 王莽地皇元年：20年。地皇，王莽新朝的第三个年号（20—23），也是最后一个年号。　[5] 坏撤西苑建章诸宫馆十余所：指拆毁长安西苑（即上林苑）中的建章宫等十余所宫馆。　[6] "算及吏民"二句：是说九庙之预算还把普通吏民计划之内，让他们以义德的名义捐钱捐粮。　[7] 太初祖庙：即黄帝太初祖庙，王莽九庙之首。　[8] 为铜薄（bó）栌（lú）：做成铜斗拱。薄，通"欂"。欂栌，柱顶上承托栋梁的方木，即斗拱。按，所谓铜欂栌，可能是指用铜皮包裹的斗拱。　[9] 褫高增下：削平高地，增填地底，指平铺地基。褫，本义为脱衣服，去除的意思。

霸水又北迳积道[1]，在长安县东十三里，王莽九庙在其南。汉世有白鹙群飞[2]，自东都门过于枳道[3]，吕后被除于霸上[4]，还见仓狗戟胁于斯道也[5]。

吕后被除于霸上之事参见《汉书》卷二七《五行志》。

[注释]

[1] 枳（zhǐ）道：指自汉长安城宣平门东出至霸桥的道路，亦作"轵道"。　[2]"汉世有白鹙（qiū）群飞"：此句殿本原作"汉世有白蛾群飞"，今据其他各本改。又，今本《汉书》亦作"白蛾"。《汉书》卷九《元帝纪》："建昭元年春三月，上幸雍，祠五畤。秋八月，有白蛾群飞蔽日，从东都门至枳道。"其中"白蛾蔽日"殊为难解，而《水经注》文本作"白鹙"，文义自明。白鹙：鹙，一种水鸟，又作"秃鹙"。　[3]"自东都门过于枳道"：此句殿本原作"自东都门过枳道"，今据其他各本改。　[4] 吕后：即吕雉，字娥姁（xū），秦末单父（今山东省单县）人，汉高祖皇后。汉惠帝死后，吕后临朝称制，分封诸吕，前后共掌握政权十六年。袚（fú）除：一种除灾去邪的祭祀礼仪。　[5] 戟（jǐ）：同"撠"，抓住。胁：从腋下到肋骨尽处的部分。

水上有桥，谓之霸桥[1]。地皇三年[2]，霸桥木灾自东起[3]，卒数千以水泛沃[4]，救不灭，晨焚夕尽[5]。王莽恶之，下书曰：甲午火桥[6]，乙未[7]，立春之日也，予以神明圣祖黄、虞遗统受命[8]，至于地皇四年为十五年，正以三年终冬绝灭霸驳之桥[9]，欲以兴成新室统一长存之道[10]，

霸桥火灾及王莽诏书等事参见《汉书》卷九九《王莽传》。

其名霸桥为长存桥。

[注释]

[1] 霸桥：在今陕西省西安市未央区谭家街道下水腰村与灞桥区灞桥街道段家村之间的霸水上。　[2] 地皇三年：22 年。　[3] 木灾：按，"灾"字本有火灾之意，"木"字或讹或衍，《汉书·王莽传》即作"霸桥灾"。　[4] 泛：水漫溢，大水漫流。沃：浇，灌。　[5] 晨焚夕尽：指大火从早晨烧起，直到晚上桥烧光后才熄灭。　[6] 甲午火桥：甲午这一天，桥着火。甲午，干支纪日。　[7] 乙未：干支纪日法，前一天是甲午，后一日即乙未。　[8] 予以神明圣祖黄、虞遗统受命：指王莽自称凭着神明圣祖黄帝、虞帝后代子孙的身份承受天命。　[9] 正以三年终冬绝灭霸驳之桥：刚好在地皇三年冬季临结束时，这座象征霸道与乱世的桥毁了。驳，本义为马的毛色不纯，引申为庞杂、杂乱。　[10] 欲以兴成新室统一长存之道：就是要用来发扬和完成新朝统一长存的治国之道。

　　霸水又北，左纳漕渠 [1]，绝霸右出焉。东迳霸城北 [2]，又东迳子楚陵北 [3]，皇甫谧曰：秦庄王葬于芷阳之丽山 [4]，京兆东南霸陵山。刘向曰：庄王大其名立坟者也 [5]。《战国策》曰：庄王字异人，更名子楚，故世人犹以子楚名陵。

异人更名子楚之事参见《战国策·秦策五》。

[注释]

[1] 漕渠：即郦《注》前文所指昆明故渠。　[2] 霸城：即霸城县故城，参见前文"霸陵县"条注释。　[3] 子楚陵：即秦庄

襄王陵，今陕西省西安市临潼区斜口街道南有秦东陵遗址，或以为即子楚陵。按，考古所定子楚陵与郦《注》所述之方位，相去甚远。　[4]秦庄王：即秦庄襄王，战国时秦国国君，在位4年。　[5]庄王大其名立坟者也：指秦庄襄王因为山的名气大，就在那里修建陵墓。

魏明帝景初元年之事参见《三国志》卷三《魏书·明帝纪》"分襄阳郡之郡叶县属义阳郡"句下裴松之注引《魏略》。

蓟子训等言参见《后汉书》卷八二《蓟子训传》。

又东迳新丰县[1]，右会故渠，渠上承霸水，东北迳霸城县故城南，汉文帝之霸陵县也，王莽更之曰水章。魏明帝景初元年[2]，徙长安金狄[3]，重不可致，因留霸城南。人有见蓟子训与父老共摩铜人曰[4]：正见铸此时[5]，计尔日已近五百年矣。

[**注释**]

[1]新丰县：此处指新丰县境。　[2]魏明帝景初元年：237年。　[3]金狄：铜人。　[4]蓟子训：东汉末建安年间客居在济阴苑句（今山东省菏泽市西南），因为他有"神异之道"，一时间士大夫争相前来拜访。《后汉书·方术传》中有传。摩：摩挲，用手抚摸。　[5]"正见铸此时"二句：是说当时正好看到铸造铜人，算起来已经接近500年了。

刘更始葬于霸陵县之事参见《后汉书》卷一一《刘玄传》。

故渠又东北迳刘更始冢西[1]，更始三年[2]，为赤眉所杀[3]，故侍中刘恭夜往取而埋之，光武使司徒邓禹收葬于霸陵县。更始尚书仆射行大将军事鲍永^[4]，持节安集河东^[5]，闻更始死，归世祖^[6]，累迁司隶校尉，行县经更始墓^[7]，遂下拜哭，尽哀而去。帝问公卿，大中大夫张湛曰^[8]：仁不遗旧^[9]，忠不忘君，行之高者。帝乃释^[10]。

鲍永拜更始墓等事参见《后汉书》卷二九《鲍永传》。

[**注释**]

[1]刘更始冢：在今陕西省西安市灞桥区新筑街道冢刘村。刘更始，即刘玄，字圣公，新莽末南阳蔡阳人，为刘秀（汉光武帝）族兄。王莽地皇四年（23），刘玄与刘秀合兵破王莽军，被推为更始将军，旋即被拥立为帝，年号更始。更始三年（25），赤眉军攻入长安，刘玄投降后被杀。　[2]"更始三年"：此句殿本原作"更始二年"，据《后汉书·刘玄传》等记载，更始帝刘玄死于更始三年无疑，此处作"二年"显误，今据改。　[3]赤眉：即赤眉军，新莽末年起事于莒县（今山东省莒县），用赤色染眉，故名。　[4]鲍永：字君长，东汉上党屯留（山西省屯留县）人。东汉初官拜谏议大夫，功封关内侯，为司隶校尉。《后汉书》有传。　[5]持节安集河东：指鲍永手握兵符，正带兵平定河东一带。　[6]世祖：即汉光武帝刘秀。　[7]行县：巡视州县。　[8]张湛：字子孝，东汉扶风平陵（今陕西省咸阳市西北）人，光武建武初为左冯翊，修典礼，设条教，政化大行。　[9]"仁不遗旧"三句：是说为仁者，不遗忘旧交；为忠者，不忘记君主，这些便是高尚之举。　[10]帝乃释：指刘秀听说鲍永拜更始墓，心生疑窦，至此方才释然。

又东北迳新丰县，右合漕渠，汉大司农郑当

郑当时开渠之事参见《汉书》卷二九《沟洫志》。

时所开也[1]。以渭难漕[2]，命齐水工徐伯发卒穿渠引渭[3]。今源自昆明池[4]，南傍山原，东至于河，且田且漕[5]，大以为便[6]。今霸水又北迳秦虎圈东[7]，《列士传》曰[8]：秦昭王会魏王，魏王不行，使朱亥奉璧一双[9]。秦王大怒，置朱亥虎圈中，亥瞋目视虎[10]，眦裂[11]，血出溅虎，虎不敢动，即是处也。霸水又北入于渭水。

[注释]

[1] 郑当时：字庄，西汉陈（今河南省周口市淮阳区）人，汉武帝时曾任大司农等职。　[2] 以渭难漕：因为渭河难以通漕运。　[3] 穿渠引渭：开沟渠以引渭水。　[4]“今源自昆明池”：此句殿本原作“其渠自昆明池”，今据《大典》本、朱藏明钞本、黄本、吴本、《注笺》本改。　[5] 且田且漕：指所开渠水既可用于灌溉农田，又可通航漕运。　[6] 大以为便：靠着漕运，便利极大。　[7]“今霸水又北迳秦虎圈东”：此句殿本原作“今无水霸水又北迳秦虎圈东”，今据残宋本、《大典》本、朱藏明钞本、黄本、吴本、《注笺》本改。虎圈（juàn）：养虎的地方。　[8]《列士传》：西汉小说故事集，刘向撰，原书今已亡佚。　[9] 朱亥：战国魏国人，信陵君（无忌，魏昭王之子）的门客，早年在大梁（今河南省开封市）当屠夫。　[10] 瞋（chēn）目：睁大眼睛瞪视。　[11] 眦（zì）裂：眼角裂开。

渭水又东会成国故渠[1]。渠，魏尚书右仆射卫臻征蜀所开也[2]，号成国渠，引以浇故田[3]。其渎上承汧水于陈仓东[4]，东迳郿及武功[5]、槐里县北[6]，渠左有安定梁岩冢[7]，碑碣尚存。

［注释］

[1] 成国故渠：此处所指兼言汉、魏所开成国渠。汉渠渠首在今陕西省眉县杜家村西南东门渡口，东南经今祁家河、河池、白家下村、马道、孙家村南，东经南寨北、岭堡南入扶风县境，横绝今漆水河，东经铁牛寨、枣林以南，张兔村、郝家堡、西孟村以北，折而东北经今兴平市肖马村、上寨、焦村、寨陈、址坊头、宋村、豆马村，入今咸阳市境，经窑店等村寨东南入渭。三国时期，曹魏再开成国渠，在汉成国渠基础之上，将渠向西延伸，于陈仓县受汧水。其位置大致在今周原南渭河谷地与今宝鸡峡引渭总渠并行，其路线为自虢镇引汧水，东经宝鸡市陈仓区阳平镇、岐山县蔡家坡镇、眉县马家镇，至咸阳市杨陵区揉谷镇汇入汉渠。　　[2]"魏尚书右仆射卫臻征蜀所开也"：此句殿本原作"魏尚书左仆射卫臻征蜀所开也"，今据残宋本、《大典》本、朱藏明钞本改。　　[3]"引以浇故田"：此句殿本原作"引以浇田"，今据残宋本、《大典》本、朱藏明钞本、黄本、吴本、《注笺》本、《注释》本改。　　[4] 陈仓：即陈仓城。　　[5] 郿：即郿县故城。武功：即武功县故城。　　[6] 槐里县：即槐里县故城。　　[7]"渠左有安定梁岩冢"：此句殿本原作"渠左有安定梁严冢"，今据《大典》本、《注释》本改。梁岩冢：在今陕西省兴平市南位镇附近。

有关汉武帝茂陵的记载参见《三辅黄图》卷六《陵墓》，《汉书》卷六《武帝纪》"（建元二年）初置茂陵邑"句下颜师古注引应劭语以及"（后元二年）葬茂陵"句下颜师古注引臣瓚语。

又东迳汉武帝茂陵南[1]，故槐里之茂乡也。

应劭曰：帝自为陵[2]，在长安西北八十余里。《汉武帝故事》曰：帝崩后见形[3]，谓陵令薛平曰：吾虽失势，犹为汝君，奈何令吏卒上吾陵磨刀剑乎？自今以后，可禁之。平顿首谢[4]，因不见。推问陵旁，果有方石，可以为砺[5]，吏卒常盗磨刀剑。霍光欲斩之[6]，张安世曰[7]：神道茫昧，不宜为法。乃止。故阮公《咏怀诗》曰[8]：失势在须臾[9]，带剑上吾丘。

《汉武帝故事》之文参见《北堂书钞》卷一六〇《地部》及《太平御览》卷八八《皇王部》所引。

[注释]

[1]汉武帝茂陵：在今陕西省兴平市南位镇策村南。　[2]帝自为陵：指汉武帝亲自为自己建造陵邑。　[3]见（xiàn）形：即现形。　[4]平顿首谢：薛平叩头下拜。　[5]砺（lì）：粗磨刀石。　[6]霍光：字子孟，河东平阳（今山西省临汾市西南）人，霍去病异母弟。汉武帝时，为奉车都尉。昭帝时受武帝遗诏辅政，任大司马、大将军。　[7]张安世：字子孺，京兆杜陵（今陕西省西安市南）人，汉昭帝时，为右将军，封富平侯。　[8]阮公：即阮籍。参见卷十六《榖水篇》"阮步兵"条注释。　[9]须臾（yú）：片刻。

陵之西如北一里[1]，即李夫人冢[2]，冢形三成[3]，世谓之英陵。夫人兄延年知音[4]，尤善歌舞，帝爱之，每为新声变曲，闻者莫不感动。常侍上起舞，歌曰：北方有佳人，绝世而独

"陵之西如北一里"至"赋诗悼伤"：此段文字参见《汉书》卷九七《外戚传》。

立，一顾倾人城，再顾倾人国。宁不知倾城复倾国，佳人难再得。上曰：世岂有此人乎？平阳主曰[5]：延年女弟。上召见之，妖丽善歌舞，得幸，早卒，上悯念之，以后礼葬[6]，悲思不已，赋诗悼伤。

［注释］

[1] 如北：往北去。如，去，往。 [2] 李夫人冢：在今陕西省兴平市南位镇策村西南。李夫人，汉武帝刘彻的妃子，中山（今河北省定州市）人，李广利、李延年之妹，子刘髆，即昌邑哀王。 [3] 三成：即三层。 [4] 知音：懂得音乐。 [5] 平阳主：即平阳公主，汉景帝刘启与皇后王娡的长女，汉武帝刘彻同母姐。 [6] 以后礼葬：按照皇后之礼制下葬。

故渠又东迳茂陵县故城南[1]，武帝建元二年置[2]。《地理志》曰：宣帝县焉，王莽之宣成也。

汉武帝建元二年置茂陵邑之事参见《汉书》卷六《武帝纪》。

［注释］

[1] 茂陵县故城：在今陕西省兴平市南位镇史村南。 [2] 武帝建元二年：前139年。

故渠又东迳龙泉北[1]，今人谓之温泉，非也。渠北故坂北即龙渊庙[2]。如淳曰：《三辅黄图》

有龙渊宫，今长安城西有其庙处。盖宫之遗也。

[注释]

[1]龙泉：在今陕西省咸阳市秦都区马泉街道马跑泉村。　[2]龙渊庙：在今陕西省咸阳市秦都区陈阡村东。

故渠又东迳姜原北[1]，渠北有汉昭帝平陵[2]，东南去长安七十里。又东迳平陵县故城南[3]，《地理志》曰：昭帝置，王莽之广利也。故渠之南有窦氏泉[4]，北有徘徊庙[5]。

[注释]

[1]姜原：今陕西省咸阳市西北塬地。　[2]"渠北有汉昭帝平陵"：此句殿本原作"渠北有汉昭帝陵"，今据残宋本、朱藏明钞本、黄本、吴本、《注笺》本、《注释》本、《注疏》本增"平"字。汉昭帝平陵：在今陕西省咸阳市秦都区双照街道大王村至互助村之间。　[3]平陵县故城：在今陕西省咸阳市秦都区双照街道庞村南。　[4]窦氏泉：在今陕西省咸阳市秦都区古渡街道魏家泉村东南魏家泉。　[5]徘徊庙：在今陕西省咸阳市秦都区双照街道北上召村附近。

又东迳汉大将军魏其侯窦婴冢南[1]，又东迳成帝延陵南[2]，陵之东北五里，即平帝康陵坂也[3]。故渠又东迳渭陵南[4]，元帝永光四年[5]，以渭城寿陵亭原上为初陵，诏不立县邑。又东迳哀帝义陵南[6]，又东迳惠帝安陵南[7]，陵北有安陵县故城[8]。《地理志》曰：惠帝置，王莽之嘉平也。渠侧有杜邮亭。又东迳渭城北，《地理志》曰：县有兰池宫。秦始皇微行，逢盗于兰池，今不知所在也。

汉元帝永光四年为初陵之事参见《汉书》卷九《元帝纪》。

秦始皇微行逢盗之事参见《史记》卷六《秦始皇本纪》。

[注释]

[1]窦婴冢：在今陕西省咸阳市秦都区双照街道南上召村、北上召村附近。窦婴，字王孙，清河观津县（今河北省衡水市东）人，汉文帝皇后窦氏侄。景帝时，为大将军，武帝初，任丞相，后因伪造诏书罪处死。　[2]成帝延陵：在今陕西省咸阳市渭城区周陵街道严家沟村西北。　[3]平帝康陵：在今陕西省咸阳市渭城区周陵街道大寨村东、王车村北。　[4]渭陵：即汉元帝陵，在今陕西省咸阳市渭城区周陵街道新庄村。　[5]元帝永光四年：前40年。　[6]哀帝义陵：在今陕西省咸阳市渭城区周陵街道南贺村东南。　[7]惠帝安陵：在今陕西省咸阳市渭城区正阳街道白庙村。　[8]安陵县故城：在今陕西省咸阳市渭城区正阳街道白庙村。

又东迳长陵南[1]，亦曰长山也。《三秦记》曰[2]：长安城北有平原，广数百里。民井汲巢居，井深五十丈。秦名天子冢曰山，汉曰陵，故通曰山陵矣。《风俗通》曰：陵者，天生自然者也，今王公坟垄称陵。《春秋左传》曰：南陵，夏后皋之墓也。《春秋说题辞》曰：丘者，墓也；冢者，种也，种墓也。罗倚于山[3]，分卑尊之名者也。

[注释]

[1] 长陵：即汉高帝陵，在今陕西省咸阳市渭城区窑店街道三义村北。 [2]"《三秦记》曰"至"井深五十丈"：此段文字殿本原在郦《注》下文"渠水又北注于渭"之后，今据其他各本移此。按，此句文气与上下文似乎不接，但是前述各陵所在确实是在"长安城北"，与此句所述地域相合。而且，下文内容（"秦名天子冢曰山，汉曰陵，故通曰山陵矣"）也确实出自《三秦记》。 [3] 罗倚于山：倚山罗列。

故渠又东迳汉丞相周勃冢南[1]，冢北有亚夫冢[2]。故渠东南谓之周氏曲[3]，又东南迳汉景帝阳陵南[4]，又东南注于渭，今无水。

[注释]

[1]周勃冢：在今陕西省咸阳市渭城区正阳街道杨家湾村。 [2]亚夫冢：在今陕西省咸阳市渭城区正阳街道杨家湾村，周勃冢北。 [3]周氏曲：指汉成国渠在今杨家湾村以南转弯处。 [4]汉景帝阳陵：在今陕西省咸阳市渭城区正阳街道张家湾、后沟村北。

渭水又东迳霸城县北[1]，与高陵分水[2]，水南有定陶恭王庙[3]、傅太后陵[4]。元帝崩，傅昭仪随王归国，称定陶太后。后十年[5]，恭王薨，子代为王[6]，征为太子[7]，太子即帝位[8]，立恭王寝庙于京师[9]，比宣帝父悼皇故事[10]。元寿元年，傅后崩，合葬渭陵。潘岳《关中记》：汉帝后同茔，则为合葬不共陵也，诸侯皆如之。恭王庙在霸城西北，庙西北，即傅太后陵，不与元帝同茔。渭陵非谓元帝陵也。盖在渭水之南，故曰渭陵也。陵与元帝齐者，谓同十二丈也。王莽奏毁傅太后冢，冢崩，压杀数百人；开棺，臭闻数里。公卿在位，皆阿莽旨[11]，入钱帛[12]，遣子弟及诸生、四夷[13]，凡十余万人，操持作具[14]，助将作掘傅后冢，二旬皆平[15]，周棘其处[16]，以为世戒[17]。今其处积土犹高，世谓之增墀，又亦谓之增阜，俗亦谓之成帝初陵处，所未详也。

元帝崩，立恭王寝庙以及傅后合葬渭陵等事参见《汉书》卷九七《孝元傅昭仪传》。

王莽奏毁傅太后冢等事参见《汉书》卷九七《定陶丁姬传》。

汉成帝初陵在渭北，鸿嘉元年（前20）曾于新丰戏乡置昌陵县，四年后罢昌陵。参见《汉书》卷一〇《成帝纪》。

[注释]

[1]霸城县：即霸城县故城，参见前文"霸陵县"条注释。　[2]高陵：秦置县，曹魏改高陆县，至北魏不变。今陕西省西安市高陵区。　[3]定陶恭王庙：在今陕西省西安市灞桥区新筑街道枣园

村东南。定陶恭王，即刘康，汉元帝刘奭次子，汉成帝刘骜异母弟。其子为汉哀帝刘欣。　[4] 傅太后陵：在今陕西省西安市灞桥区新筑街道上双寨村。傅太后，即傅昭仪，汉元帝嫔妃（昭仪即其位号），定陶恭王生母。汉哀帝刘欣即位后，尊傅氏为恭皇太后。王莽掌权，掘其坟重葬，封号降为定陶恭王母。　[5] 后十年：即汉元帝崩后十年（前23）。　[6] 子代为王：指恭王刘康的儿子刘欣继承了定陶王的王位。　[7] 征为太子：指刘欣被征召为太子。　[8] 太子即帝位：指汉成帝去世后，刘欣成为皇帝，即汉哀帝。　[9] 寝庙：古时宗庙的正殿为庙，后殿称寝。　[10] 比宣帝父悼皇故事：参照宣帝的父亲悼皇的先例。　[11] 皆阿（ē）莽旨：都去迎合王莽的心思。阿，阿谀奉承。　[12] 入钱帛：交纳钱财、布帛。　[13] 四夷：指外族人。　[14] 操持作具：拿着各种作业工具。　[15] 二旬皆平：指众人掘墓，费时二十天终于把坟冢都掘平了。　[16] 周棘其处：在原地围上荆棘。　[17] 以为世戒：作为对后世的警戒。

王谭受封为平阿侯之事参见《汉书》卷九八《元后传》。

渭水又迳平阿侯王谭墓北[1]，冢次有碑，左则泾水注之[2]。渭水又东迳郿县西[3]，盖陇西郡之郿徙也。渭水又东得白渠枝口[4]，又东与五丈渠合[5]，水出云阳县石门山[6]，谓之清水[7]，东南流迳黄嶔山西[8]，又南入役祤县[9]，历原南出[10]，谓之清水口。东南流绝郑渠[11]，又东南入高陵县，迳黄白城西[12]，本曲梁宫也。南绝白渠，屈而东流，谓之曲梁水。又东南迳高陵县故城北^[13]，东南绝白渠渎^[14]，又东南入万年县^[15]，谓之五丈渠，又迳藕原东^[16]，东南流注于渭。

［注释］

[1] 王谭墓：在今陕西省西安市灞桥区新筑街道、新合街道附近。　[2] 泾水：今泾河。泾渭交汇处在今陕西省西安市高陵区耿镇偏西，即所谓"泾渭分明"处。　[3] 郿县：在今陕西省西安市临潼区北田街道。　[4] 白渠枝口：指白渠水入渭处，在今陕西省西安市临潼区北田街道滩王村东南。　[5] 五丈渠：今陕西省西安市高陵区附近古渠。　[6] 云阳县：此处指汉代云阳县，治今陕西省淳化县铁王镇梁武帝村西侧。云阳县，汉始置，魏废，置抚夷护军，晋罢，北魏别置县。石门山：今山同名。在今陕西省铜川市耀州区、淳化县、旬邑县交界处。　[7] 清水：今清峪河。　[8] 黄嵚（qīn）山：今陕西省铜川市耀州区庙湾镇西南之香山。　[9] 祋（duì）祤（yǔ）县：西汉置县，东汉废而复置，汉末又废。　[10] 历原南出：此处的"原"即今天齐原、丰原，今清峪河穿天齐原与丰原之间南流。　[11] 郑渠：即郑国渠。　[12] 黄白城：在今陕西省三原县西阳镇武官坊。　[13] 高陵县故城：在今陕西省西安市高陵区鹿苑镇古城村北。　[14] 白渠渎：指白渠枝渠。　[15] 万年县：汉置县，至北魏不变。　[16] 藕原：今丰正原，又称白蟒原。

渭水右迳新丰县故城北^[1]，东与鱼池水会^[2]，水出丽山东北^[3]，本导源北流，后秦始皇葬于山北，水过而曲行，东注北转，始皇造陵取土，其地污深，水积成池，谓之鱼池也[4]。在秦皇陵东北五里，周围四里，池水西北流，迳始皇冢北[5]。秦始皇大兴厚葬，营建冢圹于丽戎之山[6]，一名蓝田[7]，其阴多金[8]，其阳多玉，始皇贪其美名，因而葬焉。斩山凿石，下锢三泉，以铜为椁，旁行周回三十余里，上画天文星宿之象，下以水银为四渎百川、五岳九州，具地理之势。宫观百官，奇器珍宝，充满其中。令匠作机弩，有所穿近，辄射之。以人鱼膏为灯烛[9]，取其不灭者久之。后宫无子者，皆使殉葬，甚众。坟高五十丈[10]，周回五里余，作者七十万人[11]，积年方成。而周章百万之师，已至其下，乃使章邯领作者以御难，弗能禁。项羽入关，发之，以三十万人，三十日，运物不能穷。关东盗贼，销椁取铜，牧人寻羊烧之[12]，火延九十日不能灭。

秦始皇大建陵寝之事详见《史记》卷六《秦始皇本纪》。

秦始皇大兴厚葬及项羽入关之事参见《汉书》卷三六《刘向传》所载刘向上疏所言。

［注释］

[1]新丰县故城：在今陕西省西安市临潼区新丰街道沙河村南。　[2]鱼池水：今沙河。　[3]丽山：今骊（lí）山。　[4]鱼池：在秦始皇陵东北。水体范围大致为自陕西省西安市临潼区鱼池堡村、陈王村之间向西北转，止于吴西村北鱼池水库坝体，其北侧为鱼池堡村、吴东村、吴中村，水体边缘为高3—10米的

断崖。　[5] 始皇冢：即秦始皇陵，在今陕西省西安市临潼区秦陵街道秦陵村。　[6] 冢圹：坟墓。圹，墓穴。丽戎之山：即骊山。　[7] 一名蓝田：指丽山又名蓝田山。　[8] "其阴多金" 二句：是说山的北面多出金，南面多出玉。　[9] 人鱼：鲵鱼，俗称娃娃鱼。　[10] "坟高五十丈"：此句殿本原作 "坟高五丈"，今据《注疏》本改。　[11] 作者：指修陵作业者。　[12] 牧人寻羊烧之：指为了寻找走失的牧羊，放牧的人手持火把进入秦始皇陵穴之中，失火烧了棺椁。

　　北对鸿门十里[1]，池水又西北流，水之西南有温泉[2]，世以疗疾[3]。《三秦记》曰：丽山西北有温水，祭则得入[4]，不祭则烂人肉。俗云：始皇与神女游而忤其旨[5]，神女唾之生疮[6]，始皇谢之[7]，神女为出温水，后人因以浇洗疮。张衡《温泉赋序》曰：余适丽山[8]，观温泉，浴神井，嘉洪泽之普施[9]，乃为之赋云。此汤也[10]，不使灼人形体矣[11]。池水又迳鸿门西，又迳新丰县故城东，故丽戎地也。高祖王关中[12]，太上皇思东归[13]，故象旧里，制兹新邑，立城社，树枌榆，令街庭若一[14]，分置丰民以实兹邑[15]，故名之为新丰也。汉灵帝建宁三年[16]，改为都乡，封段颎为侯国[17]。后立阴槃城[18]，其水际

新丰县由来这段文字与《汉书》卷二八《地理志》京兆尹新丰县条下颜师古注引应劭所言相似。

参见《后汉书》卷六五《段颎传》。

城北出，世谓是水为阴槃水。又北绝漕渠，北注于渭。

[注释]

[1]北对鸿门十里：指鸿门在秦始皇陵之北十里。鸿门，在今陕西省西安市临潼区新丰街道东南黄土台塬北缘豁口。　[2]温泉：今陕西省西安市临潼区骊山温泉。　[3]世以疗疾：世人用来治病。　[4]"祭则得入"二句：是说祭拜的人可以下温泉，而不祭拜的入了温泉水后，皮肉会发生溃烂。　[5]忤：违背。　[6]神女唾之生疮：神女向秦始皇吐唾沫，使他生疮。　[7]"始皇谢之"三句：是说秦始皇向神女谢罪，神女便为他变出温泉水，后人于是用温泉来洗疮。　[8]"余适丽山"：此句殿本原作"余出丽山"，今据《大典》本、朱藏明钞本改。　[9]嘉：赞许。　[10]汤：指温泉。[11]不使灼人形体：指温泉水不会灼伤人的身体。[12]高祖王关中：指汉高祖刘邦在关中称王。　[13]太上皇：指刘邦父亲。　[14]令街庭若一：指使得新城的街道庭院与老家故城一样。　[15]分置丰民以实兹邑：把一部分丰县民众迁徙过来充实本邑。　[16]汉灵帝建宁三年：170年。　[17]段颎（jiǒng）：字纪明，武威姑臧（今甘肃省武威市）人，东汉将领，两度任护羌校尉，以军功封侯。　[18]后立阴槃城：东汉末年，移安定郡阴槃县于新丰县治，北魏徙治泠水西。

渭水又东迳鸿门北，旧大道北下坂口名也。古有鸿门亭[1]。《汉书》：高祖将见项羽。《楚汉春秋》曰：项王在鸿门，亚父曰[2]：吾使人望沛

汉高祖见项羽于鸿门宴等事详见《史记》卷八《高祖本纪》、卷七《项羽本纪》及《汉书》卷一《高帝纪》等。

公，其气冲天，五色采相缪[3]，或似龙，或似云，非人臣之气，可诛之。高祖会项羽，范增目羽，羽不应。樊哙杖盾撞人入，食豕肩于此[4]，羽壮之。《郡国志》曰新丰县东有鸿门亭者也[5]。郭缘生《述征记》[6]：或云霸城南门曰鸿门也。项羽将因会危高祖，羽仁而弗断，范增谋而不纳，项伯终护高祖以获免。既抵霸上，遂封汉王。按《汉书注》，鸿门在新丰东十七里，则霸上应百里。按《史记》，项伯夜驰告张良，良与俱见高祖，仍使夜返。考其道里，不容得尔。今父老传在霸城南门数十里，于理为得。按缘生此记，虽历览《史》《汉》，述行涂经见[7]，可谓学而不思矣。今新丰县故城东三里有坂，长二里余，堑原通道，南北洞开，有同门状，谓之鸿门。孟康言，在新丰东十七里，无之。盖指县治而言，非谓城也。自新丰故城西至霸城五十里，霸城西十里则霸水，西二十里则长安城。应劭曰：霸，水上地名，在长安东三十里[8]，即霸城是也。高祖旧停军处，东去新丰既近[9]，何恶项伯夜与张良共见高祖乎？推此言之，知缘生此记乖矣[10]。

《太平御览》卷一五《天部》引《楚汉春秋》曰：亚父谋曰："吾望沛公，其气冲天，五色相掺，或似龙，或似蛇，或似虎，或似云，或似人，此非人臣之气也。"

[注释]

[1]"古有鸿门亭"：此句殿本原作"右有鸿亭"，今据《注释》本、《注疏》本改。 [2]亚父：即范增，秦末居巢（今安徽省巢湖市）人，项羽谋士。 [3]缪：交错缠绕。 [4]豕肩：猪肘子。 [5]《郡国志》：即司马彪所撰《续汉书·郡国志》。参见卷六《汾水篇》"司马彪《后汉·郡国志》"条注释。 [6]郭缘生《述征记》：郭缘生，晋末宋初人，从宋武帝（刘裕）西征，将其沿途所见所闻辑录成书，名《述征记》。《水经注》多有引用并辨正其观点。 [7]行涂经见：旅行途中的经历和见闻。涂，通"途"。 [8]"在长安东三十里"：此二句殿本原作"在长安东二十里"，今据《注疏》改。 [9]"东去新丰既近，何恶项伯夜与张良共见高祖乎"：此二句殿本原作"东去新丰既远，何由项伯夜与张良共见高祖乎"，今据残宋本、《大典》本改。"东去新丰既近"二句：是说由霸上向东，离开新丰不远，怎么会妨碍项伯晚上自新丰附近的鸿门到霸上与张良见面后一起去见刘邦呢？ [10]乖：相违，背离。

晋献公获骊姬之事参见《左传》庄公二十八年。

参见《史记》卷六《秦始皇本纪》"陈涉所遣周章等将西至戏"句下裴骃《集解》引应劭、孟康语、苏林。

渭水又东，石川水南注焉[1]。渭水又东，戏水注之[2]，水出丽山冯公谷[3]，东北流，又北迳丽戎城东[4]。《春秋》：晋献公五年伐之[5]，获丽姬于是邑。丽戎，男国也[6]，姬姓，秦之丽邑矣。又北，右总三川[7]，迳鸿门东，又北迳戏亭东[8]。应劭曰：戏，弘农湖县西界也[9]。地隔诸县，不得为湖县西。苏林曰：戏，邑名，在新丰东南三十里[10]。孟康曰：乃水名也，今戏亭是也。昔周幽王悦褒姒[11]，姒不笑，王乃击鼓举烽以征诸侯，诸侯至，无寇，褒姒乃笑，王甚悦之。及犬戎至，王又举烽以征诸侯，诸侯不至，遂败幽王于戏水之上，身死于丽山之北，故《国语》曰：幽，灭者也。汉成帝建始二年[12]，造延陵为初陵，以为非吉，于霸曲亭南更营之。鸿嘉元年[13]，于新丰戏乡为昌陵县，以奉初陵。永始元年[14]，诏以昌陵卑下，客土疏恶[15]，不可为万岁居，其罢陵作，令吏民反故[16]，徙将作大匠解万年燉煌[17]。《关中记》曰：昌陵在霸城东二十里，取土东山，与粟同价，所费巨万，积年无成，即此处也。戏水又北分为二水，并注渭水。

周幽王烽火戏诸侯之事参见《史记》卷四《周本纪》。

参见《国语·鲁语》。

汉成帝改建陵墓之事参见《汉书》卷一〇《成帝纪》及卷七〇《陈汤传》。

[注释]

[1]石川水：今石川河。　[2]戏水：今戏河。　[3]冯公谷：今戏河峪。　[4]丽戎城：在今陕西省西安市临潼区代王镇岩王村。　[5]晋献公五年：前672年。　[6]男国：指丽戎国的封爵是男爵。　[7]三川：指今戏河东清水沟水系。　[8]戏亭：在今陕西省西安市临潼区新丰街道东叶家堡村。　[9]弘农湖县：湖县，西汉时属京兆尹，东汉改属弘农郡。治今河南省灵宝市西。　[10]"在新丰东南三十里"：此句殿本原作"在新丰东南四十里"，今据其

他各本改。　[11]周幽王：名宫涅，西周国君，周宣王子，在位11年。周幽王宠爱褒姒，立褒姒之子为太子，废申后和太子宜臼。申后之父申侯联合缯国、犬戎等共伐周，杀周幽王于骊山下，西周灭亡。　[12]汉成帝建始二年：前31年。　[13]鸿嘉元年：前20年。　[14]永始元年：前16年。　[15]客土疏恶：指从别处运来的土松软，土质很差。　[16]反故：返回原来的居所。反，通"返"。　[17]徙将作大匠解万年燉煌：把解万年贬至敦煌郡。将作大匠，负责宫室、宗庙、陵墓等土木工程营建的官员。燉煌，即敦煌郡，西汉置，治敦煌县（今甘肃省敦煌市西）。

渭水又东，泠水入焉[1]，水南出肺浮山[2]，盖丽山连麓而异名也。北会三川[3]，统归一壑，历阴槃、新丰两原之间[4]，北流注于渭。

[注释]

[1]泠水：今零河。　[2]肺浮山：今陕西省西安市临潼区与蓝田县交界处之金山，在骊山之东。　[3]三川：指今龙河及其下游两条支流。　[4]阴槃、新丰两原：阴槃原即今代王—马额原，新丰原即今阳郭原。

渭水又东，酉水南出倒虎山[1]，西总五水[2]，单流迳秦步高宫东[3]，世名市丘城。历新丰原东而北迳步寿宫西[4]，又北入渭。

[注释]

[1] 酋水：今酒（qiú）河。倒虎山：今玄象山（二郎山）。 [2] 五水：指今酒河流域之小桥沟、羊河、庙河、五渠沟、稠水河。 [3] 步高宫：在今陕西省渭南市临渭区阳郭镇张胡村东北。 [4] 步寿宫：在今陕西省渭南市临渭区丰原镇西南。

渭水又东得西阳水[1]，又东得东阳水[2]，并南出广乡原北垂[3]，俱北入渭。

[注释]

[1] 西阳水：今马家沟。 [2] 东阳水：今康家沟。 [3] 广乡原：今崇凝原。

渭水又东迳下邽县故城南[1]，秦伐邽，置邽戎于此。有上邽，故加下也。渭水又东与竹水合[2]，水南出竹山北[3]，迳媚加谷[4]，历广乡原东，俗谓之大赤水，北流注于渭。

参见《史记》卷五《秦本纪》、《汉书》卷二八《地理志》京兆尹下邽县颜师古引应劭语。

[注释]

[1] 下邽县故城：在今陕西省渭南市临渭区故市镇故县村、巴邑村一带。 [2] 竹水：今箭峪河—赤水河。又，渭水水系就水—竹水段示意图见图7。 [3] 竹山：今箭峪山。 [4] 媚加谷：今箭峪。

白公起白渠之事参见《汉书》卷二九《沟洫志》。

渭水又东得白渠口[1]。大始二年[2]，赵国中

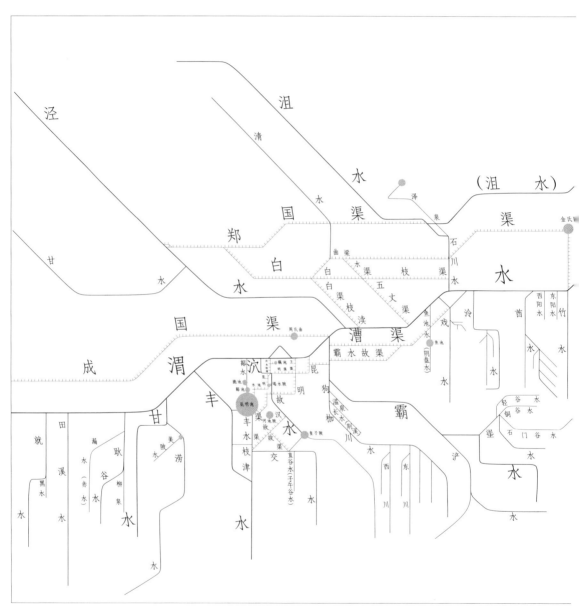

图 7　渭水水系示意分图五（就水—竹水段）

大夫白公奏穿渠引泾水^[3]，首起谷口，出于郑渠南，名曰白渠。民歌之曰：田于何所，池阳、谷口，郑国在前，白渠起后。即水所始也^[4]。东迳宜春城南^[5]，又东南迳池阳城北^[6]，枝渎出焉^[7]。东南历藕原下，又东迳鄣县故城北^[8]，东南入渭。今无水。

[**注释**]

[1]白渠口：即白渠入渭水之口。汉开白渠，至曹魏犹存。　[2]大始二年：即汉武帝太始二年（前95）。　[3]泾水：今泾河。　[4]即水所始也：这里指的是白渠的渠首。今陕西省泾阳县王桥镇上然村，有白渠渠首遗址。　[5]宜春城：在今陕西省泾阳县王桥镇上然村。　[6]池阳城：在今陕西省泾阳县北郊宝峰寺村。　[7]枝渎：此白渠枝渎从今汉堤洞自白渠分出，大致循今泾惠南干渠东流。　[8]鄣县故城：在今陕西省西安市临潼区北田街道。

白渠又东，枝渠出焉^[1]，东南迳高陵县故城北，《地理志》曰：左辅都尉治，王莽之千春也。《太康地记》谓之曰高陆也。车频《秦书》曰：苻坚建元十四年^[2]，高陆县民穿井得龟，大二尺六寸，背文负八卦古字，坚以石为池养之，十六年而死，取其骨以问吉凶，名为客龟。大卜佐高

参见《汉书》卷二八《地理志》左冯翊高陵县条。

客龟之事参见《十六国春秋》卷三七《前秦录》。

鲁梦客龟言：我将归江南，不遇[3]，死于秦。鲁于梦中自解曰：龟三万六千岁而终，终必亡国之征也。为谢玄破于淮、肥，自缢新城浮图中[4]，秦祚因即沦矣。

苻坚为谢玄所破等事参见《晋书》卷九《孝武帝纪》、卷一一四《苻坚载记》。

[注释]

[1] 枝渠：此白渠枝渠自今汉堤洞分出，经陕西省泾阳县三渠镇南东南流，在磨子桥村入今陕西省西安市高陵区境，东流经通远镇北，又东北至大程镇南循今清河东流入石川河。　[2] 苻坚建元十四年：378 年。苻坚，字永固，氐族人。十六国时期前秦国君，在位 28 年，其间前秦成为十六国时期版图最大、实力最强的政权。　[3] 不遇：所遇者不合意。　[4] 浮图：指佛塔。

秦献公徙居栎阳之事参见《史记》卷五《秦本纪》。

项羽封司马欣为塞王之事参见《史记》卷七《项羽本纪》。

汉高祖都栎阳之事参见《汉书》卷一《高帝纪》。

景丹封侯之事参见《后汉书》卷二二《景丹传》。

又东迳栎阳城北[1]，《史记》：秦献公二年[2]，城栎阳，自雍徙居之；十八年[3]，雨金于是处也[4]。项羽以封司马欣为塞王。按《汉书》：高帝克关中始都之，王莽之师亭也。后汉建武二年[5]，封骠骑大将军景丹为侯国[6]。丹让，世祖曰[7]：富贵不还故乡，如衣锦夜行[8]，故以封卿。白渠又东迳秦孝公陵北[9]，又东南迳居陵城北[10]，莲芍城南[11]，又东注金氏陂[12]，又东南注于渭。故《汉书·沟洫志》曰白渠首起谷口，尾入栎阳是也。今无水。

[注释]

[1] 栎阳城：在今陕西省西安市阎良区武屯镇官庄、于宝屯一带。　[2] 秦献公二年：前 383 年。　[3] 十八年：即秦献公十八年（前 367）。　[4] 雨金：天降金属。　[5] 后汉建武二年：26年。　[6] 景丹：字孙卿，冯翊栎阳（今陕西省西安市阎良区东南）人，东汉初"云台二十八将"之一。　[7] 世祖：即东汉光武帝，刘秀。　[8] 衣锦夜行：穿着锦缎衣服在夜间出行。　[9] 秦孝公陵：在今陕西省西安市阎良区关山镇孙李村附近。　[10] 居陵城：在今陕西省渭南市临渭区下邽镇。　[11] 莲芍城：即莲芍县故城，在今陕西省蒲城县与富平县交界处卤泊滩南、荆姚镇原东村附近。汉置县，东汉、晋、北魏仍之。　[12] 金氏陂：在今陕西省渭南市临渭区下邽镇东南、蔺店镇西南一带。

[点评]

郦《注》这一部分主要是针对渭水的一条重要支流——位于长安城东部的霸水做注，对霸水沿岸及其周边地区的自然与人文景观进行了较为细致的描述。其中涉及的自然地理景观主要有风凉原、骊山、白鹿原等；人文景观则有城邑（主要有杜县故城、霸陵县故城、新丰县故城、栎阳城等）、帝王陵寝（主要有秦孝公陵、秦庄王子楚陵、秦始皇帝陵、汉高帝长陵、汉惠帝安陵、汉文帝霸陵、汉景帝阳陵、汉武帝茂陵、汉昭帝平陵、汉宣帝杜陵、汉元帝渭陵、汉成帝延陵、汉哀帝义陵、汉平帝康陵及刘更始冢等）、庙宇（如王莽九庙）、苑囿

（如虎圈）、桥梁（如霸桥）、故渠（成国渠、白渠等）等。此外，还结合沿途的地点生动描述了一些历史故事，如周幽王为博褒姒一笑的烽火戏诸侯、秦昭王置朱亥于虎圈、刘邦会项羽于鸿门宴、临江王刘荣折轴、李延年起舞而歌"北方有佳人"等，使人在了解掌故逸闻的同时，也不免会对其中历史人物的命运唏嘘感叹。

　　此外，本条《经》文（"渭水过霸陵县，霸水入渭水"）下的注文在流传过程中曾存在错简现象，给古人阅读添加过不少障碍。若以明代朱谋㙔《水经注笺》中的文字与本书所选定的这段注文顺序相比，可知二者之间竟存在 11 处不同的文本顺序。虽然明代的吴琯、朱谋㙔都曾尝试调整《渭水篇》中的错简，但很显然他们对于本段注文中所存的文本前后错乱都束手无策。清代胡渭《禹贡锥指》利用《水经注》文字阐释《禹贡》的同时，十分注重以实际的舆地信息来校对文本。在这种思路的启迪之下，沈炳巽在《水经注集释订讹》中进行了大刀阔斧的调整——他在这段注文中一口气挑出 10 处顺序有问题的文本，虽然这一举措的结果并不完美，但着实为全祖望、赵一清、戴震继续完善这段文本打下了坚实的基础。再之后，杨守敬、熊会贞在《水经注疏》中尝试了最后一处调整，这才使得这段文字如今天所示，既接近郦《注》原貌，又符合地理形势〔关于《渭水篇》中若干处文字错位以及历代重要《水经注》版本的调整工作，详细内容可参见李晓杰主编《水经注校笺图释·渭水流域诸篇》之《附录三〈水经注〉（渭水篇）参校版本错简示意对照表》〕。仅此一例即可看出，《水经注》一书之"奇"，也在历代学者整理该书的重重推进工作中尽显本色。

又东过郑县北 [1]，

渭水又东迳峦都城北 [2]，故蕃邑，殷契之所居 [3]。《世本》曰 [4]：契居蕃。阚骃曰：蕃在郑西。然则今峦城是矣，俗名之赤城，水曰赤水，非也。苻健入秦 [5]，据此城以抗杜洪 [6]。小赤水即《山海经》之灌水也 [7]，水出石脆之山 [8]，北迳萧加谷于孤柏原西 [9]，东北流与禹水合 [10]。水出英山 [11]，北流与招水相得 [12]，乱流西北注于灌，灌水又北注于渭。

苻健入秦之事参见《十六国春秋》卷三《前秦录》、《晋书》卷一一二《苻健载记》。

参见《山海经》卷二《西山经》。

[**注释**]

[1] 郑县：在今陕西省渭南市华州区北郊。秦置县，至曹魏不变。　[2] 峦都城：在今陕西省渭南市华州区赤水镇。　[3] 殷契：殷的始祖契。　[4]《世本》：参见前文"《世本》"条注释。[5] 苻健：十六国时期前秦开国国君，字建业，氐族人，苻坚之伯父。在位5 年。　[6] 杜洪：十六国时期长安地方武装力量首领，京兆长安县（今陕西省西安市）人。败于苻健，后为部将所杀。　[7] 小赤水：今桥峪河—遇仙河。　[8] 石脆之山：今草链岭，为桥峪河源发之地。　[9] 萧加谷：今桥峪。孤柏原：今高塘原桥峪河以东部分。　[10] 禹水：今金堆峪河。　[11] 英山：今金堆峪以南一带山

地。　[12]招水：今车夫峪河。

渭水又东合沙沟水[1]，水即符禺之水也，南出符禺之山[2]，北流入于渭。

[注释]

[1]"渭水又东合沙沟水"至"北流入于渭"：此段文字殿本原在郦《注》下文"（泥泉水）而北流注于渭水也"句下，今据《注疏》本移此。"渭水又东合沙沟水"：此句殿本原作"渭水又东合沙渠水"，今据残宋本、《大典》本、黄本、吴本、《注笺》本、《注疏》本改。沙沟水：今马峪河。　[2]"南出符禺之山"：此句殿本原本作"南出符石，又迳符禺之山"，今据《山海经》改。

渭水又东，西石桥水南出马岭山[1]，积石据其东[2]，丽山距其西，源泉上通，悬流数十，与华岳同体[3]。其水北迳郑城西[4]，水上有桥，桥虽崩褫，旧迹犹存，东去郑城十里，故世以桥名水也。而北流注于渭。阚骃谓之新郑水。

[注释]

[1]西石桥水：今石堤峪河—石堤河。马岭山：今少华山。　[2]积石：即郦《注》后文之"石山"。　[3]华岳：西岳华山。　[4]郑城：即郑县故城，在今陕西省渭南市华州区北郊。

渭水又东迳郑县故城北,《史记》: 秦武公十年县之[1], 郑桓公友之故邑也[2]。《汉书》薛瓒《注》言: 周自穆王已下[3], 都于西郑, 不得以封桓公也[4]。幽王既败, 虢、侩又灭[5], 迁居其地, 国于郑父之丘[6], 是为郑桓公。无封京兆之文。余按迁《史记》[7],《世本》言[8], 周宣王二十二年[9], 封庶弟友于郑。又《春秋》《国语》并言桓公为周司徒, 以王室将乱, 谋于史伯[10], 而寄帑与贿于虢、侩之间[11]。幽王贾于戏[12], 郑桓公死之。平王东迁, 郑武公辅王室, 灭虢、侩而兼其土。故周桓公言于王曰[13]: 我周之东迁, 晋、郑是依。乃迁封于彼。《左传》隐公十一年[14], 郑伯谓公孙获曰[15]: 吾先君新邑于此, 其能与许争乎[16]? 是指新郑为言矣。然班固、应劭、郑玄、皇甫谧、裴颜、王隐、阚骃及诸述作者, 咸以西郑为友之始封, 贤于薛瓒之单说也[17]。无宜违正经而从逸录矣[18]。赤眉樊崇于郑北设坛[19], 祀城阳景王[20], 而尊右校卒史刘侠卿牧牛儿盆子为帝[21], 年十五, 被发徒跣[22], 为具绛单衣[23]、半头赤帻[24]、直綦履[25],

参见《史记》卷五《秦本纪》。薛瓒所言参见《汉书》卷二八《地理志》京兆尹郑县条下颜师古注引臣瓒语。

《世本》所载参见《史记》卷四二《郑世家》"宣王立二十二年, 友初封于郑"句下司马贞《索隐》引《系本》语。

参见《国语·郑语》、《左传》隐公六年所载。又,《汉书》卷二八《地理志》河南郡新郑县下颜师古注引应劭语中亦有《国语》所载内容。

班固、应劭语参见《汉书》卷二八《地理志》京兆尹郑县条及条内"周宣王弟郑桓公邑"句下颜师古注所引, 郑玄语参见《诗》郑《谱》, 皇甫谧等人所言，今皆亡佚。

刘盆子为帝等事参见《后汉书》卷一一《刘盆子传》，而"后月余"等事，今本《后汉书》不见记载。

裴毕所立碑之文字可参见《隶释》卷二《殷阮君神祠碑》。

顾见众人拜[26]，恐畏欲啼。号年建世[27]。后月余，乘白盖小车，与崇及尚书一人，相随向郑，北渡渭水，即此处也。城南山北有五部神庙[28]，东南向华岳，庙前有碑，后汉光和四年[29]，郑县令河东裴毕字君先立。

[注释]

[1]秦武公十年：前688年。县之：以之为县，即设立为县。　[2]郑桓公友：即郑桓公，西周末郑国国君，周宣王之弟，姬姓，名友。　[3]已下：以下。已，同"以"。　[4]不得以封桓公：不可能把这块土地封给郑桓公。　[5]虢、郐（kuài）：西周时诸侯国名。郐，通"邻"，郦《注》下文中"郐"字与此同。　[6]郑父之丘：地名，即郑国立国之地。　[7]迁《史记》：即司马迁所撰《史记》。　[8]"《世本》言"：此句殿本原作"考《春秋》《国语》《世本》言"，今据《注疏》本改。　[9]周宣王二十二年：前806年。　[10]史伯：周太史。　[11]帑（tǎng）：指收藏钱财的府库或钱财。贿：财物。　[12]霣（yǔn）：通"殒"，死亡。　[13]周桓公言于王：周桓公对周桓王说。周桓公，即周公黑肩。周桓王，东周第二任君主，姬姓，名林，周平王之孙，在位22年。　[14]隐公十一年：前712年。　[15]郑伯：即郑庄公，春秋时郑国国君，郑武公之子，名寤生，在位43年。　[16]许：春秋时诸侯国名。　[17]贤于薛瓒之单说：指诸家所说观点要优于薛瓒的一家之言。　[18]无宜违正经而从逸录：不应该违背正史的记载而听信那些逸闻轶事。　[19]"赤眉樊崇于郑北设坛"：此句殿本原作"赤眉樊崇于郭北设坛"，今据黄本、吴本、《注笺》本、《注释》

本、《注疏》本改。樊崇：字细君，琅琊（今山东省诸城市）人，西汉末赤眉军首领，为刘秀部将所杀。 [20] 城阳景王：即刘章，刘肥之子，刘邦之孙，因平定吕后一族有功，受封城阳王，谥号景，刘盆子为其后裔。 [21] 右校卒史刘侠卿牧牛儿盆子：即刘盆子，当时在右校卒史刘侠卿的属下，主管放牧牛群。 [22] 被（pī）发徒跣（xiǎn）：披头散发，光着双脚。被，通"披"。跣，本义"足亲地"，即赤脚。 [23] 为具绛单衣：为刘盆子置备绛色单衣。 [24] 帻（zé）：头巾。 [25] 直綦（qí）履：指青丝履。《后汉书》李贤注："綦，履文也。盖直刺其文以为饰也。" [26] "顾见众人拜"二句：是说刘盆子看到众人向他下拜，害怕得想哭。 [27] 号年"建世"：立年号为"建世"。 [28] 五部神庙：大致在今五龙山下。 [29] 后汉光和四年：181 年。光和为东汉灵帝刘宏的第三个年号（178—184）。

渭水又东与东石桥水会[1]，故沈水也，水南出马岭山，北流迳武平城东[2]。按《地理志》左冯翊有武城县，王莽之桓城也。石桥水又迳郑城东，水有故石梁，《述征记》曰"郑城东西十四里各有石梁"者也。又北迳沈阳城北[3]，注于渭。《汉书·地理志》左冯翊有沈阳县，王莽更之曰制昌也。盖藉水以取称矣[4]。

参见《汉书》卷二八《地理志》左冯翊武城县条和沈阳县条。

[**注释**]
[1] 东石桥水：今罗纹河。 [2] 武平城：在今陕西省渭南市华

州区莲花寺镇乔家堡附近。 [3]沈阳城：在今陕西省渭南市华州区柳枝镇骞家窑村。 [4]藉：借。

渭水又东，敷水注之[1]，水南出石山之敷谷[2]，北迳告平城东[3]，耆旧所传[4]，言武王伐纣，告太平于此，故城得厥名，非所详也。敷水又北迳集灵宫西[5]，《地理志》曰：华阴县有集灵宫，武帝起，故张昶《华岳碑》称[6]，汉武慕其灵，筑宫在其后。而北流注于渭。

[注释]
[1]敷水：今罗夫河。 [2]石山：指罗夫河上游山地。敷谷：今大夫峪。 [3]告平城：在今陕西省华阴市罗敷镇古城村。 [4]耆旧：德高望重的老者。 [5]集灵宫：在今陕西省华阴市华山镇大城村。 [6]张昶（chǎng）：字文舒，东汉敦煌酒泉（一说渊泉，今甘肃省酒泉市）人，汉献帝时为黄门侍郎，善草书。

"余水""黄酸之水"又见于《山海经》卷五《中山经·中次五经》，不过在《山海经》中，余水北流注于河水，黄酸之水亦北流注于河水。

渭水又东，余水注之[1]，水南出良余山之阴[2]，北流入于渭，俗谓之宣水也。渭水又东合黄酸之水[3]，世名之为千渠水，水南出升山[4]，北流注于渭。

［注释］

[1]"余水注之"：此句殿本原作"粮余水注之"，今据其他各本改。余水：今瓮峪河。　[2]"水南出良余山之阴"：此句殿本原作"水南出粮余山之阴"，今据其他各本改。良余山：今峪岭。　[3]黄酸之水：今柳叶河。　[4]升山：今柳叶河上游一带的华山山地。

渭水又东迳平舒城北[1]，城侧枕渭滨[2]，半破沦水，南面通衢[3]。昔秦始皇之将亡也，江神素车白马[4]，道华山下，返璧于华阴平舒道[5]，曰：为遗镐池君[6]。使者致之，乃二十八年渡江所沉璧也[7]。即江神返璧处也。渭水之阳即怀德县界也[8]。城在渭水之北，沙苑之南[9]，即怀德县故城也[10]。世谓之高阳城，非矣。《地理志》曰：《禹贡》北条荆山在南，山下有荆渠。即夏后铸九鼎处也。王莽更县曰德欢。

"江神返璧"故事参见《史记》卷六《秦始皇本纪》。

夏后铸九鼎参见《说文解字》篇七《鼎部》、《续汉书·郡国志》左冯翊云阳县条刘昭注引《帝王世纪》。

［注释］

[1]平舒城：在今陕西省华阴市太华路街道郭家城村附近。　[2]侧枕：毗邻。　[3]通衢（qú）：四通八达的道路。　[4]江神素车白马：《史记》卷六《秦始皇本纪》司马贞《索隐》引服虔云："江神以璧遗鄗池之神，告始皇之将终也。且秦水德王，故其君将亡，水神先自相告也。"　素车白马：古代凶、丧之事所用的白车白马。　[5]华阴：即华阴县。平舒道：即平舒城。　[6]为遗（wèi）镐池君：请替我送给镐池君。遗：赠送。镐池君：掌管镐池的水神

名。　[7]二十八年：即秦始皇二十八年（前219）。　[8]怀德县：
西汉置县，东汉建安中移至今陕西省富平县。西汉怀德县治今陕
西省大荔县东南。　[9]沙苑：今沙苑，在陕西省大荔县。　[10]怀
德县故城：在今陕西省大荔县官池镇拜家村东北。

渭水又东迳长城北[1]，长涧水注之[2]，水南
出太华之山[3]，侧长城东而北流，注于渭水。《史
记》：秦孝公元年[4]，楚、魏与秦接界，魏筑长城，
自郑滨洛者也。

[注释]

[1]长城：今长涧河以西有长城遗址。　[2]长涧水：今长涧
河。　[3]太华之山：即华山。　[4]秦孝公元年：前361年。

[点评]

此部分郦《注》文字不多，主要对渭水经过郑县故
城北的周围情况进行了描述。郦氏在这里重点就郑县之
地原本是否为郑桓公的封地进行了辨析，最后他认为班
固、应劭、郑玄、皇甫谧、裴颜、王隐、阚骃等所说可信，
赞同《史记》中的记载，否定了薛瓒所说的此地不得封
给郑桓公的观点。在《水经注》中，有关郦道元就某一
问题进行考辨的文字不时可以看到，这些考证有的正确，
有的也不一定可信，但从中可以窥见他在撰写这部大书
时的独立思考，不人云亦云的治学态度与精神。

　　另外，此段中提及的《华岳碑》，顾名思义是为颂扬华岳而作，按理当在下段文字叙述到华岳庙时出现，不过郦道元为解释集灵宫的来历，特意将此段碑文提前移注至"集灵宫"下。类似这样的注文方式，在《水经注》中经常出现。从此例以及本段注文中再次提到的"江神"返璧于平舒道的故事（即对郦《注》前文"郑容以石款梓传书"故事的呼应。前后对照可知"华山君使"即指"江神"，而"祖龙死"则是暗指秦始皇死亡）等，读者也可以对郦道元注《水经》之思路以及不断在不同的时空结构中穿梭叙述方式有更为深刻的了解，从而体会到阅读《水经注》过程中的另一种奇妙体验。

又东过华阴县北 [1]，

　　洛水入焉 [2]，阚骃以为漆沮之水也。《曹瞒传》曰 [3]：操与马超隔渭水 [4]，每渡渭 [5]，辄为超骑所冲突，地多沙，不可筑城，娄子伯说今寒可起沙为城 [6]，以水灌之，一宿而成。操乃多作缣囊以捷水 [7]，夜渡作城 [8]，比明城立于是水之次也 [9]。

参见《三国志》卷一《魏书·武帝纪》"进军渡渭"句下裴松之注引《曹瞒传》。

[注释]

[1]华阴县：战国魏置阴晋县，秦更名曰宁秦县，汉改曰华阴县，至曹魏不变。汉华阴县属京兆尹，治今陕西省华阴市东。　[2]洛水：今北洛河。　[3]《曹瞒传》：三国时期吴国人所写，

原书已经亡佚。曹瞒，即曹操，因曹操小名叫阿瞒，参见前文"魏武帝"条注释。　[4]操：即曹操。　[5]"每渡渭"二句：是说曹操每次带兵渡过渭水，就受到马超骑兵的冲击。辄，就。　[6]今寒可起沙为城：天气寒冷，可以用沙来筑城。指依靠水结冰来固沙为砖，用来造城。　[7]"操乃多作缣囊以捙（liǎn）水"：此句殿本原作"操乃多作缣囊以堙水"，今据《大典》本、朱藏明钞本改。缣囊：用绢丝做的袋子。捙：运。　[8]"夜渡作城"：此句殿本原作"夜汲作城"，今据残宋本、《大典》本改。夜渡作城：夜间渡过渭水，开始筑城。　[9]比明：第二天天明时刻。

《水经注疏》杨守敬曰："阴晋不见于《春秋》三传。……阴晋之名，始见战国。"

参见《汉书》卷二八《地理志》京兆尹华阴县条。

渭水迳县故城北[1]，《春秋》之阴晋也，秦惠文王五年[2]，改曰宁秦，汉高帝八年[3]，更名华阴，王莽之华坛也。

[**注释**]

[1]故城：指华阴县故城，在今陕西省华阴市岳庙街道康旗营村附近。　[2]秦惠文王五年：前333年。按，《史记·秦本纪》记此事在秦惠文王六年。　[3]汉高帝八年：前199年。

参见《山海经》卷二《西山经》。

参见《韩非子·外储说》。

参见《神仙传》卷二《卫叔卿》。

县有华山。《山海经》曰：其高五千仞，削成而四方，远而望之，又若华状，西南有小华山也。韩子曰[1]：秦昭王令工施钩梯上华山，以节柏之心为博[2]，箭长八尺，棋长八寸，而勒之曰：昭王尝与天神博于是。《神仙传》曰：中山卫叔卿尝乘云车，驾白鹿，见汉武帝。帝将臣之，叔卿不言而去，武帝悔，求得其子度世，令追其父，度世登华山，见父与数人博于石上，敕度世令还[3]。山层云秀，故能怀灵抱异耳[4]。

[注释]

[1] 韩子：即韩非，又称韩非子，战国时期法家主要代表人物，著作有《韩非子》。 [2] 节柏之心为博：用节柏的树心做博。博，一种棋类游戏。 [3] 敕度世令还：指度世的父亲令度世离开华山，回归尘世。 [4] 怀灵抱异：指此地多有灵异事件和传说。

山上有二泉，东西分流，至若山雨滂湃，洪津泛洒，挂溜腾虚，直泻山下。有汉文帝庙[1]，庙有石阙数碑，一碑是建安中立[2]，汉镇远将军段煨更修祠堂[3]，碑文汉给事黄门侍郎张昶造，昶自书之。文帝又刊其二十余字。二书存，垂名海内。又刊侍中、司隶校尉钟繇[4]、弘农太守毌丘俭姓名[5]，广六行，郁然修平[6]。晋太康八年弘农太守河东卫叔始[7]、华阴令河东裴仲恂役其逸力[8]，修立坛庙，夹道树柏，迄于山阴，事见永兴元年华百石所造碑[9]。

［注释］

[1] 汉文帝庙：今陕西省华阴市西岳庙。　[2] 建安：汉献帝年号（196—220）。　[3] 段煨（wēi）：东汉武威（今甘肃省武威市）人，汉献帝时为中郎将，屯华阴。　[4] 钟繇（yáo）：颍川长社（今河南省长葛市东）人，字元常，书法善隶楷，与王羲之齐名。曹操征讨关中，钟繇为前军师。　[5] 毌（guàn）丘俭：姓毌丘，名俭，河东闻喜（今山西省闻喜县）人，字仲恭，魏明帝大臣。　[6] 郁然修平：指碑上书法优美匀称。郁，文采美盛。　[7] “晋太康八年弘农太守河东卫叔始”：此句殿本原作“是太康八年弘农太守河东卫叔始为”，今据《注疏》本改。晋太康八年，即287年。　[8] 役其逸力：征调大量劳力。逸力，经过休养的力气，形容劳力充实、干劲十足。　[9] 永兴元年：304年。华百石所造碑：该碑发现于今西岳庙，据碑文可知，华百石者，姓华，名都训，百石为其官阶，即俸禄在百石左右的官吏。

渭水又东，沙渠水注之[1]，水出南山北流[2]，西北入长城[3]，城自华山北达于河。《华岳铭》曰秦、晋争其祠，立城建其左者也。郭著《述征记》指证魏之立长城，长城在后，不得在斯，斯为非矣[4]。渠水又北注于渭[5]。

［注释］

[1] 沙渠水：今蒲峪河—白龙涧河。　[2] 南山：指华山。　[3] 长城：此指战国魏长城。此段长城位置自今华山山麓起，北经陕西省华阴市小张村、岳镇、赵坪沟一带，在延斜村附近北折，循今

白龙涧河达于渭河。　[4] 斯为非矣：按上下文义，郦道元指出此段长城非魏所立，其所据为"长城在后，不得在斯"。唯此处"在后"未详具体何指，待考。　[5] "渠水又北注于渭"：此句后殿本原本有"《三秦记》曰：长城北有平原，广数百里，民井汲巢居，井深五十尺"，今据其他各本移至郦《注》前文"亦曰长山也"句下。参见本书第 304 页注释 [2]。

　　渭水又东迳定城北[1]，《西征记》曰：城因原立。《述征记》曰：定城去潼关三十里[2]，夹道各一城。渭水又东，泥泉水注之[3]，水出南山灵谷[4]，而北流注于渭水也[5]。

　[注释]

　[1] 定城：在今陕西省华阴市岳庙街道双泉村南。　[2] 潼关：东汉时所设关隘，故址在今陕西省潼关县东南，处陕西、山西、河南三省交界之地。　[3] 泥泉水：今列斜沟。　[4] 南山灵谷：今翎峪。　[5] "而北流注于渭水也"：此句下殿本原有"渭水又东合沙渠水，水即符禺之水也，南出符石，又迳符禺之山，北流入于渭"一段文字，今据其他各本移至郦《注》前文"灌水又北注于渭"句下，并重新做了校勘，改动了其中的一些字词。参见本书第 322 页"渭水又东合沙沟水"条注释。

　[点评]

　　此部分的郦《注》对华山、与华山相关的碑刻铭文以及神话传说都择要进行了记载，并提及了战国时期秦魏之间所修筑的长城。值得一提的是，表面上看，郦道元对于华山、潼关这些历史上的重要地点着墨不多，事实上这是因为他在卷四《河水四》之经文"又南至华阴潼关，渭水从西来注之"句下已经详细介绍了华山、华岳庙以及潼关，因此无须赘言。以华山及华岳庙为例，与《河水篇》中的具体描写两者地理方位、景色特点的文字相比，本段注文更加侧重于夹叙神仙故事和各种碑刻，这两处描述似乎是一种"自然"与"人文"的遥相呼应。由于《水经》叙述以水道为纲，类似的相同地理位置出现在不同文字段落中的现象在书中常有发生，或许是为了增强注文的可读性，也或许是为了合理分配注文，郦道元往往采用不同的写作技巧来制造细微的变化。这些地方，细心的读者如略作比对即可发现，《水经注》一书，除了在遣词造句上体现出郦道元的深厚功力外，在全书谋篇布局上还展现了其匠心独具。

东入于河。

《春秋》之渭汭也。《左传》闵公二年[1]，虢公败犬戎于渭汭。服虔曰：汭谓汭也。杜预曰：水之隈曲曰汭。王肃云：汭，入也。吕忱云：汭者，水相入也。水会，即船司空所在矣[2]。《地理志》曰：渭水东至船司空入河。服虔曰：县名。都官。《三辅黄图》有船库官，后改为县。王莽

参见《汉书》卷二八《地理志》陇西郡首阳县条。

之船利者也。

[注释]

[1] 闵公二年：前 660 年。　[2] 船司空：县名，西汉属京兆尹，东汉省，在今陕西省潼关县秦东镇附近。

[点评]

《水经注》渭水三卷最终以记载渭水在船司空处汇入河水结束（渭水水系灌水—入河段示意图见图 8）。不过，尚有渭水流域的一些其他支流，见于《水经注》卷十六（如漆水、浐水、沮水等三篇）及散佚的文字［如丰水、泾水、芮水、（北）洛水等四篇］之中。换言之，《渭水篇》的文字只是反映了渭水沿岸的主要情况，更为全面与详细的渭水流域的自然与人文地理信息，还需要参考上面提及的其他各篇（包括经后人辑补的散佚文字）。

另外，《水经注》渭水三卷所提及的河流分别以《〈水经·渭水注〉所载河流名称古今对照表》与《〈水经·渭水注〉所载渭水水系示意全图》两种形式总结于本书正文之后（参见附表和附图），以便读者阅读参考。

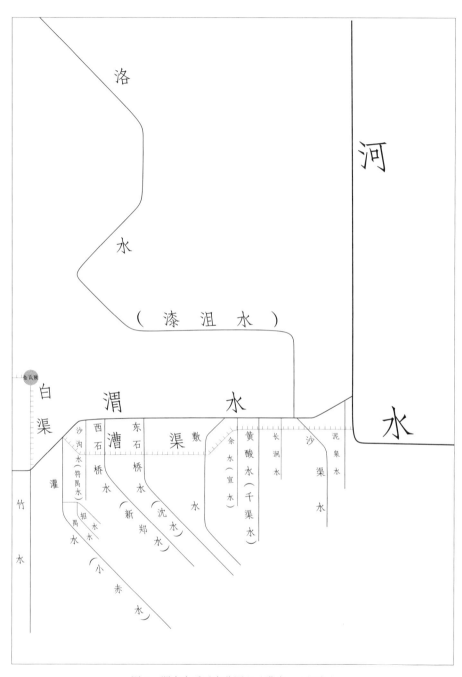

图 8　渭水水系示意分图六（灌水—入河段）

卷二十

漾水[1]　丹水[2]

汉水北[3]，连山秀举，罗峰竞峙[4]。祁山在嶓
冢之西七十许里[5]，山上有城，极为岩固[6]。昔诸
葛亮攻祁山，即斯城也。汉水迳其南，城南三里有
亮故垒，垒之左右，犹丰茂宿草[7]，盖亮所植也，
在上邽西南二百四十里[8]。《开山图》曰[9]：汉阳西
南有祁山[10]，蹊径逶迤，山高岩险，九州之名阻[11]，
天下之奇峻。今此山于众阜之中，亦非为杰矣。

（漾水篇）

郦道元在此
卷中承袭了古人的
看法，将漾水视为
汉水（今汉江）的
上源之一。其实漾
水是今西汉水，属
嘉陵江水系，与汉
水是两条完全不同
的河流。而此卷中
提及的丹水（今丹
江），则确是今汉
江的支流。

《三国志》卷
三五《蜀书·诸
葛亮传》："（建兴）
六年（228）春，
扬声由斜谷道取
郿……魏大将军曹
真率众拒之。亮身
率诸军攻祁山，戎
陈整齐，赏罚肃而
号令明。"

参见《太平御
览》卷四四《地部》
与《太平寰宇记》
卷一五〇秦州长道
县所引《开山图》
文字。

［注释］

[1] 漾水：今西汉水。西汉水又称犀牛江，是嘉陵江上游支流，发源于甘肃省天水市秦州区齐寿山，干流由西北向东南流至陕西省略阳县两河口汇入嘉陵江。　[2] 丹水：今丹江。丹江是汉江支流，上游主源有西、北两源，发源于秦岭东段南麓主脊凤凰山，从陕西省商洛市源头到丹凤县河段俗称州河，从丹凤县至河南省荆紫关河段俗称寨河，东南流至湖北省丹江口市汇入汉江。　[3] 汉水：今西汉水。　[4] 罗：罗列。竞：争，逐。峙：峙立，高耸。　[5] 祁山：今山同名，在甘肃省礼县东。嶓（bō）冢：山名，在今甘肃省成县东北。　[6] 岩：高峻，险要。　[7] 宿草：多年生草。　[8] 上邽：县名，春秋时期秦置，至曹魏不改。汉属陇西郡，治今甘肃省天水市。　[9]《开山图》：又名《遁甲开山图》，参见卷十七《渭水篇》《开山图》条注释。　[10] 汉阳：郡名，原为西汉天水郡，东汉改曰汉阳郡。　[11] 阻：险要之地。

［点评］

提起祁山，人们自然会想到《三国演义》里描绘的诸葛亮率蜀军"六出祁山"，与曹魏之间展开军事行动的故事。虽然小说中的描述与历史记载出入很大，事实上诸葛亮出师北伐共为五次，真正出兵祁山也就两次，但"六出祁山"还是渐渐成为诸葛亮北伐的代名词。郦道元所处的时代尚无"六出祁山"的故事出现，不过诸葛亮与曹魏大军于祁山交战并筑垒的事情无疑已为其时之人所乐道，因此才会有《水经注》此处记载祁山时顺带牵出诸葛亮攻祁山的描述。

汉水又西迳南㟪、北㟪中^[1]，上下有二城相对，左右坟垄低昂，亘山被阜^[2]。古谚云：南㟪、北㟪，万有余家。诸葛亮《表》言^[3]：祁山去沮县五百里^[4]，有民万户。瞩其丘墟^[5]，信为殷矣^[6]。

（漾水篇）

［注释］

[1] 㟪（yá）：同"谺"，指谷中大空。　[2] 亘山被（pī）阜：山阜连绵不断。亘：连续。被：同"披"，覆盖。　[3]《表》：指上奏给皇帝之文。　[4] 沮县：西汉置，至曹魏不变。西汉属武都郡，治今陕西省略阳县东。　[5] 瞩：注视，凝视。丘墟：像土丘似的废墟。　[6] 信：诚，实，的确，确实。殷：盛大，众多。

［点评］

《水经注》此段文字着重描述了祁山以西的山川形势与人烟稠密的情形。西汉水流经祁山南麓而西行，遇河谷开阔地带，南北两侧的山崖各有一处大的凹进（即南㟪、北㟪），甚便筑城。古代先民便在这里修筑了南、北两座城邑，慢慢发展到有上万户的民众居住。有学者以为这处开阔的河谷盆地就是今永兴川（俗称店子川，古称天嘉川），而《水经注》所说的在西汉水南北二㟪处上下相对的"二城"，就是秦早期所置的西县城与戎丘城。其说待考。

水出丹鱼[1]，先夏至十日[2]，夜伺之[3]，鱼浮水侧，赤光上照如火，网而取之，割其血以涂足，可以步行水上，长居渊中。丹水东南流至其县南[4]。黄水北出芬山黄谷，南迳丹水县，南注丹水。黄水北有墨山，山石悉黑，缋彩奋发[5]，黝焉若墨[6]，故谓之墨山。今河南新安县有石墨山[7]，斯其类也。

（丹水篇）

[注释]

[1] 水：指丹水，今丹江。　[2] 先：在……以前。夏至：二十四节气之一，一般是阳历 6 月 21—22 日，夏至这天，太阳直射地面的位置到达一年里的最北端，为北半球白昼时间最长之日。　[3] 伺：观察，侦察。　[4] 其县南：指丹水县南。丹水县，西汉属弘农郡，治今河南省淅川县西。　[5] 缋（huì）：通"绘"，绘画。　[6] 黝（yǒu）：黑色。　[7] 新安县：秦置，西汉属弘农郡，治今河南省渑池县东。

[点评]

《水经注》此段文字中对"丹鱼"血涂足可行水上的功用描述，增添了这种鱼的神秘色彩。至于文中提及的"墨山"，应该是指能产石墨的矿山。另外，郦道元将"丹鱼"与"墨山"放在一起记载，使此段文字所透出的色彩对比信息异常强烈。

卷二十一

汝水[1]

《博物志》曰[2]：汝出燕泉山。并异名也。余以永平中蒙除鲁阳太守[3]，会上台下列山川图[4]，以方志参差[5]，遂令寻其源流。此等既非学徒[6]，难以取悉[7]，既在迳见[8]，不容不述[9]。今汝水西出鲁阳县之大盂山蒙柏谷，岩鄣深高[10]，山岫邃密[11]，石径崎岖，人迹裁交[12]，西即卢氏界也[13]。其水东北流迳太和城西，又东流迳其城北，左右深松列植，筠柏交荫[14]，

汝河一名历史上多有变更，是古汝水"一分为二""三易其源""上源入颍，下源入澺"后沿袭的名称。古汝水支流众多，右岸有滍水、昆水、醴水，上述三河元明以前已经截导入颍了；右岸还有沇水、澺水、溱水，左岸有濆水、澺水。清代以后，澺水改称洪河，溵水改名南汝河，南汝河至新蔡县三岔口与洪河汇流，以下仍称汝河。民国时期，正式将新蔡以下的汝河改名洪河。至此，汝河从淮河支流变为洪河支流。

尹公度之所栖神处也[15]。又东届尧山西岭下[16]，水流两分，一水东迳尧山南，为溹水也[17]，即《经》所言溹水出尧山矣。一水东北出为汝水，历蒙柏谷，左右岫壑争深[18]，山阜竞高[19]，夹水层松茂柏，倾山荫渚，故世人以名也。

[**注释**]

[1]汝水：上游指今北汝河—沙河（漯河市以上河段），下游相当于今汝河—洪河部分河道。北汝河发源于河南省嵩县车村乡龙池漫山北麓分水岭村，流经汝阳、汝州、郏县、襄城等县（市），与沙河交汇，沙河又东流至今周口市注入颍河。汝河（明清时期称南汝河）发源于河南省泌阳县黄山口乡大寨子山北麓、伏牛山与桐柏山交界处，东流经遂平、汝南、平舆、正阳、新蔡，在班台与洪河相遇，洪河东南流，于河南省淮滨县、安徽省阜南县边界洪河口注入淮河。　[2]《博物志》：西晋张华撰，记载各种奇物轶事，原书已佚，今有辑本。　[3]余：郦道元自称。永平：北魏宣武帝年号（508—512）。除：拜受官位。鲁阳：战国楚置，至曹魏不变。西汉属南阳郡，治今河南省鲁山县。北魏太和二十二年（498）设鲁阳郡，故有太守一职。　[4]上台：上司。　[5]参差：不一致，有问题。　[6]此等既非学徒：指并非钻研此项学问之人。　[7]难以取悉：指对于各种不同的说法，无法两全其美、尽采其说。　[8]既在迳见：既然是自己亲眼所见。　[9]不容不述：那就不能不做具体叙述了。　[10]岩鄣：岩石形成的山嶂。　[11]岫：山峦。邃：深远。　[12]裁：通"才"，仅仅。　[13]卢氏：西汉属弘农郡，治今河南省卢氏县。　[14]筼（yún）：竹

子。 [15]尹公度：即尹轨，字公度。《神仙传》中人物，晚年学道，年数百岁。 [16]尧山：今山同名。 [17]滍水：今沙河上游，源头至河南省舞阳县北舞渡镇段。 [18]岫壑：山谷。 [19]竞：争，逐。

[**点评**]

　　汝水的源头在何处，对于古人来说，一直没有搞清楚。北魏中后期，郦道元任鲁阳太守，他奉上级之命，参加了汝水源头的实地考察。此段有关汝水源头流历蒙柏谷的描述，就是根据他亲身经历而记录下来的文字。

　　郦道元在自序中讲他撰写《水经注》主要是靠他手头搜集到的各种文献，但我们在《水经注》中还是会看到他实地考察的记载的。换言之，由于条件所限，他不可能将书中所描述的地方都去探查一遍，因此只能借助相关书籍记载连缀成文。不过，如果条件允许，他当然也不会错过亲临其地的机会，汝水探源即是一例。

卷二十二

此卷记载的五条河流，均属古淮水流域。其中颍水是淮水中最大的一条支流，洧水、溁水则是颍水的支流，而溠水又是洧水的支流。至于渠，则又可称渠水，实属古代鸿沟的一部分，沟通黄河与淮水两大水系。

颍水[1]　洧水[2]　溁水[3]
溠水[4]　　渠[5]

颍水又东，五渡水注之[6]，其水导源密高县东北太室东溪[7]。县，汉武帝置，以奉太室山[8]，俗谓之崧阳城。及春夏雨泛，水自山顶而迭相灌澍[9]，崿流相承[10]，为二十八浦也。旸旱辍津[11]，而石潭不耗[12]，道路游憩者，惟得餐饮而已，无敢澡盥其中[13]，苟不如法[14]，必数日不豫[15]，是以行者惮之[16]。山下大潭，周数里，而清深肃洁[17]。水中有立石，高十余丈，广二十许步，上甚平整。缁素之士[18]，多泛舟升陟[19]，取畅幽情。其水东南迳阳城西，石溜萦委[20]，溯者五涉[21]，故亦谓之五渡水。东南流入颍水。

（颍水篇）

[注释]

[1] 颍水：今颍河。颍河发源于嵩山东麓和伏牛山北麓，以嵩山颍源为主源，东南流，流域地跨河南省郑州市、许昌市、汝州市、平顶山市、南阳市、漯河市、周口市和安徽省阜阳市等 30 多个县（市），至安徽省颍上县沫河口注入淮河。　[2] 洧（wěi）水：今洧河—双洎（jì）河。双洎河，贾鲁河支流，属于颍河水系。洧河是双洎河主源，发源于河南省登封、巩义、新密三市交界的五指岭，大致沿登封、新密两市界南流，又折向东南，东流至曲梁镇交流寨与溱（zhēn）河汇流后称双洎河。主要流经新密、新郑、长葛等市，东南流经鄢陵县西北，于扶沟县曹里乡摆渡口村北注入贾鲁河。按，古洧水下游河道与今双洎河不同，其流路当自今长葛市东境转向东南，流经鄢陵、扶沟二县，至西华县西注入颍河。　[3] 潩（yì）水：今清潩河。清潩河又名鲁固河，颍河支流，发源于河南省新郑市辛店镇西大隗山风后岭北，东南流经长葛、许昌、临颍、鄢陵等县（市），在赵庄闸以下注入颍河。　[4] 渠（zhēn）水：今溱河。溱河又名邻水，发源于今河南省新密市白寨镇西北山地，在堂湾村以上名王寨河，以下称溱河，东南流至交流寨南注入洧河。按，《水经》渠水即今黄

水河，位于溱河以江，与郦《注》溜水所指不同。　[5] 渠：即渠水（按，殿本在篇名"渠"字下，又用小一号字加"沙水"二字，今略），在今河南省荥阳市黄河南侧分流而出，经郑州市、中牟县北，至开封市折而南流，又经扶沟县东、太康县西、周口市东，至沈丘县北注颍河。　[6] 五渡水：今河南省登封市东五渡附近一水。　[7] 窞（chóng）高县：汉置，属颍川郡，治今河南省登封市。窞，古同"崇"。　[8] 太室山：嵩山之东部山峰。　[9] 澍（zhù）：同"注"，灌注。　[10] 崿（è）：山崖。　[11] 旸旱辍津：旱季断流。旸，晴天。津，水流。　[12] 耗：损耗，减少。　[13] 无敢澡盥（guàn）其中：不敢在水中洗澡或洗漱。　[14] 苟不如法：如果不遵守此条规矩。　[15] 不豫：身体不舒服。引申为有病。豫：舒适。　[16] 惮（dàn）：畏惧，害怕。　[17] 肃：清，静。　[18] 缁素之士：指僧俗。　[19] 升陟：登高。　[20] 石溜：石头间的水流。萦委：盘旋曲折。　[21] 溯（sù）：逆水而上。涉：步行过水。

［点评］

此段记载的"五渡水"，是颍水的支流，因"溯者五涉"（即从下游上溯到源头需要先后五次渡河）而得名，由此可见这条河流水道的弯曲程度（不过，还有称"九渡河"的河流，参见卷三十《淮水篇》节选段落）。五渡河虽然是一条小的支流，但郦道元并未轻描淡写，而是认真对待，将沿河的风景描绘得有声有色，情趣盎然。

卷二十三

阴沟水[1]　汳水[2]　获水[3]

渒水四周城侧[4]，城南有曹嵩冢[5]，冢北有碑，碑北有庙堂，余基尚存，柱础仍在。庙北有二石阙双峙，高一丈六尺，椽栌及柱[6]，皆雕镂云矩，上罩罳已碎[7]，阙北有圭碑[8]，题云：汉故中常侍长乐太仆特进费亭侯曹君之碑[9]，延熹三年立[10]。碑阴又刊诏策二，碑文同。夹碑东西，列对两石马，高八尺五寸，石作粗拙，不匹光武隧道所表象、马也[11]。有腾兄冢[12]，冢东有碑，

此卷的阴沟水、汳水、获水亦属古淮水水系。历史时期黄河泛滥，夺淮河水道入海，导致古今淮河水系发生了很大的变化，许多古水的河道今天都已不复存在。

《水经注疏》杨守敬曰："《魏志》嵩官至太尉。下各碑皆书碑题，独嵩碑不书，恐有脱文。此碑皆不著录，盖已佚。"

题云：汉故颍川太守曹君墓[13]，延熹九年卒[14]。而不刊树碑岁月。坟北有其元子炽冢[15]，冢东有碑，题云：汉故长水校尉曹君之碑，历大中大夫、司马、长史、侍中，迁长水[16]，年三十九卒，熹平六年造[17]。炽弟胤冢[18]，冢东有碑，题云：汉谒者曹君之碑，熹平六年立。城东有曹太祖旧宅[19]，所在负郭对廛[20]，侧隍临水[21]。

（阴沟水篇）

[注释]

[1]阴沟水：西起今河南省原阳县西南古黄河，东南至开封市附近与古浪荡渠合流，至扶沟县东自蒗荡渠别出，称涡水，循今涡河河道入淮水。　[2]汳（biàn）水：自今河南省开封市附近古浪荡渠东出，经开封市祥符区小黄铺南、民权县和商丘市北，东接淤黄河，至安徽省砀山县折向东南流，又经萧县北，至江苏省徐州市北注古泗水。　[3]获水：古汳水流至今河南省商丘市以东称获水。　[4]濄（guō）水：今涡河。城：此处指谯县城，治今安徽省亳州市。　[5]曹嵩：字巨高，沛郡谯县（今安徽省亳州市）人，东汉大臣，曹腾之子，曹操之父。　[6]榱（cuī）：木椽。栌：斗拱。　[7]罘罳（fú sī）：即"罦罳"，宫阙中花格似网或有孔的屏风。　[8]圭碑：石碑。圭，玉器，上圆下方。　[9]汉故中常侍长乐太仆特进费亭侯曹君之碑：曹腾碑。曹腾，字季兴，东汉宦官，曹嵩养父。　[10]延熹三年：160年。　[11]不匹：比不上。光武：汉光武帝刘秀。隧道：墓道。表：立。象、马：指墓

道上所立石象、石马。　[12]腾兄：指曹褒，曹腾之兄，曹炽之父。　[13]颍川：郡名，秦置，两汉因之，治阳翟（今河南省禹州市）。　[14]延熹九年：166年。　[15]元子炽：长子曹炽。曹炽为曹褒之子。　[16]长水：官名，指长水校尉。　[17]熹平六年：177年。　[18]炽弟胤：曹胤，曹炽之弟。　[19]曹太祖：即曹操，庙号太祖。参见卷十九《渭水篇》"魏武帝"条注释。　[20]负：背对。廛（chán）：民居。　[21]隍：围绕在城墙外没有水的壕沟。

[点评]

　　曹嵩冢，即曹操父亲曹嵩的坟墓。郦道元在这里描写了冢北的石碑、庙堂残迹、庙北的二石阙、阙北的圭碑及夹碑东西的二石马。然而对于郦道元所记载的曹嵩冢的所在地，在后世的史籍中还有不同的记述，因而引起了史家的质疑。《水经注疏》熊会贞曰："《寰宇记》曹嵩墓在沂水县南一百二十五里。《魏志》太祖父嵩避地琅邪，为徐州刺史陶谦所杀。遂葬于此。谯城南之冢，盖后改葬乎？"

　　《水经注》此段文字除记载曹嵩冢外，还顺带提及了周边的曹腾（曹嵩养父）、曹褒（曹腾之兄）、曹炽（曹褒之子）、曹胤（曹炽之弟）等的墓冢情况。

卷二十四

睢水[1]　瓠子河[2]　汶水[3]

睢水又左合白沟水[4]，水上承梧桐陂[5]，陂侧有梧桐山，陂水西南流，迳相城东而南流注于睢[6]。睢盛则北流入于陂，陂溢则西北注于睢，出入回环，更相通注，故《经》有入陂之文。

（睢水篇）

[注释]

[1]睢（suī）水：西起今河南省开封市古城西北古浪荡渠，东南经杞县、睢县北，宁陵县、商丘市南，夏邑县、永城市北，安

本卷中所记载的睢水，是泗水的支流。后来由于人工改道，下游分为南北两支皆注入洪泽湖。

关于瓠子河，在西汉元光三年（前132），河水在濮阳县瓠子口（今河南省濮阳市西南）决口，东南注入巨野泽，并夺泗水河道而注入淮河，同时分支北流注入济水。元封二年（前109），汉武帝发动数万人筑塞造堰，并在瓠子堰上建起宣房宫。东汉王景治理黄河后，瓠子河上游为堤堰隔绝，不再有水；下游自梁山以下，以将渠为源，北流至今山东省济南市长清区西南注入大河。到宋代，瓠子河故道还有残迹可寻。之后，河

徽省濉溪县南，宿州市北、江苏省睢宁县北，至宿迁市古城东注古泗水。　[2] 瓠子河：西起今河南省濮阳市西南黄河故道，经山东省鄄城县南、梁山县、东阿县西，东至济南市长清区西南注黄河（古济水）。　[3] 汶水：今瀛汶河—牟汶河—大汶河。瀛汶河，发源于山东省济南市章丘区南部阎家峪乡九顶山东坡，在章丘境内又名汇河，西南流至泰安市境内渐汶河村南汇入牟汶河。牟汶河是大汶河上游南、北二主源之北源，自渐汶河村以下继续西南流，至汶口拦河坝与大汶河南源柴汶河相会，后称大汶。大汶河西流经宁阳、肥城、东平、汶上等县（市），于东平县老湖镇注入东平湖，再经东平湖清河口、陈山口出湖闸而泄入黄河。　[4] 白沟水：又称净净沟水，今无对应水道。　[5] 梧桐陂：在今安徽省萧县南梧桐村附近。　[6] 相：秦置县，两汉因之。西汉属沛郡，治今安徽省濉溪县西北。

道逐渐湮废。

至于汶水，历史时期的下游河道和名称多次变迁。郦《注》中记载的汶水是济水的支流；北宋时期，梁山泊以北的济水与汶水合流，称大清河；清咸丰五年（1855）黄河夺大清河入海后，汶河又成为黄河下游的支流。现今，大汶河下游自山东省东平县戴村坝至东平湖口段，又称大清河，是屡经变迁和治理才形成的。

[点评]

　　此段《水经注》所记载的梧桐陂是与睢水交汇的白沟水的源头所在。陂水与睢水二者可以起到互相调节水势的作用：睢水水位高，就可以通过白沟水向东北流入梧桐陂；陂水水位高，则会向西北流入睢水。这样形成了一个循环的水流。

　　又合环水 [1]，水出泰山南溪 [2]，南流历中、下两庙间，《从征记》曰 [3]：泰山有下、中、上三庙，墙阙严整，庙中柏树夹两阶，大二十余围 [4]，盖汉武所植也 [5]。赤眉尝斫一树 [6]，见血而止，今斧创犹存[7]。门阁三重[8]，楼榭四所，三层坛一所，高丈余，广八尺，树前有大井，极香冷，异于凡水，不知何代所掘，不常浚渫[9]，而水旱不减[10]。库中有汉时故乐器及神车、木偶，皆靡密巧丽[11]。又有石虎建武十三年永贵侯张余上金马一匹[12]，高二尺余，形制甚精[13]。中庙去下庙五里，屋宇又崇丽于下庙，庙东西夹涧。上庙在山顶，即封禅处也[14]。

（汶水篇）

[注释]

[1] 又合环水：此句指北汶水之东的泰山天门下溪水（今山东省泰安市西漯河）与环水交汇。环水，今梳洗河，在山东省泰安市。　[2] 泰山：今山同名。　[3]《从征记》：晋、刘宋之间人伍缉之撰，地理文学著作，今已亡佚。　[4] 围：长度单位，两臂合拢为一围。　[5] 汉武：汉武帝刘彻。参见卷十一《滱水篇》"汉武之世"条注释。　[6] 赤眉：西汉末年以樊崇为首的农民起义军，因以赤色涂眉为标志，故称。　[7] 创（chuāng）：创口，创伤。　[8] 门阁：门户，门扇。　[9] 浚渫（jùn xiè）：疏通。　[10] 水旱不减：水涝和干旱时，水量也没有变化。　[11] 靡密：细致精密。　[12] 石虎建武十三年：347年。建武为后赵石虎年号（335—348）。　[13] 形制：形式构造。　[14] 封禅（shàn）：古代帝王到泰山祭祀天地的典礼。登泰山设坛祭天曰"封"，在山南梁父山上辟场祭地曰"禅"。秦始皇、汉武帝都曾举行过封禅大典。

[点评]

有关泰山三庙的准确记载始于《水经注》。所谓泰山三庙，即上、中、下三庙。上庙在岱顶大观峰前，中庙大致位置在今王母池西侧，下庙就是今岱庙。

泰山封禅，源于古代帝王封禅祭祀，是古已有之的礼仪。《史记》卷二八《封禅书》张守节《正义》曰："此泰山上筑土为坛以祭天，报天之功，故曰封。此泰山下小山上除地，报地之功，故曰禅。言禅者，神之也。"古代帝王封禅仪式虽然简明，但所透出的象征意义重大，即可以向世人昭示帝王拥有与天地沟通、协调天、地、神、人之间的关系的至高能力与权力，而拥有此种异禀，对于其统治的巩固无疑是极为重要的。

卷二十五

泗水^[1]　沂水^[2]　洙水^[3]

漷水又迳鲁国邹山东南而西南流^[4]，《春秋左传》所谓峄山也。邾文公之所迁^[5]。今城在邹山之阳^[6]，依岩阻以墉固，故邾娄之国，曹姓也，叔梁纥之邑也^[7]，孔子生于此。后乃县之，因邹山之名以氏县也。王莽之邹亭矣。京相璠曰^[8]《地理志》峄山在邹县北，绎邑之所依以为名也。山东西二十里，高秀独出，积石相临，殆无土壤^[9]，石间多孔穴，洞达相通，往往有如数间屋

泗水、沂水及洙水原属古淮水水系，历史时期河道变迁繁复。其中泗水曾是淮水下游的最长支流，金代黄河夺泗入淮后，泗水流路受阻而逐渐演变成了所谓的南四湖。

沂水、洙水本皆是泗水的支流，后由于泗水的变迁而各自发生了河道的改变。

参见《左传》文公十三年所载及杜预注文。

《续汉书·郡国志》鲁国骀（邹）县条下刘昭注引刘会《峄山记》："邾城在山南，去山二里。"

《汉书》卷二八《地理志》鲁国骀（邹）县条："峄山在北。莽曰骀亭。"

处，其俗谓之峄孔，遭乱辄将家入峄，外寇虽众，无所施害。

（泗水篇）

［注释］

[1] 泗水：今泗河。泗河发源于山东省新泰市南境太平顶西麓上峪村的东黑峪山，西南流，在山东省济宁市至江苏省徐州市北张谷山之间阻滞成南四湖（南阳、独山、昭阳、微山四个相连的湖泊），张谷山至徐州市间则淤废成平陆，徐州市以下泗河演变成废黄河。古泗水下游与今泗河下游水道不同，南经山东省鱼台县东、微山县西，至江苏省徐州市东沿废黄河入淮河。　[2] 沂水：今沂河。沂河发源于山东省沂源县鲁山南麓，南流注入江苏省骆马湖。古沂水下游与今沂河下游水道不同，南至江苏省睢宁县古邳（pī）镇附近注古泗水（今废黄河）。　[3] 洙（zhū）水：源出今山东省新泰市，南至泗水县卞桥北注泗河。　[4] 漷（kuò）水：今漷河。鲁国：汉高后六年（前182），以薛郡为鲁国，治鲁县（今山东省曲阜市）。邹山：今峄（yì）山。　[5] 邾（zhū）文公：曹姓，名籧篨（qú chú），春秋时邾国国君，在位52年，曾三次迁都，最后迁至绎。　[6] 邹山之阳：今峄山之阳邾国故城遗址。　[7] 叔梁纥（hé）：子姓，孔氏，名纥，字叔梁，宋国栗邑（今河南省夏邑县）人，春秋时期鲁国大臣，孔子之父。　[8] 京相璠：参见卷十五《伊水篇》"京相璠"条注释。　[9] 殆（dài）：几乎。

［点评］

峄山，又名"邹山""东山"，位于孟子出生的故乡邹县。山虽不高，但有"岱南奇观"等美誉，自古有许多名人登临览胜，留下了许多的摩崖刻石和碑碣。此外，在峄山上还有众多受海浪侵蚀而形成的海蚀岩穴（即《水经注》所说的"峄孔"）。在地质时期，峄山一带曾是汪洋大海。这些岩穴是由咆哮的海浪穿凿岩石而慢慢形成，后又再经多次地震，峄山逐步抬升为今天所见的高山，并在山上逐渐形成了洞穴景观。如郦《注》所载，这些孔穴在邹县一带遭受战乱时，还成为百姓藏身避难之所。

卷二十六

沭水[1]　　巨洋水[2]　　淄水[3]
汶水[4]　　潍水[5]　　胶水[6]

本卷中的六条河流皆发源于今山东半岛。其中沭水是淮水下游支流，而汶水是潍水的支流，其他的四条河流巨洋水、淄水、潍水和胶水皆在今山东半岛北部独流入海。

阳水又东北流[7]，石井水注之[8]。水出南山[9]，山顶洞开，望若门焉，俗谓是山为礔头山[10]。其水北流注井[11]，井际广城东侧[12]，三面积石，高深一匹有余，长津激浪[13]，瀑布而下，澎赑之音[14]，惊川聒谷[15]，漰渀之势[16]，状同洪河，北流入阳水。余生长东齐[17]，极游其下[18]，于中阔绝[19]，乃积绵载[20]，后因王事[21]，

此段文字关涉郦道元生平。

复出海岱[22]，郭金紫惠同石井[23]，赋诗言意，弥日嬉娱[24]，尤慰羁心[25]，但恨此水时有通塞耳[26]。

（淄水篇）

[注释]

[1]沭（shù）水：今沭河。沭河又名茅河，发源于沂山南麓，南流经山东省沂水、莒县、临沂、临沭、郯（tán）城和江苏省东海、新沂等8个县（市），于新沂市口头村入新沂河。古沭水下游入古淮水。　[2]巨洋水：今弥河。弥河发源于山东省临朐（qú）县南部沂山主峰西麓，北流经青州、寿光，至寿光市牟城折沿尧河入渤海。　[3]淄水：今淄河。淄河发源于泰沂山脉及鲁山山脉，自西南向东北穿越淄博盆地东翼，北至广饶县入小清河。　[4]汶水：今山东省安丘市北潍汶河。潍汶河是潍河的支流，发源于山东省临朐县东南沂山东麓古寺圣水泉，折向东北流，沿昌乐、安丘两市边界，经汉画像石墓西，东北穿过安丘市城区，至潍坊市边界注入潍河。　[5]潍水：今潍河。潍河有东西二源，东源箕山河发源于山东省沂水县富官庄镇箕山西麓，西源石河发源于莒县北之屋山，两源于莒县北东莞镇至库山乡汇合，以下始称潍河，潍河东北流经诸城后折向北流，沿安丘、昌邑边界至潍坊市坊子区潍河新村东有潍汶河汇入，潍河继续北流至昌邑市下营镇入渤海。　[6]胶水：今胶河。胶河为南胶莱河的最大支流，发源于山东省青岛市黄岛区六汪镇西南部鲁山东麓，北流经胶州、高密等市，过胶济铁路后转向东北汇入南胶莱河。　[7]阳水：今南阳河。　[8]石井水：今无对应水道，其地望位于今山东省青州市南。　[9]南山：即郦《注》下文"磻（pī）头山"，今劈

山。　[10]磻头山：今劈山。磻，通"劈"。　[11]井：形似水井的坑穴。　[12]广城：其地望在今山东省青州市西南。　[13]津：水流。　[14]澎㵋：水下泄冲击声。　[15]聒（guō）：吵扰，声响高杂。　[16]潝濟：水流猛击貌。　[17]东齐：字面意义为（地处周朝）东部的齐国。郦道元借以代指其地，说自己从小在这里长大。　[18]极游其下：尽情游玩于瀑布之下。　[19]于中阔绝：后来长时间断绝音讯。　[20]绵：时间久远。　[21]王事：王命差遣之事，官差。　[22]海岱：渤海、泰山之间。　[23]郭金紫：即郭祚，字季祐，太原晋阳（今山西省太原市）人。孝文帝时任中书侍郎，迁尚书左丞，领黄门侍郎，力主汉化改革。孝文帝之后，任吏部尚书，为青州刺史，又进位金紫光禄大夫，故得称"郭金紫"，后为权臣所害。惠同：一同。按，郭祚与郦道元同行，当在郭祚任青州刺史期间。　[24]弥日：一整天。弥，满。　[25]羁：寄居。　[26]时有通塞：指石井水经常发生断流。

[点评]

　　《水经注》"石井水"此段文字，除了写景状物之外，郦道元还记载了有关他身世的一些情况。他在《注》文中说"余生长东齐"，说明在他自己看来，应该属于青州人。

　　郦道元的父亲郦范，先后两次出任青州刺史，郦道元出生于470年左右，其时正是郦范第一次任青州刺史时期。郦范第二次出任青州刺史是在太和年间（477—499），《水经·巨洋水》载："先公以太和中，坐镇海岱。"此后不久便去世了。随着父亲去世，青年郦道元也离开了青州，此后直到景明年间（500—503），他又再次回到故乡，同行者郭祚，时任青州刺史。从离乡到回乡，其间差不多相隔 20 年之久，这便是《注》文中所述"于中阔绝，乃积绵载"的实指。

郦道元一生遭遇过两次免职，第一次发生在太和二十二年（498）的治书侍御史任上，免职时间在三年左右，复出在 501 年，亦即《注》文中所谓"复出海岱"一句的含义所在。郭祚卒于延昌四年（515），同年，郦道元在辅国将军、东荆州刺史任上遭弹劾而被免职，此后沉寂有八九年之多。也就是在这一段"多暇"的时间中，郦道元完成了注《水经》的皇皇巨业。郭祚之死，乃是由于权臣假托皇帝诏书而赐死，《魏书》卷六四《郭祚传》记载郭祚"名器既重，时望亦深，一朝非罪见害，远近莫不惋惜"。结合此段历史背景，再读此处"郭金紫惠同石井，赋诗言意，弥日嬉娱，尤慰羁心，但恨此水时有通塞耳"数句，是否感到别有一番意味蕴寓其中？

卷二十七

沔水一 [1]

沔水，即汉水，作为长江的支流，在《水经注》中占据二卷多的篇幅，是郦道元重点叙述的一条大河。"沔水"与"汉水"同水异称，在《水经注》中也同时出现。不过，在《水经》之中，则只称"沔水"。

沔水又东迳沔阳县故城南 [2]，城，旧言汉祖在汉中 [3]，萧何所筑也。汉建安二十四年 [4]，刘备并刘璋 [5]，北定汉中，始立坛，即汉中王位于此。其城南临汉水 [6]，北带通逵 [7]，南面崩水三分之一 [8]，观其遗略 [9]，厥状时传 [10]。南对定军山 [11]，曹公南征汉中 [12]，张鲁降 [13]，乃命夏侯渊等守之 [14]。刘备自阳平关南渡沔水 [15]，遂斩渊首，保有汉中。诸葛亮之死也，遗令葬

参见《汉书》卷一《高帝纪》。

参见《三国志》卷三二《蜀书·先主传》。

于其山，因即地势，不起坟垄[16]，惟深松茂柏，攒蔚川阜[17]，莫知墓茔所在[18]。

[注释]

[1]沔水：今汉江。汉江又名汉水，是长江最长支流，上源有北、中、南三支，古代《禹贡》说"嶓冢导漾，东流为汉"，即以中源漾水河为正源（参见卷二十《漾水篇》），《水经注》中以沮水（北源）为正源，而今天的汉江则以南支玉带河为正源。玉带河发源于陕西省宁强县阳平关镇曹家坝村，东流到勉县东与褒河汇合后始称汉水。汉江东南流，经陕西省南部、湖北省西北部和中部，流经襄阳市时又称"襄河"，在武汉市汇入长江。本卷所述沔水自源头起，止于今湖北省十堰市郧（yún）阳区境内。　[2]沔阳县故城：即沔阳，西汉置县，属汉中郡。沔阳县故城在今陕西省勉县。　[3]汉祖：即汉高祖刘邦。汉中：郡名，秦置，治南郑（今陕西省汉中市），两汉因之。　[4]建安二十四年：219年。　[5]刘备：字玄德，涿郡涿县（今河北省涿州市）人，三国时蜀汉第一位皇帝。东汉末军阀混战中，刘备采用诸葛亮联孙拒曹之计，在赤壁之战中大败曹操，占领荆州部分地区，后又夺取益州及汉中。221年称帝，国号汉，都成都。刘璋：字季玉，三国时期江夏竟陵（今湖北省潜江市西北）人，为益州牧刘焉之子，据今四川及重庆之地。　[6]汉水：即沔水，今汉江。　[7]通逵：犹通衢，通途。逵：四通八达的道路，泛指大道。　[8]崩水：崩于水，崩塌入水。　[9]遗略：指南面崩塌入水后遗留下来的部分城址。略，概况。　[10]厥状时传（chuán）：指城当时的风貌大体上还能看出来。厥，其。这里代指城邑。　[11]定军山：今山同名。　[12]曹公：指曹操。参见卷十九《渭水篇》"魏武帝"条

注释。　[13]张鲁：字公祺，沛国丰县（今江苏省丰县）人，东汉末天师道首领，占据汉中。后投降曹操，被任为镇南将军，封阆中侯。　[14]夏侯渊：字妙才，沛国谯（今安徽省亳州市）人，东汉末随曹操起兵，任征西将军。　[15]阳平关：故址在今陕西省勉县西老沔城，为汉中盆地西边门户。　[16]坟垄：又作"坟陇"，即坟墓。　[17]攒蔚（zǎn wèi）：草木丛生的样子。　[18]茔：坟墓。

［点评］

诸葛亮是蜀汉的功臣，位高权重。但他在临死之前，告知后人他的墓地不要修筑坟茔，表达了不想让后人对其厚葬的态度。另外，也不排除他预感到蜀汉终会为曹魏所灭，如果他立坟茔，难逃被夷平的结果。郦道元一句"莫知墓茔所在"，使诸葛亮所葬之地似更难寻觅。

汉水又东，右会温泉水口[1]，水发山北平地[2]，方数十步，泉源沸涌，冬夏汤汤[3]，望之则白气浩然[4]，言能瘳百病云[5]。洗浴者皆有硫黄气，赴集者常有百数。池水通注汉水。

［注释］

[1]温泉水口：指温泉水汇入汉江之处。在今陕西省勉县温泉镇中坝村东。温泉水：今漾家河。　[2]山：指今陕西省勉县温泉镇南之马鞍山。　[3]汤汤（shāng）：指水势浩大、水流很急的样子。　[4]白气浩然：形容水蒸气凝结成的白雾蒸腾上冒的样

子。　[5]瘥（chài）：治愈。

[点评]

据统计，《水经注》中记载的温泉共有 35 处，一般会涉及温泉的水温、功效等。此处描述的是汉水沿岸的一处温泉，从"冬夏汤汤""白气浩然"的表述中，可知此温泉的水量不小、水温也应该不低，而且"言能瘥百病云"，更说明此温泉治病之疗效显著。此外，"洗浴者皆有硫黄气"一句，还可以知道这是一处富含硫黄的温泉。

褒水又东南得丙水口 [1]，水上承丙穴，穴出嘉鱼，常以三月出，十月入地。穴口广五六尺，去平地七八尺，有泉悬注，鱼自穴下透入水。穴口向丙 [2]，故曰丙穴，下注褒水。故左思称 [3]：嘉鱼出于丙穴，良木攒于褒谷矣 [4]。

参见左思《蜀都赋》。

[注释]

[1]褒水：即今褒河，位于陕西省西南，跨宝鸡、汉中两地，为汉江上游左岸较大支流。　[2]向丙：向南。古代以十干配五方，丙为南方之位，因以指南方。　[3]左思：字太冲，齐国临淄（今山东省淄博市临淄区北）人，西晋文学家。原文集已散佚，后人辑为《左太冲集》。　[4]褒谷：秦岭古道褒斜道的南段。褒斜道是由褒谷到斜谷（自西南向东北，自关中至汉中），穿越秦岭的

山间大道，以陕西省太白县的五里坡（衙岭山）为发源地。

[**点评**]

在中国古代，十"天干"、"五行"和方位之间的关系中有"南方丙丁火"的说法，《水经注》这段文字中所描写的丙穴，即一地处南山的溶洞，且洞穴口亦朝南，故有"丙穴"之称。"嘉鱼"则是洞穴内生长的一种非常奇特的鱼。今陕西省勉县养家河上游沿岸的石灰岩洞穴应即"丙穴"之所在，而"嘉鱼"则早已绝迹。

卷二十八

《水经注》这一段描写的汉水已不在北朝境内，而属南朝了。卷末《水经》之文已言及沔水"南入于江"，则沔水至此实已结束了其作为江水（今长江）支流的整个流程。

沔水二[1]

水中有物如三四岁小儿，鳞甲如鲮鲤[2]，射之不可入。七八月中，好在碛上自曝[3]，剺头似虎[4]，掌爪常没水中，出剺头，小儿不知，欲取弄戏，便杀人。或曰[5]，人有生得者，摘其皋厌[6]，可小小使。名为水虎者也。

[注释]

[1]本卷所述沔水起自今湖北省十堰市郧阳区，至沔水入江水（即汉水入长江）为止。　[2]鲮鲤：穿山甲。　[3]曝（pù）：

晒。　[4] 郄（xī）：古同"膝"字。按，此处"膝头"二字殊不可解，膝头可指膝盖，但虎之膝盖并无特色可言，此二字似有讹误。　[5] 或曰：有人说。　[6] 摘其皋厌：一说指取其鼻，一说指阉割。

[**点评**]

"水虎"，一说为扬子鳄。但按照《水经注》中的描述，还是有多处无法对应，或今本《水经注》文字有误，或"水虎"这一物种已经在历史时期灭绝。

卷二十九

沔水三[1]　　潜水[2]　　湍水[3]　　均水[4]

粉水[5]　　白水[6]　　比水[7]

此卷中以沔水之名所叙述的内容，实际上是有关江水（今长江）的流程。其中在江水下游的记载中，存在的问题不少，说明郦道元对这一区域的河流状况并不了解。本卷之中有关其他诸水的记载也都存在或多或少的疑问，有待学者日后研究解决。

水西有汉太尉长史邑人张敏碑[8]，碑之西有魏征南军司张詹墓[9]，墓有碑，碑背刊云：白楸之棺[10]，易朽之裳[11]，铜铁不入[12]，丹器不藏，嗟矣后人[13]，幸勿我伤[14]。自后古坟旧冢，莫不夷毁[15]，而是墓至元嘉初尚不见发[16]。六年大水[17]，蛮饥[18]，始被发掘。说者言[19]：初开，金银铜锡之器、朱漆雕刻之饰烂然[20]，有二朱漆棺，棺前垂竹帘，隐以金钉[21]。墓不甚高而内极宽大。虚设白楸之言[22]，空负黄金之实[23]，虽意锢南山[24]，宁同寿乎？

（湍水篇）

［注释］

[1] 本卷所述沔水，实际上是汉江汇入长江后，今鄱阳湖以下长江的河道。　[2] 潜水：今南江—巴水河—渠江。渠江是嘉陵江支流，东源州河，西源巴河，以巴河为正源，巴河上源又分东、中、西三支，以中源南江为正源。南江发源于四川、陕西两省交界处的米仓山系铁船山北段，西南流入四川省南江县境内，南流经巴中市南后始称巴河，巴河渐转东南流，至渠县三汇镇汇合东源州河后，以下始称渠江。渠江南流，经渠县、广安等县（市）至重庆市合川区云门镇姚家沟附近注入嘉陵江。　[3] 湍水：今湍河。湍河是白河支流，属于汉江水系。湍河发源于河南省西峡、内乡、嵩县三县交界处的白庙岈，自北向南流经内乡县、邓州市，至新野县城郊乡注入白河。　[4] 均水：今老鹳（guàn）河。老鹳河又名鹳河、淅水江，发源于河南省栾川县小庙岭，东南流，经栾川、卢氏、西峡等县，至淅川县注入丹江口水库。　[5] 粉水：今南河。南河是汉江支流，上游分南、北两支，以南支粉青河为正源，其源头为玉泉河，发源于神农架东北部，横贯神农架林区，在阳日湾与古水河、洛溪河汇合后称为粉青河，东北流经马桥，在珠藏洞与南河上游北支马栏河汇合，以下始称南河。南河东北流至谷城县注入汉江。　[6] 白水：今刁河。刁河发源于河南省内乡县磙子岭，东南流至新野县新甸铺镇入白河。　[7] 比水：今泌阳河。泌阳河是唐河主要支流，发源于河南省泌阳县龙盘山南及白云山

东麓，西流至唐河县源潭镇注入唐河。唐河自泌阳河口南流经唐河县西，南流至湖北省襄阳市襄州区双沟镇与白河汇流，以下称唐白河，转向西南流，于襄州区张湾街道入汉江。　[8]邑人：指本县人。张敏：其人无考。　[9]张詹：其人无考。《太平寰宇记》引《水经注》作"张澹"。　[10]白楸之棺：意指木材很普通的棺材。　[11]易朽之裳：指其中寿衣材质易朽。　[12]"铜铁不入"二句：是说墓中陪葬物没有什么贵重物品。　[13]嗟矣：表示感叹的语气词。　[14]幸勿我伤：希望不要毁坏我（的墓）。　[15]夷：铲平，指墓被夷为平地。　[16]元嘉：南朝宋文帝刘义隆的年号（424—453）。尚不见发：尚未被掘。发，挖掘。　[17]六年：指元嘉六年（429）。　[18]蛮饥：指南方发生饥荒。蛮，南蛮，借指南方。　[19]说者言：据说。　[20]烂然：新鲜亮丽的样子。　[21]隐以金钉：指其棺材上用金钉钉住棺盖。　[22]虚设白楸之言：指虚假地在碑上刻上那些话。　[23]空负黄金之实：掩盖用金银器物厚葬的事实。　[24]"虽意锢南山"二句：是说即使意在使其墓穴密封如南山一般，难道就能与它一样永恒吗？锢，用金属浇铸以禁锢。

［点评］

盗墓之风，古已有之。如何使自家祖坟免于被盗的厄运，《水经注》中记载的一段有关张詹墓文字，还原了一个令人啼笑皆非的故事。官居魏征南将军的张詹为了防其墓地被盗，命后人在其墓碑背面刻上了如下的文字："白楸之棺，易朽之裳，铜铁不入，丹器不藏，嗟矣后人，幸勿我伤。"简言之，就是说这个墓里没什么值钱的宝贝，希望后人不要再来盗这个墓了。这一招还真管用了一时，附近的墓都先后被盗，唯独这个张詹墓无人去挖。事有凑巧，元嘉年间的一场大水，导致饥荒，张詹墓终于无法幸免。待人们打开棺椁，发现金银财宝，应有尽有，与墓碑背面所说大相径庭。最后郦道元禁不住感慨道："虚设白椠之言，空负黄金之实，虽意锢南山，宁同寿乎？"对于厚葬，郦道元在《水经注》里多次表达了反对的态度。而对于张詹墓这种表面薄葬，实际更加奢靡的随葬做法，郦道元的厌恶之情，溢于言表。

卷三十

淮水 [1]

淮水，在古代与河、济、江合称为"四渎"。虽然以"淮水"为篇名的文字在《水经注》中只占一卷的篇幅，但实际上有关淮水流域的描写文字并不少，只是这些淮水的支流皆以单篇的形式在《水经注》的其他卷（参见卷二十一至二十六及卷三十一、三十二中的相关内容）里出现罢了，这是读者需要了解的。

有九渡水注之 [2]，水出鸡翅山 [3]，溪涧漾委 [4]，沿溯九渡矣 [5]，其犹零阳之九渡水 [6]，故亦谓之为九渡焉。于溪之东山，有一水发自山椒 [7]，下数丈，素湍直注，颓波委壑 [8]，可数百丈，望之若霏幅练矣 [9]。下注九渡水，九渡水又北流注于淮 [10]。

[**注释**]

[1] 淮水：今淮河。淮河是中国七大江河之一，发源于河南省

桐柏县桐柏山太白顶西北，东流经河南、安徽省到江苏省入洪泽湖，洪泽湖以下，大部分水量出三河经高邮湖由扬州市江都区三江营注入长江，另一部分经苏北灌溉总渠在扁担港入黄海。按，古淮水下游河道与今淮河不同，其流路当自今洪泽湖东流，大致循废黄河河道入海。　　[2] 九渡水：今九渡河，发源于河南省信阳市鸡公山，北流入浉河，再入淮河。　　[3] 鸡翅山：今鸡公山，位于河南省信阳市境，属大别山脉。　　[4] 濴（yíng）委：水流回旋曲折。　　[5] 溯：沿水逆流而上。　　[6] 零阳：汉县名，属武陵郡，治今湖南省慈利县东北。　　[7] 山椒：山顶。　　[8] 颓波：由上向下的水流。委：曲折。壑：深谷。　　[9] 霏：云气飘逸的样子。幅练：一幅白绢。幅，量词。　　[10] 淮：淮水。

［点评］

如果说郦《注》前文有关"五渡水"（参见卷二十二《颍水篇》节选段落）中所提及的"溯者五涉"尚可称为实指的话，那么此段所说的淮水支流九渡水的"沿溯九渡"，则恐怕未必为真实情况的写照了。这是因为：其一，这条河不一定刚好需要"九渡"才能抵达源头；其二，"九"是单数之极，在中国古代是"最多"的同义语，"九渡"在这里更多可能要表达的是次数之多的意思。

卷三十一

溳水[1]　淯水[2]　瀙水[3]　潕水[4]
澧水[5]　沭水[6]　涢水[7]

涢水出蔡阳县[8]。

　　涢水出县东南大洪山[9]，山在随郡之西南[10]，竟陵之东北[11]，槃基所跨[12]，广圆百余里。峰曰悬钩，处平原众阜之中，为诸岭之秀[13]。山下有石门，夹鄣层峻，岩高皆数百许仞[14]。入石门，又得钟乳穴[15]。穴上素崖壁立[16]，非人迹所及。穴中多钟乳，凝膏下垂[17]，望齐冰雪[18]，微津细液[19]，滴沥不断[20]，幽穴潜远[21]，行者不极穷深[22]，而穴内常有风[23]，执火无能经久故也。涀水出于其阴[24]，初流浅狭，远乃广厚[25]，可以浮舟筏，巨川矣。时人以涀水所导，故亦谓之为涀山矣。

（涀水篇）

[注释]

[1] 潕水：今沙河（舞阳县北舞渡镇以上河段）。沙河发源于河南省鲁山县石人山主峰南麓，至河南省舞阳县北舞渡镇附近与北汝河合流。　[2] 淯（yù）水：今白河。白河是唐白河主流，属汉江水系。白河发源于河南省嵩县伏牛山玉皇顶东麓，东南流转南流，经河南省洛阳、南阳和湖北省襄阳三市，至湖北省襄阳市襄州区双沟镇与唐河汇流，以下称唐白河。　[3] 瀙（yīn）水：无今水对应。　[4] 灈（qú）水：今河南遂平县北石羊河—奎旺河—南柳堰河，东南注汝河。南柳堰河发源于河南省遂平县西北红石崖风景区，上游有南、北石羊河两源，北石羊河经过龙天沟向北绕行至黄村西与南石羊河汇合，以下称奎旺河，奎旺河东流经遂平县北后东北进入上蔡县，以下称南柳堰河，东南流至蔡埠口村注入北汝河，北汝河再向南流至沙口注入汝河。　[5] 潩（qìn）水：今汝河（汝阳县张楼镇沙口以上河段）。参见卷二十一《汝水篇》旁批。　[6] 沅（wǔ）水：今甘江河。甘江河发源于河南省方城县城关镇东北花沟村西，流经叶县后汇入澧河。按，古沅水下游河道与今甘江河不同，其流路自今舞阳县西循故道（老甘江河）东流，沿今小洪河河道，在西平县附近注入古汝水。　[7] 涀

（yún）水：今亦称涢水，又名府河。府河发源于大洪山北麓、湖北省随州市长岗镇，自南向北流至随州澴潭镇折向东南流，经过随州、广水、安陆、云梦、孝南后，与澴水合流，以下称府澴河，经黄陂至武汉谌家矶（jī）入长江。　[8]蔡阳县：汉县，属南阳郡，治今湖北省枣阳市西南。　[9]大洪山：今山同名。　[10]随郡：晋分义阳郡之地置随郡，治随县（今湖北省随州市），属荆州。刘宋改名随阳郡，南齐回改。　[11]竟陵：郡名，晋时析江夏郡置，治石城（今湖北省钟祥市），南朝宋、齐因之，惟治所屡迁。　[12]槃基：盘曲的山脚。　[13]秀：突出，特别优异。　[14]仞：长度单位，一仞约为七八尺。　[15]钟乳穴：即石钟乳溶洞。　[16]素崖：指山体草木不生。壁立：如墙壁般直立。　[17]凝膏：凝固的膏脂，指钟乳石表面。　[18]望齐冰雪：看上去如同冰雪。　[19]微津细液：微小的水流。　[20]滴沥：流滴。　[21]幽穴：洞穴又暗又深。　[22]行者不极穷深：入洞探寻者走不到洞的尽头。　[23]“而穴内常有风，执火无能经久故也”：此二句殿本原作“以穴内常有风，热无能经久故也”，语义不通，“热”字当为“执火”二字之讹，今改。“而穴内常有风”二句：是说洞内经常起风，所以手拿火把不能走很长时间（指风会吹灭火把）。　[24]阴：指大洪山北面。　[25]广厚：指水面广，水位深。

[点评]

　　此段描绘的大洪山，因是涢水之源，故又称涢山。在《水经注》的记载中，既有山因水而得名的，亦有水因山而获称的，诸如此类的例子不胜枚举。这座大洪山从郦《注》的记载中可以得知，主峰称为悬钩峰，山下有石灰溶洞，洞中有钟乳，洁白如雪。洞内地下水当与涢水相通。这又是一处典型的喀斯特岩溶地貌。

卷三十二

澪水[1]　　蕲水[2]　　决水[3]　　沘水[4]

泄水[5]　　肥水[6]　　施水[7]　　沮水[8]

漳水[9]　　夏水[10]　　羌水[11]　　涪水[12]

梓潼水[13]　　涔水[14]

湖北对八公山[15]，山无树木，惟重阜耳[16]。山上有淮南王刘安庙[17]，刘安是汉高帝之孙[18]，厉王长子也[19]。折节下士[20]，笃好儒学[21]，养方术之徒数十人[22]，皆为俊异焉[23]。多神仙秘法、鸿宝之道[24]。忽有八公，皆须眉皓素[25]，诣门希见[26]。门者曰[27]：吾王好长生，今先生无住衰之术[28]，未敢相闻[29]。八公咸变成童[30]，王甚敬之。八士并能炼金化丹，出入无间[31]，乃与安登山，埋金于地，白日升天。余药在器[32]，鸡犬舐之者[33]，俱得上升。其所升之处，践石皆陷[34]，人马迹存焉。故山即以八公为目[35]。余登其上[36]，人马之迹无闻矣，惟庙像存焉。庙中图安及八士像[37]，皆坐床帐如平生[38]，被服纤丽[39]，咸羽扇裙帔[40]，巾壶枕物，一如常居。庙前有碑，齐永明十年所建也[41]。山有隐室石井，即崔琰所谓[42]余下寿春[43]，登北岭淮南之道室，八公石井在焉。亦云：左吴与王春、傅生等[44]，寻安[45]，同诣玄洲[46]，还为著记，号曰《八公记》，都不列其鸡犬升空之事矣。按《汉书》，安反，伏诛[47]，葛洪明其得道[48]，事备《抱朴子》及《神仙传》[49]。

（肥水篇）

参见《汉书》卷四四《淮南王传》。

[注释]

[1] 潦（liáo）水：今湖北省随州市东北部的漂水。漂水是府澴河（即涢水）支流，源出桐柏山南麓，分东、西两支，现以西

支为正源。西漂水发源于二妹山南随州殷店镇，在塔儿湾与东漂水会合，南流至随州淅河镇河口注入府澴河。　[2]蕲（qí）水：今湖北省蕲春县蕲水。蕲水是长江的支流，发源于大别山支脉四流山南麓，鄂、皖两省边界大浮山，西南流经湖北省蕲春县漕河镇，至管窑镇附近流入长江。　[3]决水：今史河。史河是淮河的支流，源出鄂、皖两省分水岭东南侧、大别山东麓，东流经安徽省金寨县中部，北流经霍邱县西部边界，进入河南省固始县后，至汪营有史河最大支流灌河汇入，以下又称"史灌河"，继续东北流至三河尖注入淮河。　[4]沘（bǐ）水：今淠（pì）河。淠河是淮河的支流，淠河在安徽省六安市以上分东、西两支，以东支东淠河为主流，而东淠河上游又分东、西两源，以西支漫水河为正源，源发鄂、皖交界的大别山南麓，东南流经安徽省金寨县南部，至霍山县与黄尾河会合后下称东淠河，流至六安市西河口与西淠河会合，以下称淠河，北流至寿县正阳关镇汇入淮河。　[5]泄水：今汲河。汲河是淮河支流，上游分东、西两支，以西汲河为正源，源出安徽省金寨县东南部丘陵，沿霍邱与六安边界东流，至六安市固镇与东汲河会合，以下称汲河，流入城东湖，北出城东湖闸于溜子口注入淮河。　[6]肥水：今东淝河。东淝河是淮河支流，源出安徽省肥西县大潜山西北麓，北流经六安市东南边界，至寿县穿行瓦埠湖，于八公山西北麓汇入淮河。　[7]施水：今南淝河。南淝河属于巢湖水系，发源于大潜山余脉，安徽省肥西县长岗乡邓店村西侧，东南流至肥东县施口入巢湖。　[8]沮水：今沮河—沮漳河。沮漳河是长江支流，其上游主源称沮河，源出神农架东麓，湖北省保康县关山，东南流经保康县南、南漳县西部边界、远安县城郊，至当阳市两河口，与漳河会合，以下称沮漳河，东南流至荆州市荆州区李埠镇临江寺注入长江。　[9]漳水：今漳河。漳河是沮漳河东源，主源发于湖北省保康县龙坪乡黄龙洞，东流入南漳县，穿过荆门市漳河水库，至当阳市两河口与沮河汇合。　[10]夏水：西起今湖北省荆州市长江，经监利市北，东北至仙桃市附近注汉江。　[11]羌水：今甘肃省南部岷江—白龙江。白龙江是嘉陵江的支流，而岷江是白龙江支流。岷江源出岷峨山西侧西秦岭南麓，南流至甘肃省宕昌县境内，在两河口注入白龙江。白龙江源出甘肃、四川两省边境的岷山北侧，东南流到甘肃省文县玉垒附近纳支流白水江后，水流迅速增大，东南流至四川省广元市昭化镇汇入嘉陵江。与秦岭、淮河一样，白龙江也是中国地理上的重要南北分界线。　[12]涪水：今涪江。涪江是嘉陵江的支流，发源于四川省九寨沟县南，东南流经平武、江油、绵阳、三台、射洪、遂宁等县（市），到重庆市合川区汇入嘉陵江。　[13]梓潼水：今梓潼江。梓潼江是涪江的支流，发源于四川省江油市马角镇北大堰山，南流过梓潼县西进入三台县境，沿三台、盐亭两县交界线南流而进入盐亭县境，西南流至射洪市天仙镇合江村汇入涪江。　[14]淢水：今陕西省城固县南部堰沟河。堰沟河是汉水的支流，发源于陕西省城固县庙子坝附近，曲折东流，至城固县西郊汇入汉水。　[15]湖：指郦《注》上文提及的船官湖，此湖今已湮灭，确址无考。八公山：今山同名，在安徽省寿县北，东淝河北岸。[16]"惟重皁耳"：此句殿本原作"惟童皁耳"，今据《大典》本改。　[17]刘安：汉高祖刘邦之孙，淮安厉王刘长之子，袭封淮南王。编写有《淮南子》（又称《淮南鸿烈》）一书。　[18]汉高帝：即刘邦。参见卷十八《渭水篇》"汉高帝"条注释。　[19]厉王长：即淮南厉王刘长。　[20]折节下士：屈尊而结交贤士。　[21]笃：一心一意。　[22]方术之徒：研究方技、数术的人。　[23]俊异：杰出异常的人。　[24]鸿宝：炼丹修仙之书。　[25]皓素：苍白。　[26]诣（yì）门：登门、上门。诣，至，到，前往。希见：求见。　[27]门者：指守门的人。　[28]住衰：停止衰老。　[29] 闻：通报。　[30] 咸：都。　[31] 出入无间：指八位术士出入都与刘安在一起，关系密切。　[32] 余药在器：剩下的药残留在器皿之中。　[33] 舐（shì）：舔舐。　[34] 践石：垫脚石。　[35] 目：名称，名目。　[36] 余：我，郦道元自指。　[37] 图安及八士像：画了刘安和八公之像。　[38] 坐床帐：坐在挂了帷幔的坐榻上。平生：指平常活着。　[39] 被服：穿着。纤（xiān）丽：纤细华丽。　[40] 羽扇：用鸟羽做成的扇子。裙帔（pèi）：布裙和披肩。　[41] 齐永明十年：492 年。　[42] 崔琰：字季珪，清河郡东武城（今河北省故城县）人，东汉末士人，后任魏国尚书令。　[43] 寿春：县名，东晋属九江郡，故城在今安徽省寿县。　[44] 左吴与王春、傅生等：左吴，据高诱《淮南子注》及李善《文选注》，是八公之一。王春、傅生，据《神仙传》，是刘安门下的方士。　[45] 寻安：寻找刘安。　[46] 玄洲：虚构的仙境，语出东方朔《十洲记》。　[47] 伏诛：被处死刑。　[48] 葛洪：字稚川，自号抱朴子。参见卷十七《渭水篇》"抱朴子《神仙传》"条注释。　[49] 备：完备，齐备，具备。

[点评]

　　在此段文字中，郦道元详细介绍了"八公升天"的传说。在写景文字中融入各种神仙传说，是郦道元常用的写作方法，除了反映出此类思想在当时具备一定的社会基础（换言之，即这类神仙故事在当时颇为流行）外，也能看出郦道元个人对这些故事也十分看重，认为值得记入注文，成为"布广《水经》"的一部分。因此，在《水经注》中，经常可见诸如《列仙传》《神仙传》《搜神记》等书为郦道元所征引。

　　此外，在这段注文中，郦道元还特地强调当时某些著作如《八公记》中缺载"鸡犬升天"之事，而对于刘安所去何踪，似乎他对《汉书》中的说法也存在疑问，因明明葛洪在《神仙传》中详细记载了刘安得道之事。当然，仅从这段文字中并不能确定地说郦道元是支持刘安得道的结局的。对于八公是否真有其人其事，也并未发表个人意见，他现在的表述方法也许只是在陈述他所听到的不同版本的故事而已。

卷三十三

江水一 [1]

江水又东南迳南安县西 [2]，有熊耳峡 [3]，连山竞险，接岭争高，汉河平中 [4]，山崩地震，江水逆流 [5]。悬溉有滩，名垒坻 [6]，亦曰盐溉，李冰所平也 [7]。县治青衣江会 [8]，衿带二水矣 [9]，即蜀王开明故治也 [10]。

[注释]

[1] 江水：今岷江—长江。岷江是长江的支流，源出岷山南麓，有东、西两源，以西源为正源，发源于四川省松潘县郎架岭的沼

《禹贡》记载"岷山导江，东别为沱"，《水经》延续了这一传统说法，以岷江为长江的正源。也因此，本卷《水经注》虽以"江水"为题，但实际上是以今岷江—长江的水道为纲的。

西汉河平年间地震之事参见《汉书》卷一〇《成帝纪》及卷二七《五行志》。

《华阳国志》卷三《蜀志》犍为郡南安县下载："县溉，有名滩，一曰雷垣，二曰盐溉，李冰所平也。"其中所载与郦《注》有异。

泽地带,《水经注》中引《益州记》所载"缘崖散漫, 小水百数",
西源与东源在松潘县川主寺镇汇合, 以下称岷江, 南流过松潘、
汶川等县至都江堰市出峡, 以上河段又称都江、汶江。南流经都
江堰分为内外两江, 到江口又汇合, 南流至乐山市纳大渡河, 又
南流至宜宾市汇入长江。长江是中国第一大河, 上源沱沱河出青
海省西南部唐古拉山脉各拉丹冬雪山, 玉树市巴塘河口以上又称
通天河, 玉树市以下至四川省宜宾市之间称金沙江, 宜宾市以下
始称长江。其中, 宜宾市至湖北省宜昌市段又称川江, 湖北省宜
都市枝城镇到湖南省岳阳市城陵矶段又称荆江, 江苏省扬州市以
下旧称扬子江。《水经注》有关江水的记载共有三卷。本卷所描
述的江水（今岷江—长江）河道, 对应的是今岷江源头至长江三
峡中的瞿塘峡为止。　[2] 江水: 此段江水为今岷江,《水经注》
时期尚以岷江为长江正源。南安县: 参见卷十七《渭水篇》"南
安"条注释。　[3] 熊耳峡: 今平羌小三峡, 又称嘉州小三峡或岷
江小三峡, 位于四川省乐山市市中区与青神县交界处。　[4] 汉河
平中: 指西汉成帝河平年间（前28—前25）。　[5] 江水逆流: 指
西汉河平三年（前26）今四川省乐山一带地震引起的江水倒灌
现象。　[6] 垒坻: 今四川省乐山市离堆, 即乌尤山。　[7] 李冰:
战国时期水利专家, 秦昭王时任蜀郡守, 在岷江流域兴办多项水
利工程, 以都江堰最为著名。　[8] 青衣江: 今江同名, 发源邛崃
山脉, 经雅安、洪雅、夹江至乐山与岷江、大渡河相会。　[9] 衿
（jīn）: 本义为古代衣服的交领, 比喻形势回互环绕的险要之
地。　[10] 蜀王开明: 神话传说人物, 相传为荆人, 本名鳖灵,
死后于蜀国复活, 治水成功而后成为蜀王, 创立了开明王朝。

［ **点评** ］

　　此段《水经注》中所说的"垒坻", 即今四川乐山离

堆，亦称乌尤山。相传乐山离堆为秦蜀守李冰所开凿。乌尤山原本与凌云山连在一起，处于汶水（今岷江）、青衣水（今青衣江）和沫水（今大渡河）三江的汇流处，沫水自西而来，水势凶猛。为了分洪减杀水势，通正水道，便利通航，李冰率众在凌云山和乌尤山连接处开凿出麻浩人工水道，引部分岷江水绕乌尤山而下，使乌尤山成为水中孤岛，即《水经注》所说的"垒坻"（即"离堆"）。至明代中后期，大渡河道由南向北移动上百米，从而形成了今天的岷江主河道，乌尤离堆原本的分水作用也就大不如前了。

山多犹猢[1]，似猴而短足，好游岩树，一腾百步，或三百丈，顺往倒返，乘空若飞[2]。

[注释]

[1]犹猢：即犹，一种猿类动物。　[2]乘（chéng）空：凌空，腾空。

[点评]

此处郦道元寥寥数笔，便将江水沿岸栖息的猿猴外形特征、敏捷的身手活灵活现地凸显出来。

左则汤溪水注之[1]，水源出县北六百余里上庸界[2]，南流历县，翼带盐井一百所，巴、川资以自给[3]。粒大者方寸，中央隆起，形如张伞，故因名之曰伞子盐。有不成者，形亦必方，异于常盐矣。王隐《晋书·地道记》曰[4]：入汤口四十三里[5]，有石煮以为盐，石大者如升[6]，小者如拳，煮之水竭盐成。盖蜀火井之伦[7]，水火相得，乃佳矣[8]。

［注释］

[1]汤溪水：今汤溪河，在重庆市云阳县云阳镇东汇入长江。　[2]县北：此"县"指郦《注》前文中"朐忍县故城"。朐忍县，三国蜀置，晋属巴郡，故城在今重庆市云阳县旧县坪遗址。上庸：郡名，三国魏置，郡治上庸（今湖北省竹山县西南）。　[3]自给（jǐ）：满足自己的需要。　[4]《晋书·地道记》：东晋王隐撰。参见卷十八《渭水篇》"《晋书·地道记》"条注释。　[5]汤口：汤溪水入长江之口，在今重庆市云阳县云阳镇东。　[6]升：量具。　[7]火井：指天然气井，投火即可引燃，常用于煮盐。伦：类。　[8]佳：美，好。

［点评］

伞子盐，是古代四川地区所产井盐的别称。由于这种盐的结晶粒大者方寸，中间隆起，形状如同撑开的小伞，故而得名。

江之左岸有巴乡村[1]，村人善酿，故俗称巴乡清，郡出名酒。村侧有溪，溪中多灵寿木[2]。

中有鱼，其头似羊，丰肉少骨，美于余鱼^[3]。溪水伏流迳平头山^[4]，内通南浦故县陂湖^[5]，其地平旷有湖泽，中有菱、芡^[6]、鲫、雁，不异外江，凡此等物，皆入峡所无^[7]。

[**注释**]

[1]江：今长江。　[2]灵寿木：一种有节的小树，似竹，可做手杖。　[3]美于余鱼：比其他的鱼都美味。　[4]伏流：指溪水潜行地下。　[5]南浦故县：三国蜀置县，晋属巴东郡，治今重庆市万州区，一说在湖北省利川市南坪镇。　[6]芡：水草名，俗名鸡头。球形果实，名芡实，可食用。　[7]峡：指三峡。

[**点评**]

郦道元在这里描绘出了位于江水上游左岸的村落巴乡村的田园景色：溪流缠绕村落，溪水不仅可供村民制造佳酿，同时还出产味美肉厚、其头似羊的嘉鱼。溪流远处通往一处陂塘，在那里既有菱、芡等植物茂密生长，同时又有众多的鲫、雁等动物自由繁衍。最后一句“凡此等物，皆入峡所无”，更是点睛之笔，将江峡之内自然条件的恶劣不着一字便轻松地反衬出来。整段文字，虽然表面上看都是在写景写物，而文字背后却无不围绕着人们的生活体验，在这样的村落，样样俱有，直逼鱼米之乡而无稻作之劳，如此生活，怎能不让人艳羡？真可谓虚写乡村、实映人生的绝妙之文啊！

卷三十四

《水经注》中
脍炙人口的著名写
景美文"三峡"就
收在此卷。由于三
峡地貌奇特，清
山秀水，奇峰厉
岩，游者坐船往
来，行程往往要许
多天。触景生情，
文人墨客总会留下
许多描写三峡的佳
句。郦道元虽然没
有亲身体验过这番
经历，但是他将众
多描绘景色、心情
的佳作以及沿途各
种传说一并收入此
卷，我们今天能够
跨越时间长河来阅
读赏析，实赖郦氏
之赐。

江水二 [1]

（巫）溪水又南屈迳巫县东 [2]，县之东北
三百步有圣泉 [3]，谓之孔子泉，其水飞清石穴 [4]，
洁并高泉，下注溪水，溪水又南入于大江 [5]。

[注释]

[1] 本卷所述江水，起自巫峡，下至江陵县境。巫峡，今仍
称巫峡，西起重庆市巫山县大宁河口，东至湖北省巴东县官渡
口，绵延 45 千米。江陵县，秦置，西汉时南郡郡治所在，在今
湖北省荆州市。　[2]（巫）溪水：又称盐水，今大宁河。巫县：
在今重庆巫山县。　[3] 圣泉：在今重庆市巫山县东北圣泉村附

近。　[4]飞清：指瀑布自高处落下时所呈现出的景观。　[5]大江：今长江。

[点评]

《水经注》记载的泉水甚多，有大有小，名目各异。虽然不了解这里记载的"圣泉"称"孔子泉"的具体由来，但以名人为泉名，且视为圣泉，推测或许与这一泉水的水质清纯以及在当地所起到的重要作用有关（孔子认为水有教化的作用）。

《孟子·离娄下》曾有如下的记载，或许也可为此处称孔子泉之由添一素材。其文曰："徐子曰：'仲尼亟称于水，曰："水哉，水哉！"何取于水也？'孟子曰：'源泉混混，不舍昼夜，盈科而后进，放乎四海。有本者如是，是之取尔。'"徐子，名辟，是孟子的弟子，孟子回答他孔子称赞水的原因是源头里的泉水滚滚涌出，昼夜不休，注满洼坑之地后继续向前流淌，最终汇入大海。有本源的事物都是这样，孔子之所以看重水就是因为这一点。反观《水经注》里的圣泉，恰好是"下注溪水，溪水又南入于大江"，与孟子解释的孔子爱水之由，有异曲同工之妙。

自三峡七百里中[1]，两岸连山，略无阙处[2]。重岩叠嶂，隐天蔽日，自非停午夜分[3]，不见曦月[4]。至于夏水襄陵[5]，沿溯阻绝[6]。或王命急宣[7]，有时朝发白帝[8]，暮到江陵[9]，其间

此段"三峡"文字据《太平御览》卷五三《地部》所引可知最初录于盛弘之《荆州记》之中。

唐代李白《早发白帝城》诗云："朝辞白帝彩云间，千里江陵一日还。两岸猿声啼不住，轻舟已过万重山。"这一诗作的素材当源自此处。

千二百里，虽乘奔御风[10]，不以疾也。春冬之时，则素湍绿潭，回清倒影[11]。绝𪩘多生怪柏[12]，悬泉瀑布，飞漱其间，清荣峻茂[13]，良多趣味。每至晴初霜旦[14]，林寒涧肃[15]，常有高猿长啸，属引凄异[16]。空谷传响，哀转久绝。故渔者歌曰：巴东三峡巫峡长[17]，猿鸣三声泪沾裳。

[**注释**]

[1]三峡：瞿塘峡、巫峡和西陵峡的合称，位于长江上游，西起重庆市奉节县白帝城，东至湖北省宜昌市南津关。　[2]阙：同缺，指空缺。　[3]停午：即亭午，正午、中午。夜分：夜半，半夜时刻。　[4]曦月：日月。曦，阳光。　[5]至于夏水襄陵：指到夏汛时期，江水漫上山陵。襄，漫上。　[6]沿溯阻绝：指无论顺流还是逆流，航行都阻绝不通。　[7]或：间或，有时。王命：指帝王之命令、诏谕。宣：特指传达帝王的诏命。　[8]白帝：今重庆市奉节县白帝城。　[9]江陵：县名，汉置，治今湖北省荆州市。　[10]"虽乘奔御风"二句：是说就算是乘坐疾驰的车马、乘风而行，也不如顺江水而下来得快啊。　[11]回清倒影：回转的清流，倒映的景物。　[12]绝：极。𪩘（yǎn）：山峰。　[13]清荣峻茂：此四字均是用来形容景物的：水清，树荣，山峻，草茂。荣，草木茂盛的样子。峻，山高而陡的样子。　[14]霜旦：降霜的早晨，意指秋日。　[15]肃：肃杀，形容天气寒冷，草木凋落。　[16]属（zhǔ）引：连续不断。引，延长。　[17]巴东：郡名。东汉末年分巴郡置，治鱼复县（今重庆市奉节县）。

［点评］

在《水经注》中，"三峡"之名先后共出现过六次，此种情况在这部记载了众多峡谷的书中并未找到第二例，可见郦道元对三峡的重视程度。此段有关三峡的描述，无疑可列为书中六处提及的"三峡"榜首，成为后代写景状物的典范之作。三峡的险峻、壮丽，随四季转换而映出的奇景，天水相连、物我合一的自然与人文情怀，跃然纸上，宛如一卷巨型山水画作，在人们的眼前逐渐展开，给人以满满的带入感。

当然，这段写景美文现在已知原创者并不是郦道元（南朝刘宋时的盛弘之《荆州记》中，已先于郦氏记录了这段文字），但这并不影响我们对郦氏的赞佩，因为借此佳构已足以让我们领略其人的文学修养与艺术审美水准。

至于"三峡"的名称，郦《注》所载与后世相传略不同。郦道元将"广溪峡""巫峡""西陵峡"定为三峡，其中的"广溪峡"不在后世的三峡之名中，而以"瞿塘峡"代之。不过，明末清初的学者顾祖禹则认为这两个名称看上去不同，但其实并不矛盾。因为"广溪峡"即"瞿塘峡"的别称，只是后世"瞿塘之名著，而广溪之称隐矣"（参见顾祖禹《读史方舆纪要》卷六六《四川一》瞿塘关条）。

江水又东迳归乡县故城北 [1]，袁山松曰 [2]：父老传言，原既流放 [3]，忽然暂归 [4]，乡人喜悦，因名曰归乡。抑其山秀水清，故出俊异，地险参见《诗·大雅·嵩高》。

流疾[5]，故其性亦隘[6]。《诗》云：惟岳降神[7]，生甫及申。信与[8]！余谓山松此言，可谓因事而立证，恐非名县之本旨矣[9]。

[注释]

[1]江水：今长江。归乡：汉属南郡秭归县（今湖北省秭归县）。　[2]袁山松：亦作"袁崧"，字桥孙，东晋陈郡阳夏（今河南省太康县）人，晋安帝时，任吴郡太守。著有《后汉书》，今已亡佚，仅有辑本。又作《宜都记》，其中内容多为《水经注》所引用。　[3]原：即屈原，名平，字原，战国楚国贵族，诗人。撰有《离骚》《九章》《天问》《九歌》等，收入刘向所辑《楚辞》中。　[4]暂：猝然。　[5]地险流疾：地势险恶，水流湍急。　[6]故其性亦隘：指当地人的性格因此而狭隘。　[7]"惟岳降神"二句：是说神灵降于山岳，其地贤人辈出。甫，指仲山甫，西周宣王时贤臣。申，申伯，周宣王母舅。　[8]信与：指这是可信的。　[9]名：命名。

[点评]

在此段文字中，郦道元认为"归乡"得名之由，未必如袁山松在《宜都记》中所说是"原既流放，忽然暂归，乡人喜悦，因名曰归乡"。"归乡"之得名，当另有所本。由此可见郦氏引用文献资料时绝不盲从，不人云亦云，而是有自己的独立判断。

郦道元在此处批驳袁氏观点，除了上述在《水经注》中已经明言的原因，可能还有一层他未明说的缘由。本书在"导读"与"点评"中已经多次提到郦氏的生平，他注《水经》期间正是受朝廷排挤，贬官赋闲之时。由此，再看此处长老所言的"归乡"，说的又是屈原不得赏识反遭流放的经历，袁山松略有发挥，直说屈原"性隘"乃是由于"地险流疾"。郦道元看到袁氏此说，想必会自况，忍不住要为屈原说几句公道话。所谓"因事而立证，恐非名县之本旨"，其潜台词不就是"此地县名与屈原遭遇没有什么关系，而那些什么像'穷山恶水出刁民'一样的言论更是无稽之谈啊"。

县城南面重岭[1]，北背大江[2]，东带乡口溪，溪源出县东南数百里，西北入县，迳狗峡西，峡崖龛中[3]，石隐起有狗形[4]，形状具足，故以狗名峡。

[注释]

[1]县城：指归乡城，汉属南郡秭归县（今湖北省秭归县），晋属建平郡秭归县。重（chóng）岭：山岭层层叠叠。　[2]大江：今长江。　[3]龛（kān）：窟。　[4]隐起：凸起。

[点评]

依据自然界中静态事物所显现的外形轮廓而以相似的动物来加以命名，由此展现这一静态事物的特点，是人们经常采取的一种命名方式。《水经注》此段文字描述的"狗峡"得名之缘由，即可印证这一点。

江水历峡[1]，东迳宜昌县之插灶下[2]。江之左岸，绝崖壁立数百丈[3]，飞鸟所不能栖。有一火烬[4]，插在崖间，望见可长数尺。父老传言，昔洪水之时，人薄舟崖侧[5]，以余烬插之岩侧，至今犹存，故先后相承，谓之插灶也。

"插灶"传言参见《太平御览》卷一八六《居处部》引《宜都县记》之文。

[注释]

[1]江水：今长江。峡：指空泠峡。　[2]宜昌县：东晋置，属宜都郡，治今湖北省宜昌市。　[3]"绝崖壁立数百丈"：此句殿本原作"绝岸壁立数百丈"，今据《注疏》本改。　[4]火烬：火烧过的残余，残迹，此处指火烧过的树木。　[5]薄（bó）：通"泊"，停留，栖息。

[点评]

清末民国时期的郦学家熊会贞曾说过郦道元好奇书。其实，与其说郦氏好奇书，不如说他好奇闻，或者说他好奇书里面记载的奇文。《水经注》此处记载"插灶"传言（转引自袁山松《宜都记》），就是一则不折不扣的奇闻。在江水穿过空泠峡之后，在江北的一处数百丈崖壁上插着一根"火烬"。如此的奇观，常人自然无法解释。于是在当地代代相传说是远古时期，大洪水泛滥，人们驾船路过此处崖侧停留，将一根未燃尽的烧火木棍插入岩侧，一直延续至今，"插灶"之名便随之产生。当人们对自然界的奇观无法用当时的知识理解时，便会编织出一个奇闻给大家释惑，这在民间是非常普遍的现象，至今在许多地区犹然。

　　江水又东迳流头滩[1]，其水并峻激奔暴，鱼鳖所不能游，行者常苦之[2]。其歌曰："滩头白勃坚相持[3]，倏忽沦没别无期[4]。"袁山松曰：自蜀至此五千余里，下水五日[5]，上水百日也[6]。江水又东迳宜昌县北[7]，分夷道、佷山所立也[8]。县治江之南岸，北枕大江[9]，与夷陵对界[10]。《宜都记》曰：渡流头滩十里，便得宜昌县。江水又东迳狼尾滩而历人滩[11]。袁山松曰：二滩相去二里，人滩水至峻峭[12]，南岸有青石，夏没冬出，其石嶔崟[13]，数十步中悉作人面形，或大或小，其分明者，须发皆具，因名曰人滩也。江水又东迳黄牛山[14]，下有滩，名曰黄牛滩[15]，南岸重岭叠起，最外高崖间有石，色如人负刀牵牛[16]，人黑牛黄，成就分明[17]，既人迹所绝，莫得究焉。此岩既高，加以江湍纡回[18]，虽途迳信宿[19]，犹望见此物，故行者谣曰[20]：朝发黄牛[21]，暮

《水经注疏》杨守敬曰："唐人诗'朝辞白帝彩云间，千里江陵一日还'，则下水一日千里，与山松说同。"

黄牛滩的描述参见《太平御览》卷五三《地部》引盛弘之《荆州记》之文。

宿黄牛^[22]。三朝三暮，黄牛如故。言水路纡深，回望如一矣。

[注释]

[1]流头滩：据郦《注》，流头滩在宜昌县西。　[2]行者：指行舟者，驾船行驶江上的人。　[3]白勃：白色波浪。形容波浪汹涌。白，以颜色指代水浪。勃，本义为排，推动，后引申为旺盛的样子。持：握。　[4]倏（shū）忽：忽然，突然，很短时间内。　[5]下水：顺水而下。　[6]上水：逆水而上。　[7]宜昌县：东晋置，治今湖北宜昌市西长江南岸。　[8]夷道：县名，西汉置，治今湖北省宜都市西北。佷（héng）山：县名，西汉置，治今湖北省长阳土家族自治县西州衙坪。　[9]枕：靠近，毗邻。　[10]夷陵：县名，西汉置，三国吴更名西陵，晋复名夷陵。治今湖北省宜昌市东。　[11]狼尾滩、人滩：据郦《注》，在宜昌县西。　[12]至：极。峻峭：山势高峻陡峭。　[13]欹崟：形容山高大险峻。[14]黄牛山：今黄牛岩，在今湖北省宜昌市西。[15]黄牛滩：在今湖北省宜昌市西，确址无考。　[16]色：指深浅不同的岩石在一起自然呈现出的景象。　[17]成就分明：指人牛形象完整而清晰。　[18]纡（yū）回：同"迂回"，曲折回旋。　[19]信宿：连宿两晚。信，住宿两夜。　[20]谣：歌谣，民谣。　[21]朝发黄牛：指早上出发时，看见黄牛山。　[22]暮宿黄牛：指晚上住宿时，看见黄牛山。

[点评]

此段《水经注》描写的是江水流过巫峡而尚未进入西陵峡的这一段河谷滩地的情况。这段江水所经之地主要由"流头滩""人滩""黄牛滩"等"三滩"组成，而乘舟过此三滩所遇之难，又各有不同。"流头滩"水流之急，由"鱼鳖所不能游"即足以看出；"人滩"两岸峭壁之高，一句"水至峻峭"则可想见；"黄牛滩"水流漩涡之多，从"江湍纡回"四字更不难想象。郦道元借助袁山松《宜都记》与盛弘之《荆州记》的描述，将江水湍流迅急，易向下顺水乘舟而难溯上逆水行舟的场景生动地再现出来。

江水又东迳西陵峡[1]，《宜都记》曰[2]：自黄牛滩东入西陵界[3]，至峡口百许里，山水纡曲[4]，而两岸高山重障[5]，非日中夜半，不见日月。绝壁或千许丈，其石彩色，形容多所像类[6]。林木高茂，略尽冬春[7]。猿鸣至清，山谷传响，泠泠不绝[8]。所谓三峡，此其一也。山松言[9]：常闻峡中水疾，书记及口传，悉以临惧相戒[10]，曾无称有山水之美也[11]。及余来践跻此境[12]，既至欣然[13]，始信耳闻之不如亲见矣。其叠崿秀峰[14]，奇构异形，固难以辞叙[15]，林木萧森[16]，离离蔚蔚[17]，乃在霞气之表。仰瞩俯映，弥习弥佳[18]，流连信宿[19]，不觉忘返。目所履历[20]，未尝有也。既自欣得此奇观[21]，山水有灵，亦当惊知己于千古矣。

［注释］

[1]西陵峡：今峡同名。　[2]《宜都记》：袁山松所作山水游记，参见前文"袁山松"条注释。　[3]西陵：郡名，三国吴改夷陵为西陵郡，晋改夷陵郡，治今湖北省宜昌市东南。　[4]纡曲：迂回曲折。　[5]重（chóng）障：层层山峦。　[6]形容多所像类：指岩石样貌大多与某类事物相似。　[7]略尽冬春：指林木茂密的样子几乎可以持续整个冬春季节。略，几乎，完全。　[8]泠泠：象声词，形容流水声。　[9]山松：即袁山松。　[10]悉以临惧相戒：指都用过三峡时内心的恐惧来告诫他人。悉，全，都。戒，通"诫"，告诫。　[11]曾无：不曾，没有。　[12]余：我，袁山松自指。践跻（jī）：登临。　[13]既至欣然：指袁山松到了以后，非常高兴。欣然，欣喜的样子。　[14]崿：山崖。　[15]难以辞叙：难以用言辞表达。　[16]萧森：阴森，草木茂密的样子。　[17]离离蔚蔚：草木茂盛、生机勃勃的样子。　[18]弥习弥佳：越看越美。弥，愈，更加。　[19]流连：留滞而不忍离去。信宿：连宿两夜。　[20]"目所履历"二句：是说眼前所见，从未有过。　[21]"既自欣得此奇观"三句：是说一边欣喜于得见如此奇观，一边又想，若山水有灵性的话，它们一定也会因为在时间的长河中能遇到欣赏它们的知己而感到惊喜吧！

［点评］

《水经注》成书时代的中国正值南北分裂时期，对于身在北魏任官的郦道元而言，亲身去到长江三峡一带的机会几乎没有。于是，郦道元便借助史籍，将其中描写景色的美辞佳句纷纷散入《水经注》之中，此段文字便是一处。此处关于三峡之一的西陵峡，郦道元便全采东晋文学家袁山松《宜都记》一书中所说——不仅将沿途风光的文字纳入注文，更是将袁山松自己赏景时的心得体会也一一转引。尤其是末句"山水有灵，亦当惊知己于千古矣"，也说出了郦道元自己的心声。

江水又东迳白鹿岩，沿江有峻壁百余丈，猨所不能游[1]，有一白鹿，陵峭登崖，乘岩而上，故世名此岩为白鹿岩。

[注释]
[1] 猨：同"猿"。

[点评]
在《水经注》中记载了许多以动物为名的地貌，有些源于酷似的外形，有些则来自地方传说，此处记载的"白鹿岩"当是后者。沿江出现的百余丈高的峭壁山崖，猿猴尚且无法攀爬于上，一只白鹿却能登上崖顶，其中的神奇自然令人难忘，将此岩命名为"白鹿岩"也就是顺理成章的事了。

江水地位自古特殊，在《水经注》中占据三卷的篇幅。不过，江水流路至此并未叙述完毕，此下的江水河道则在卷二十九《沔水篇》中得到延续。郦道元撰写《水经注》主要材料是取自各种可得的文献，其中的描述必然存在与实际地理不符的情况。诸如以岷江为江水源头、江水从余姚入海等，这些问题的出现都是无法避免的，我们也无须苛求古人。同时，《水经注》一书自成书以后到明嘉靖以前都缺少系统整理和没有广为传承的事实，使得《水经注》文本存在着诸多讹误、错简以至于脱衍的问题。凡此种种，都是今天在阅读《水经

卷三十五

江水三[1]

江之右岸有船官浦[2]，历黄鹄矶西而南矣[3]，直鹦鹉洲之下尾[4]。江水溠洄洑浦[5]，是曰黄军浦[6]，昔吴将黄盖军师所屯[7]，故浦得其名，亦商舟之所会矣。船官浦东即黄鹄山[8]，林涧甚美，谯郡戴仲若野服居之[9]。山下谓之黄鹄岸[10]，岸下有湾，目之为黄鹄湾。黄鹄山东北对夏口城[11]，魏黄初二年[12]，孙权所筑也[13]。依山傍江，开势明远[14]，凭墉藉阻[15]，高观枕流[16]。

上则游目流川^[17]，下则激浪崎岖，实舟人之所艰也。对岸则入沔津^[18]，故城以夏口为名，亦沙羡县治也^[19]。

注》，尤其是其中南方诸水时需要注意的地方。

[注释]

[1] 本卷江水起自华容县，下至下雉县境。华容县，西汉置，属南郡，治今湖北省潜江市西南。下雉县，西汉置，属江夏郡，治今湖北省阳新县东。　[2] 船官浦：在今湖北省武汉市武昌区西。　[3] 黄鹄矶：在今湖北省武汉市武昌区蛇山西北。　[4] 鹦鹉洲：在今湖北省武汉市武昌区西长江中。　[5] "江水漦（zhā）洄洑浦"：此句殿本原作"江水漦曰洑浦"，今据《注疏》本改。江水漦洄洑浦：江水弯曲回旋流淌，敲打着岸边。漦：水湾。洄：水回旋而流。洑：漩涡。浦：河岸、水边。　[6] 黄军浦：在今湖北省武汉市武昌区西南。据郦《注》下文可知浦名源自黄盖曾在此驻军。　[7] 黄盖：字公覆，零陵泉陵（今湖南省永州市零陵区）人。三国孙吴名将。　[8] 黄鹄山：在今湖北省武汉市武昌区蛇山。　[9] 谯郡：东汉置，治今安徽省亳州市。戴仲若：即戴颙（yóng），字仲若，谯郡铚（zhì）县（今安徽省濉溪县西南）人，古代琴家，通音律。野服：穿上山野村夫的衣服，这里指平民。　[10] 黄鹄岸：即下文"黄鹄湾"，在今湖北省武汉市武昌区。　[11] 夏口城：在今湖北省武汉市蛇山。　[12] 魏黄初二年：221 年。黄初：三国魏文帝曹丕的年号（220—226）。　[13] 孙权：字仲谋，吴郡富春县（今浙江省杭州市富阳区）人。三国时期孙吴的建立者。　[14] 开势明远：地势开阔辽远。　[15] 凭墉藉阻：凭借险要之地建筑城墙。凭，依靠。墉，城墙。藉阻，借助险要地方。　[16] 高观：瞻望高远。枕流：临近水流。　[17] 游目：纵

目，放眼四望。 [18]沔津：沔水。 [19]沙羡（yí）县：西汉置县，为江夏郡属县，治所在今湖北省武汉市江夏区。

[**点评**]

　　此处《水经注》有关"船官浦"的描述，文字清新流畅，虽无特殊的风景，郦道元本人亦未曾亲至，但他还是设法依据相关材料，从自然和人文两个方面，娓娓道来，尤其是其中对"夏口城"险峻的描绘，概括而不失形象，令人过目难忘。

卷三十六

青衣水[1]　桓水[2]　若水[3]
沫水[4]　延江水[5]　存水[6]
温水[7]

本卷所列七水，皆位于西南地区，分属两个水系。青衣水、桓水、若水、沫水及延江水等五水属于长江水系（其中青衣水、沫水同属长江流域的岷江支流），存水、温水二水则属于珠江水系。

温水又西南迳滇池城[8]，池在县西北，周三百许里，上源深广，下流浅狭，似如倒流，故曰滇池也。长老传言[9]，池中有神马，家马交之则生骏驹[10]，日行五百里。晋太元十四年[11]，宁州刺史费统言[12]：晋宁郡滇池县两神马[13]，一白一黑，盘戏河水之上。

（温水篇）

[注释]

[1] 青衣水：今青衣江。青衣江是大渡河的支流，上源在四川省宝兴县，有东西二源，以东源为主源，源出巴朗山南麓蜀西营向阳坪蚂蟥沟，西南流，于两河口与西河相会，以下称宝兴河，南流至芦山县飞仙关镇纳入荥经河后，以下始称青衣江，东南流过雅安市城区、洪雅县、夹江县，至乐山市汇入大渡河。　[2] 桓水：今无对应河道。　[3] 若水：今雅砻江—金沙江。长江在玉树市以下至四川省宜宾市之间称为金沙江，雅砻江是长江第二大支流、金沙江最大支流，源出巴颜喀拉山南麓、青海省玉树藏族自治州称多县，东南流至呷依寺进入四川省甘孜藏族自治州境内，东流经新龙、雅江等县进入凉山彝族自治州，于攀枝花市东北三堆子附近汇入金沙江。　[4] 沫水：今大渡河。大渡河是岷江最大支流，按现代科学"河长唯远、水量唯丰"的原则，应当算是岷江的正源和干流，但由于历史的原因（例如前述《禹贡》记载"岷山导江，东别为沱"等），习惯上都将大渡河视为岷江支流，上源分东西两源，以东源足木足河为主源，源出青海省久治县与达日县交界处的查七沟顶山冈，自上而下流经青海省班玛县和四川省壤塘县、阿坝县、马尔康市、金川县、丹巴县、康定市、泸定县、石棉县、汉源县、甘洛县、峨边彝族自治县、峨眉山市、沐川县，在乐山市纳入青衣江后汇入岷江。　[5] 延江水：今乌江。乌江是长江的支流，上源有南北两源，以南源三岔河为主源，发源于贵州省西部的乌蒙山东麓、威宁彝族回族苗族自治县盐仓镇，东南流经普定县折向东北，横贯黔中到黔东北，至沿河土家族自治县

后折向西北，经重庆市东南，至涪陵区汇入长江。　[6]存水：上游河段为革香河—北盘江—红水河，发源于云南省曲靖市沾益区马雄山西北麓，东南流至广西壮族自治区河池市境内。下游河段为广西壮族自治区河池市龙江，至柳州市境内入柳江。　[7]温水：上游河段为今南盘江。南盘江发源于云南省曲靖市沾益区东北部马雄山西南麓，南流后又东北流至广西壮族自治区百色市境内。中游河段为驮娘江—右江—邕江—郁江—浔江—西江—珠江，至广东省广州市入海。下游河段在越南境内，无对应河道。　[8]滇（diān）池：今池同名。滇池城：在今云南省昆明市晋宁区晋城镇。　[9]长老：指年长者。　[10]家马交之：指家马与神马交配。　[11]晋太元十四年：389年。太元，东晋孝武帝司马曜年号（376—396）。　[12]宁州：州名，晋武帝时分益州及交州置，治滇池县（今云南省昆明市晋宁区晋城镇），一说治味县（今云南省曲靖市西北）。　[13]晋宁郡：属宁州，治滇池县（今云南省昆明市晋宁区晋城镇）。

[点评]

　　滇池，古称滇南泽、滇海，也叫昆明湖或昆明池，是我国西南地区第一大湖。滇池位于云南昆明市南部，形成于远古时期地震断层陷落，平均水深约5米，最深约8米，最浅的地方在北部的草海，只有1米多。关于滇池得名的由来，众说纷纭，不过，如果从地理形态上来看，郦《注》"上源深广，下流浅狭，似如倒流，故曰滇池"的说法似较可信。

卷三十七

淹水[1]　叶榆河[2]　夷水[3]　油水[4]
澧水[5]　沅水[6]　浪水[7]

本卷列目的七条水中，浪水属今珠江水系，叶榆河上游河段属澜沧江水系，下游河段属红河水系。至于其余的五条河流，则均属长江水系。其中淹水属长江流域的金沙江水系，澧水、沅水均属长江流域的洞庭湖水系，而夷水、油水则是直接注入长江的。由于河道变迁，油水所对应的涗水，在历史时期中下游河道多变。《水经注》成书时期，涗水（即油水）于今湖北省公安县屏陵西北的油口流入长江；清朝同治年间，松滋河形成，涗水成为松滋河支流。

澧水又东，九渡水注之[8]。水南出九渡山，山下有溪，又以九渡为名。山兽咸饮此水，而迳越他津，皆不饮之。九渡水北迳仙人楼下，傍有石，形极方峭，世名之为仙楼。水自下历溪，曲折逶迤倾注。行者间关[9]，每所褰溯[10]，山水之号，盖亦因事生焉。九渡水又北流注于澧水。

（澧水篇）

[注释]

[1]淹水：今雅砻江会口以西的金沙江。雅砻江会口以下的金沙江在卷三十六的《若水篇》中。　[2]叶榆河：上游河段为今弥苴河—洱海—西洱海—黑惠河中下游，下游河段为今元江—红河。　[3]夷水：今清江。清江是长江的支流，发源于湖北省利川市西部都亭山东麓，自西向东流，河道几乎与长江平行，经恩施、宣恩、建始、巴东、长阳、宜都等县（市），于宜都市陆城街道汇入长江。　[4]油水：今湖北省松滋市南部洈（wéi）水。今洈水作为松滋河支流，属长江水系。洈水上游有南北两支，以北支为干流，发源于湖北省五峰土家族自治县境内，东流至松滋市境内，经洈水水库后东流汇入松滋河。　[5]澧水：今澧水。澧水系洞庭湖第四大河流，上游有南、中、北三源，以北源为干流，发源于湘鄂边界武陵山脉八大公山杉木界，湖南省桑植县五道水镇花鱼泉，东南流经张家界、慈利、石门、临澧、澧县等县（市），至津市市小渡口注入洞庭湖。　[6]沅（yuán）水：今沅江。沅江又称沅水，是洞庭湖水系中最长的河流，上源有二，以南源龙头江为主源，发源于云贵高原苗岭斗篷山南麓，贵州省贵定县东部，曲折东流经都匀、凯里、台江、剑河、锦屏、天柱等县（市），进入湖南省，东北流至湖南省常德市德山镇注入洞庭湖。　[7]浪（yín）水：今洛清江—柳江—西江。洛清江属于珠江水系，是柳江支流，而柳江则是西江支流。洛清江发源于广西壮族自治区桂林市临桂区天平山区横岭界，南流经永福县，至鹿寨县江口乡汇入柳江。　[8]九渡水：今九渡溪。　[9]间关：犹言崎岖辗转，在此指道路崎岖艰险。　[10]褰（qiān）：撩起衣服。溯：逆水而上。

[点评]

《水经注》这段提及的"九渡水"，是澧水的支流，即在之前淮水支流九渡水中提到的"零阳之九渡水"（参见卷三十《淮水篇》所选段落）。在《水经注》中，同名的山水与地名不少，郦氏在提及其中的一处时，有时会顺带提及另一处。这种做法一是便于区分辨别，二是在客观上也起到了让读者两相比照参看的效果。另外，从郦道元所说的"水自下历溪，曲折逶迤倾注。行者间关，每所褰溯，山水之号，盖亦因事生焉"可以看出，"九渡"之"九"亦非实指。

沅水又东，施水注之[1]，水南出施山溪，源有阳欺崖，崖色纯素[2]，望同积雪。下有二石室，先有人居处其间，细泉轻流，望川竞注[3]，故不可得以言也[4]。

（沅水篇）

[注释]

[1]施水：今舒溪，在湖南省湘西土家族苗族自治州泸溪县东北注入沅江。　[2]素：白。　[3]望：向，对着。竞：争相。　[4]故不可得以言也：按，此句费解。

[点评]

此处《水经注》记载的"阳欺崖"，不讲其高低大小，只对外表的山崖色彩施以笔墨，"崖色纯素，望同积雪"八字，便将阳欺崖有别于其他山崖之处清晰展现。末尾提及山崖之下曾有人居住，在不经意间将一种"世外桃源"的气息显露出来，在一定程度下又体现了郦道元对道家出世思想的推崇。

沅水又东历临沅县西[1]，为明月池、白璧湾[2]。湾状半月，清潭镜澈，上则风籁空传[3]，下则泉响不断。行者莫不拥楫嬉游[4]，徘徊爱玩[5]。

（沅水篇）

[注释]

[1]临沅县：战国楚置，汉属武陵郡。在今湖南省常德市。 [2]明月池、白璧湾：疑在今湖南省常德市西南桃源县桃花源镇附近。 [3]风籁（lài）：风声。 [4]拥楫：持桨。 [5]徘徊：流连忘返。

[点评]

郦道元在这里描绘了一个令人向往的奇景胜地：沅水流经之地的明月池、白璧湾，行人至此，争先泛舟岩下，嬉戏游玩。明代杨嗣昌看见沅水北岸穿石山（在今湖南省桃源县凌津滩下方）崖上有一突出的岩石，中间有一形如半月的镂空，有崖上的清泉从这个半月形的岩石穿过，汇入与沅水相连的水潭，据此以为水潭即《水经注》中的"明月池"，而穿石山附近就是"白璧湾"。其说待考。

明代杨嗣昌有《白璧湾》诗一首。诗前有小序，引《水经注》此段文字后曰：白璧湾，"今穿石是也。石穿正如半月，下有澄潭，疑即明月池。《后汉书·马援传》：援征五溪蛮，'进营壶头。会暑甚，士卒多疫死，援亦中病，遂困，乃穿岸为室，以避炎气。贼每升险鼓噪，援辄曳足以观之，左右哀其壮意，莫不为之流涕'。此石自然嵌空斜倚，不类凿成。渔仙诸石室则纵广方丈，位置诸峰，真人力所造。壶头距穿石西百里，在沅陵东百三十里清浪、雷洄二滩之间，水疾不可上，即其地也"。

沅水又东合寿溪[1]，内通大溪口[2]，有木连理[3]，根各一岸而凌空交合。

（沅水篇）

[注释]

[1] 寿溪：沅水下游沟通资水的水道，当在湖南省汉寿县境内，今无对应河道。　[2] 大溪口：寿溪与大溪交汇之口。大溪，资水别称，即今资江。　[3] 连理：指不同根系的植物，枝干连结交缠在一起。

[点评]

"有木连理"这样的表述，最早见于曹植所作的古诗《木连理讴》。《水经注》此处亦有这种提法，说明魏晋南北朝时期，人们对这一自然界中的现象颇为关注。"有木连理"，经后人演绎，逐渐发展出了"连理枝"一词，并成为形容夫妻恩爱之语。

浪水枝津衍注[1]，自番禺东历增城县[2]。《南越志》曰[3]：县多鸡鶅[4]。鸡鶅，山鸡也，光采鲜明，五色炫耀，利距善斗[5]，世以家鸡斗之，则可擒也。

（浪水篇）

[**注释**]

[1] 泿水：按，此处"泿水"即指今广州境内西江。　[2] 番禺：县名，秦置，汉属南海郡，治今广东省广州市。增城县：东汉从番禺县析出，治今广东省广州市增城区东北。《太平御览》卷九一五《羽族部》引《南越志》曰："曾城县多鶤鸃（鶤鸃，山鸡也）。利距，善斗。光色鲜明，五色炫耀。"其中提及的"曾城"，即"增城"。　[3]《南越志》：南朝宋沈怀远撰，专记风土人情，古迹轶事。原书已佚，今有辑本。　[4] 鶤鸃（jùn yí）：锦鸡。　[5] 距：雄鸡足后突出的类似脚趾的部分。

[**点评**]

《水经注》此段所描绘的"鶤鸃"，就是我们现在所说的锦鸡。郦道元借《南越志》书中的记载，将这种动物羽毛鲜艳、生性好斗的特点，惟妙惟肖地展现了出来。在古时，鶤鸃又被视为凤凰中的一种，因此郦《注》中所提及的增城，自古即流传着有关凤凰来栖的故事，享有凤凰城的美誉。

卷三十八

本卷列目中的5条水道，资水、涟水、湘水属于长江流域洞庭湖水系，而涟水又是湘水支流。至于漓水、溱水二水，则属珠江水系。

《太平御览》卷九八三《香部》引盛弘之《荆州记》曰："都梁县有小山，山上水极浅，其中悉生兰草，绿叶紫茎，芳风藻谷。俗谓兰为都梁，即以号县云。"

资水[1]　　涟水[2]　　湘水[3]　　漓水[4]
溱水[5]

县西有小山[6]，山上有淳水[7]，既清且浅，其中悉生兰草[8]，绿叶紫茎，芳风藻川，兰馨远馥[9]，俗谓兰为都梁，山因以号，县受名焉。

（资水篇）

[注释]

[1]资水：今资水。资水是长江流域洞庭湖水系中第三大河流，资水上游有左右两源，左源为赧水，发源于雪峰山脉南端东侧青

界山黄马界南麓，湖南省城步苗族自治县西岩镇；右源为夫夷水，发源于南岭山脉越城岭猫儿山东北麓，广西资源县中峰镇桐木江，东北流至湖南省邵阳县塘渡口镇双江口与赧水汇合，以下始称资水，曲折北流，于湖南省益阳市甘溪港注入洞庭湖。　[2]涟水：今涟水。涟水是湘江的支流，发源于雪峰山脉东侧余脉金龙山南麓，湖南省新邵县坪上镇竹山，东流至湖南省湘潭市犁头嘴注入湘江。　[3]湘水：今湘江。湘江是湖南省第一大河流，属长江流域洞庭湖水系，发源于南岭山脉都庞岭西侧海洋山近峰岭，广西兴安县白石乡，与桂江上游的漓江有灵渠相沟通，湘江东北流，贯穿湖南省东部，经衡阳、衡山、株洲、湘潭、长沙等县（市），于湖南省湘阴县樟树镇濠河口注入洞庭湖。　[4]漓水：今漓江、桂江。漓江是桂江的上游，而桂江又是西江的支流，属于珠江水系。桂江发源于广西壮族自治区兴安县华江瑶族乡越城岭主峰猫儿山东北麓，上源南流至溶江镇后与灵渠相通，灵渠以下称漓江，然后曲折南行经灵川、桂林、阳朔等县（市），至平乐县与恭城河汇合后始称桂江，又东南流经昭平、苍梧等县，至梧州市汇入西江（浔江段）。　[5]溱水：今北江。北江是珠江第二大水系，发源于江西省信丰县油山镇大茅坑，南流经广东省南雄、始兴、韶关、英德、清远等市，于佛山市三水区思贤滘（jiào）与珠江主干流西江汇合后，流入珠江三角洲网河区，主流由沙湾河道注入狮子洋经虎门注入南海。　[6]县：指都梁县，西汉置，治今湖南省武冈市东北。[7]渟：水积聚而不流动。　[8]悉：全，都。兰草：兰花。　[9]馥（fù）：香气散发。

[**点评**]

　　此段文字虽短，但将都梁山盛产兰花与得名之由清晰地阐述给读者。兰花大家并不陌生，但文中所说的"俗谓兰为都梁"，则并不一定知晓。都梁山一带的都梁香草是兰草中的珍品，自先秦以来便为人们所追捧。《水经注》记载这则信息，也在一定程度上反映了郦道元对都梁香草的喜爱。至于兰花为何在当地俗称为"都梁"，是否存在方言的因素，则有待感兴趣的学者做进一步的探究。

（涟水）控引众流，合成一溪。东入衡阳湘乡县[1]，历石鱼山下[2]，多玄石[3]，山高八十余丈，广十里，石色黑而理若云母[4]。开发一重[5]，辄有鱼形，鳞鳍首尾，宛若刻画，长数寸，鱼形备足[6]。烧之作鱼膏腥[7]，因以名之。

（涟水篇）

[注释]

[1]衡阳：郡名，三国吴置，其地原属长沙郡。治湘南县（今湖南省湘潭县西）。湘乡县：本为西汉湘南县之湘乡，东汉立为县，属零陵郡，三国吴时属衡阳郡。故城在今湖南省湘乡市。　[2]石鱼山：在今湖南省湘乡市西泉塘镇境内。　[3]玄：黑色。　[4]理：纹理。　[5]重（chóng）：量词，层。　[6]备足：俱全，完备。　[7]鱼膏：鱼脂，鱼油。腥：腥气，像鱼的气味。按，陈桥驿认为"烧之作鱼膏腥"或是郦《注》所引原始文献中的一种讹传，也或是作者的臆想（陈桥驿译注，王东补注《水经注》，中华书局2009年版，第314页）。

［**点评**］

《水经注》中记载的所谓"石鱼"，应是某沉积岩中的鱼类化石，在今湖南省湘乡市西泉塘镇境内，仍可寻获。

卷三十九

本卷记载了10条河流。洭水属珠江水系，深水、钟水、耒水、溙水、漉水、浏水、潩水等属湘江水系，而赣水属鄱阳湖水系。庐江水则今无对应河道。

《太平御览》卷三八八《人事部》引盛弘之《荆州记》曰："湘东阴山县北数十里有武阳、龙麋二山，上悉生松柏美木。龙麋山有盘石，石上有仙人迹及龙迹。传云，昔仙人游此二山，常税驾此石。又于其所，得仙人遗咏。"

溙水东北有峨山，县东北又有武阳、龙尾山[11]，并仙者羽化之处[12]。上有仙人及龙马迹[13]，于其处得遗咏[14]。虽神栖白云，属想芳流[15]，藉念泉乡[16]，遗咏在兹。览其余诵[17]，依然息远[18]，匪直邈想霞踪[19]，爱其文咏可念[20]，故端牍抽札[21]，以诠其咏[22]。其略曰[23]：

登武阳，观乐薮[24]，峨岭千蓛洋湖口[25]。命蜚螭[26]，驾白驹，临天水，心踟蹰[27]，千载后，不知如[28]。盖胜赏神乡[29]，秀情超拔矣[30]。

（洣水篇）

明严忍公刊本《水经注》载锺惺云："歌旷甚、秀甚。后四句有忧生之感，乐至悲来，便是学仙之根。"又载朱之臣云："'心踟蹰'三字，许多感憾。下十六字更不堪读。神仙亦有此恨耶？正唤醒世人耳。"

［注释］

[1] 洭水：今连江。连江属于珠江水系，是北江的支流，以发源于广东省连州市角苗岭磨面石的潭源洞水为主源，由东向西绕行，经连州市区后向东南方向曲折前行，穿过阳山县后，东南流至英德市连江口镇汇入北江。　[2] 深水：今潇水。潇水是湘江支流，发源于南岭山脉萌渚岭野猪山，湖南省蓝山县大桥瑶族乡源头村，上游及中游依次又称深水、冯河、东河、沱江，北流至道县城区，以下始称潇水，又曲折北流至永州市零陵区萍岛汇入湘江。　[3] 钟水：今春陵水。春陵水是湘江支流，发源于南岭山脉骑田岭西南侧蚊子山北麓，湖南省蓝山县湘江源瑶族乡沙子岭，上游及中游依次又称舜水、钟水，曲折北流至桂阳县马鞍坪后，以下始称春陵水，在湖南省常宁市松柏镇注入湘江。　[4] 耒（lěi）水：今耒水。耒水是湘江的第二大支流，发源于罗霄山脉万洋山南端烟竹堡，湖南省桂东县沤江镇青竹村，上游称沤江，西南流过八面山东麓后折向西流，之后逐渐西北流，此段河流依次又称东江、便江，西北流至永兴县后始称耒水，又曲折西北流至衡阳市区注入湘江。　[5] 洣（mǐ）水：今洣水。洣水是湘江支流，源出湘、赣接界上游的罗霄山脉万洋山南端，湖南省炎陵县中村瑶族乡正门里村，西北流至湖南省衡东县新塘镇洣河口注入湘江。　[6] 漉水：今渌水。渌水是湘江支流，上源称萍水，源出罗霄山脉武功山西侧，江西省宜春市水江镇，西北流至湖南省

醴陵市王仙镇双河口与澄潭江汇合后，以下始称渌水，继续西流至湖南省株洲市渌口区注入湘江。　[7]浏水：今浏阳河。浏阳河是湘江支流，上源称大溪河，发源于罗霄山脉连云山南端大围山北麓，湖南省浏阳市大围山镇千秋村，西南流至浏阳市高坪镇双江口与小溪河相会后，以下始称浏阳河，继续西南流至普迹镇后折向西北流，至长沙市城区注入湘江。　[8]潙（mì）水：今汨罗江。唯下游汇入湘水段水道与今水道稍有不同。　[9]赣水：今章水—赣江。赣江属鄱阳湖水系，是江西省最大河流，上游有章水、贡水两源，西源章水源出大庾岭北麓，江西省崇义县聂都乡夹州村竹洞坳，东北流至赣州市章贡区与贡水相会合后，以下始称赣江，然后经吉安市、新干县、南昌市，至永修县吴城镇后入鄱阳湖。　[10]庐江水：今无对应河道。　[11]县：指阴山县，西汉置，属桂阳郡，在今湖南省衡东县东南。　[12]羽化：指得道成仙。　[13]龙马：指古代传说中龙头马身的神兽。　[14]遗咏：前人所流传下来的诗歌，此处指前人游览时留下的石刻题词等。　[15]属（zhǔ）想：寄思，寄情。属，同"嘱"，依附，寄托。芳流：犹"流芳"，本义香气弥漫，比喻美名流播。　[16]藉（jí）念：顾念，顾惜。泉乡：代指仙境，犹下文中"神乡"。　[17]览其余诵：看着那些留下的诗文。　[18]息远：气息遐远，指距离那种仙境的状态还很远。　[19]匪直：不仅仅只有。邈想霞踪：遥想仙霞之踪影，指追随仙人羽化之道。　[20]文咏：诗文。可念：令人感念。　[21]端牍抽札：指准备书写材料。端，用手平直地拿。牍、札，都是用于写字的木片。　[22]诠：详细解释。　[23]略：概要，大略。　[24]乐薮：即乐薮冈，在今湖南省衡东县东南。　[25]蕤（ruí）：繁花盛开，花苞下垂的样子。洋湖口：据郦《注》前文，乐薮冈与洋湖口相邻。　[26]命：指使。蜚（fēi）螭：飞龙。蜚，同"飞"。　[27]踟蹰（chí chú）：徘徊。　[28]如：语末助词，相当于"然""焉"。　[29]胜：尽，完全。神乡：神仙之乡，比喻美景如画，似仙境一般。　[30]秀情超拔：才情出众。

[点评]

　　细品这段注文最后所引的诗歌，可以清楚地了解郦道元所表达的避世情怀。他撰著《水经注》之时正被弹劾，免职在家，其内心之挫折感可想而知。那种既想出世脱俗、远离尘嚣的超然，又想一洗蒙冤、流芳千古的不甘，在郦道元内心形成两种极为矛盾的动力，让他几乎陷入两难之境，"属想芳流，藉念泉乡"或许就是其内心的真实写照。在此种困境之下，郦道元给自己找到的解决方法便是本段最后一句"胜赏神乡，秀情超拔"。既然一时无法到达羽化成仙的状态，那么至少借由欣赏景秀山水之举，或许仍能找到通向才情超然脱俗之路吧。

　　赣水又北迳龙沙西，沙甚洁白，高峻而陁[1]，有龙形，连亘五里中[2]，旧俗九月九日升高处也[3]。

（赣水篇）

[注释]

　　[1]陁（yǐ）：形容地势倾斜的样子。　[2]连亘：绵延不断。　[3]九月九日：即重阳节。重阳节登高的节日习俗，至今犹存。

［**点评**］

　　河道水岸边的白沙本是极普通的地貌，似乎没有什么值得描述，但郦道元把赣水一处白沙的龙形轮廓冈堤、连绵五里的长度距离，以及人们每逢九九重阳节登高至此的场景结合在一起，便充满了人与自然和谐相处的画面感。在写景之时，常常提及相关的人文活动，是郦道元《水经注》的一大特点。

卷四十

浙江水[1]　斤江水[2]　江以南至日南郡二十水[3]　《禹贡》山水泽地所在[4]

浙江又东与兰溪合[5]，湖南有天柱山[6]，湖口有亭，号曰兰亭[7]，亦曰兰上里。太守王羲之、谢安兄弟[8]，数往造焉[9]。吴郡太守谢勖封兰亭侯[10]，盖取此亭以为封号也。太守王廙之移亭在水中[11]。晋司空何无忌之临郡也[12]，起亭于山椒[13]，极高尽眺矣。亭宇虽坏，基陛尚存[14]。

（浙江水篇）

此卷是《水经注》的最后一卷，在体例上与之前各卷颇为不同。除《浙江水篇》《斤江水篇》外，其后的《江以南至日南郡二十水》与《〈禹贡〉山水泽地所在》实有"附录"的性质。

对于此卷在体例上所体现出的特殊性，目前主要有两种解释：一是因《水经注》其书残缺而导致；二是认为如今看到的这两部分内容或是后人为凑足原书四十卷的篇幅而缀续的。

《太平御览》卷一九四《居处部》引王隐《晋书》："王羲之初度江，会稽有佳山水，名士多居之，与孙绰、许询、谢尚、支遁等宴集于山阴之兰亭。"

《太平御览》卷四七《地部》引孔晔《会稽记》："晋司空何元忌临郡，起亭山椒，极望岩阜，基址犹存，因号亭山。"

[注释]

[1] 浙江水：今新安江—桐江—富春江—钱塘江。新安江是钱塘江的北源，发源于皖赣交界的怀玉山脉主峰六股尖，东流至浙江省建德市梅城镇与钱塘江南源兰江相会。两江相合后，江水东北流，在桐庐县境内段称桐江。从兰江汇入以后至杭州市萧山区闻堰街道浦阳江注入以前之河段，又称富春江，闻堰街道以下始称钱塘江。自杭州以下，钱塘江的河道不断加宽，在海盐县澉浦镇长山闸与余姚、慈溪两市交界处的西三闸两闸连线以下进入杭州湾，最后在上海市浦东新区芦潮港闸与浙江省宁波市镇海区外游山的连线间注入东海。在《浙江水篇》中，由于古人对水道源头的认识与今天通行的科学判断法不同，郦道元注《水经》时认定的"浙江水"上游源头所对应的水道为今新安江。不过，今新安江下游已经成为新安江水库（千岛湖为其中一部分），而今钱塘江的正源自富春江以上依次上溯为兰江、衢江、常山港、马金溪、齐溪，而非新安江。　[2] 斤江水：今奇穷河—左江。左江是郁江的支流，属于珠江水系中的西江水系。左江以奇穷河（又作"奇穷河"）为正源，发源于越南广宁省平辽县与中国广西壮族自治区宁明县桐棉乡交界的枯隆山西北，西北流经越南谅山，与燕拉河汇合后称平而河并折向东流，于中国广西壮族自治区凭祥市平而关入境，曲折东北流，经龙州、崇左、扶绥等县（市），至南宁市宋村三江口与右江汇合，以下河段称郁江。　[3] 江以南至日南郡二十水：顾名思义，此部分河流在长江以南到日南郡的地域之间，不过二十条水中，郦道元加注的仅"侵黎水"（今明江），其余各水均只有水名，使得对应河道的考证工作几近无从着手。日南郡，汉武帝元鼎六年（前 111）置，地望在今越南中部地区。　[4]《禹贡》山水泽地所在：在此条目之下，共列出 60 处山川湖泊所处的地理位置，不少都出现在之前的《水经注》正文之

中，下有郦《注》的约占 1/3（22 条），且注文详略不一，简略者居多，较为详细的有"都野泽""流沙地（居延泽）""三危山""三潗地"等。　[5] 兰溪：今兰江，钱塘江支流。位于今浙江省兰溪市境内。　[6] 天柱山：即今香炉峰，位于浙江省绍兴市稽山门外，与大禹陵所在的会稽山相连。山势陡峻，耸入云霄。　[7] 兰亭：位于浙江省绍兴市西南兰渚山。据载这里曾是越王勾践种兰处，故而得名。此亭后因王羲之所书天下第一行书《兰亭序》而闻名。　[8] 王羲之：字逸少，东晋琅琊临沂（今山东省临沂市）人。著名书法家，有"书圣"之称，《晋书》有传。谢安兄弟：指谢安、谢石兄弟。谢安，字安石。东晋陈郡阳夏（今河南省太康县）人。谢石，字石奴。二人皆为其时名士。　[9] 造：前往，到。　[10] 谢勖（xù）：三国孙吴史家谢承之子，山阴（今浙江省绍兴市）人，曾任吴郡太守。　[11] 王廙（yì）：字世将。琅琊临沂（今山东省临沂市）人。东晋官员，曾任庐江、鄱阳二郡太守。多才多艺，擅长书法、绘画、音乐、射御、博弈、杂技等，"书圣"王羲之的叔父。　[12] 司空：古代官职。晋时为诸公之一，实为加官或赠官，仅为大臣的虚号，品秩一品。何无忌：东海郡郯县（今山东省郯城县）人。东晋将领。　[13] 山椒：山顶。　[14] 基陛：基阶，基址。

［点评］

《水经注》此段记载的"兰亭"是一处著名的名胜。"此地有崇山峻岭，茂林修竹，又有清流激湍，映带左右"（王羲之《兰亭集序》）。自然环境十分清幽。东晋永和九年（353）三月初三，王羲之与谢安、孙绰等诸多东晋名士在此修禊（xì）集会，引曲水以流觞，各自即景赋诗。王羲之撰写的《兰亭集序》记录了这一盛况。他手书的这篇序文也被后世誉为"天下第一行书"。不过兰亭今址，已非王羲之等集会的原址，而是明代嘉靖年间移建于此的，后世又有重修、扩建。

居延泽在其县故城东北[1]。《尚书》所谓流沙者也[2]。形如月生五日也[3]。弱水入流沙[4]，流沙，沙与水流行也。亦言出钟山[5]，西行极崦嵫之山[6]，在西海郡北[7]。

（《禹贡》山水泽地所在）

《山海经·海内西经》："流沙出钟山，西行，又南行昆仑之虚，西南入海，黑水之山。"郭璞注："今西海居延泽，《尚书》所谓流沙者，形如月生五日也。"

[注释]

[1]居延泽：在今内蒙古自治区额济纳旗北境。其县：指汉居延县，治所在今内蒙古自治区额济纳旗东南。　[2]流沙：此处指今我国西北沙漠地区的流动沙丘。　[3]形如月生五日：是说"居延泽"周边流动沙丘的形状好似初五日的新月。　[4]弱水：上源指今甘肃省境内的山丹河，下游即山丹河与甘州河合流后的黑河（汇入支流北大河后，称额济纳河）。　[5]钟山：即今内蒙古自治区河套北的阴山。　[6]崦（yān）嵫（zī）之山：即崦嵫山，《山海经·西山经》中有记载。在今甘肃省天水市西。　[7]西海郡：东汉末置，治所在居延县。

[点评]

此段对西北地区的沙漠景观进行了描述。"形如月生五日"，寥寥数语，便将沙丘的形状生动而形象地展现出来。时至今日，在现代地理学中，"新月形沙丘"一词依然是描述流动沙丘基本形态的专业术语。

附表 《水经·渭水注》所载河流名称古今对照表

古水名	今水名	古水名	今水名
1 河水	黄河	1.1.25 长堑谷水	二十里铺沟
1.1 渭水	渭河	1.1.26 安蒲溪水	马务沟
1.1.1 封溪水	锹峪河	1.1.27 衣谷水	海子沟
1.1.2 天马溪水	崔家河	1.1.28 冀水	大沙沟
1.1.3 广相溪水	莲峰河	1.1.29 浊谷水	小沙沟
1.1.4 伯阳谷水	秦祁河	1.1.30 温谷水	汤池河—牛谷河—散渡河
1.1.5 共谷水	科羊河	1.1.31 当里溪水	赵家沟
1.1.6 广阳水	菜子河—西河	1.1.32 讬里水	黄家沟
1.1.7 荆头川水	南河	1.1.33 渠谷水	霍家沟
1.1.8 枭水	锁峪河	1.1.34 黄土川水	琥珀沟
1.1.9 岑溪水	蓼西河	1.1.35 溪谷水	张家河沟
1.1.10 同水	曲家沟	1.1.36 赤蒿水	马家峪沟
1.1.11 过水	大咸河	1.1.37 瓦亭水 - 新阳崖水	葫芦河
1.1.12 赤亭水	大妙娥沟	1.1.37.1 黑水	筛子河—渝河
1.1.13 粟水	桦林沟	1.1.37.1.1 莫吾南川水	清流河—渝河
1.1.14 新兴川水	榜沙河	1.1.37.2 潗水	高界河
1.1.14.1 彰川	漳河	1.1.37.3 燕无水	甘渭河
1.1.14.1.1 万年川水	盐厂沟	1.1.37.4 受渠水	庄浪河
1.1.15 武城川水	山丹河	1.1.37.5 方城川	水渭沟
1.1.15.1 昌丘水	白马河	1.1.37.6 成纪水	金牛河—治平河
1.1.16 安城谷水	马河	1.1.37.7 略阳川水	北河—清水河
1.1.17 关城川水	庙峪河	1.1.37.7.1 阁水	南河
1.1.18 武阳溪水	响河沟	1.1.37.7.2 石鲁水	松树河
1.1.19 落门水	西河—大南河	1.1.37.7.3 破社谷水	王李家沟
1.1.19.1 三府谷水	马坞河	1.1.37.7.4 平相谷水	张家沟
1.1.20 土门谷水	张家沟	1.1.37.7.5 金里谷水	魏家沟
1.1.21 温谷水	聂河	1.1.37.7.6 南室水	南砌沟
1.1.22 故城溪水	龙沟	1.1.37.7.7 躔谷水	常家沟
1.1.23 闾里溪水	永宁沟	1.1.37.7.8 堙渠水	苏家峡河
1.1.24 黑水	武家河	1.1.37.7.9 白杨泉	阎家沟

古水名	今水名	古水名	今水名
1.1.37.7.10 蒲谷水	冯家沟	1.1.41.10 小鲁谷水	韩家湾沟
1.1.37.7.11 蒲谷西川	福祥沟	1.1.41.11 山谷水	平峪沟
1.1.37.7.12 龙尾溪水	莲花南沟	1.1.41.12 杨反谷水	师家崖东沟
1.1.37.7.13 渭谷水	黑峡沟	1.1.41.13 黄瓜水	南沟河
1.1.37.7.14 水洛水	水洛河	1.1.41.13.1 清溪	老猫沟
1.1.37.7.14.1 犊奴水	水洛南河	1.1.41.13.2 白水	石家沟
1.1.37.8 石宕水	寒水沟	1.1.41.13.3 大旱谷水	袁家河
1.1.37.9 虾蟆溪水	显清河	1.1.41.14 毛泉谷水	豹子沟
1.1.37.10 宜都溪水	锁子沟	1.1.41.15 濛水	罗峪河
1.1.37.11 金黑水	杜家沟—西小河	1.1.41.16 覆泉水	吕二沟
1.1.37.12 安夷川水	安业河—南清水河—南小河	1.1.41.17 阳谷水	龙王沟
1.1.37.12.1 东阳川水	范山沟—南小河	1.1.41.18 宕谷水	水家沟
1.1.37.12.1.1 何宕川水	大地河	1.1.41.19 段溪水	罗家河
1.1.37.12.1.2 罗汉水	崔家沟	1.1.42 东亭水	牛头河
1.1.37.13 大华谷水	大山沟	1.1.42.1 小祇水	涧坡沟
1.1.37.14 折里溪水	出食沟	1.1.42.2 大祇水	柳沟
1.1.37.15 六谷水	九峪沟	1.1.42.3 埋蒲水	柳林河
1.1.38 兰渠川水	寺下河	1.1.42.4 南神谷水	箭杆河
1.1.39 神涧水	曹家沟	1.1.42.5 延水	车道河
1.1.40 历泉水	佛子沟	1.1.42.6 叹沟水	太石河
1.1.41 藉水	潘家河—耤河	1.1.42.7 温谷水	汤浴河
1.1.41.1 大弁川水	艾家川河	1.1.42.8 莎谷水	石沟河
1.1.41.2 当亭水	西华沟	1.1.42.9 曲谷水	南道河
1.1.41.3 曾席水	流水沟	1.1.42.10 清水	天河—樊河
1.1.41.4 竹岭水	金家河	1.1.42.11 秦水	南河—后川河
1.1.41.5 占溪水	麻子沟	1.1.42.11.1 自亥水	直沟河
1.1.41.6 乱石溪水	芦子沟	1.1.42.11.2 松多水	北河
1.1.41.7 木门谷水	普岔沟	1.1.42.12 羌水	白驼河
1.1.41.8 罗城溪水	卫家沟	1.1.42.12.1 小羌水	黑牛湾沟
1.1.41.9 大鲁谷水	年集沟	1.1.42.12.2 东部水	谢家河

续表

古水名	今水名	古水名	今水名
1.1.42.12.3 长谷水	东沟河	1.1.63 绥阳溪水	马尾河
1.1.42.13 绵诸水	稠泥河	1.1.64 磻溪水	伐鱼河
1.1.42.13.1 长思水	石沟河	1.1.65 汧水	千河
1.1.43 泾谷水	小峡河—永川河	1.1.65.1 龙鱼水	蒲峪河
1.1.43.1 横水	大峡河	1.1.65.2 （一水）	梨林河
1.1.43.2 轩辕谷水	董水沟	1.1.66 斜水	桃川河—石头河—清水河
1.1.43.3 白城溪（水）	谢家河	1.1.67 温泉水	汤峪河—清水河
1.1.43.1.1 白娥泉水	小沟	1.1.67.1 （溪流）	见子河
1.1.44 伯阳谷水	东柯河	1.1.68 雍水	枣子河—塔寺河—雍水河—漳河—后河—漆水河
1.1.44.1 白水	南河	1.1.68.1 左阳水	马家河
1.1.45 苗谷水	毛峪河	1.1.68.2 东水	蟠桃河—纸坊河
1.1.46 伯阳东溪水	红崖河	1.1.68.2.1 返眼泉	响泉沟
1.1.47 望松水	涧沟河	1.1.68.3 邓公泉	袁家河
1.1.48 明谷水	码头河	1.1.68.4 杜水	吴家河—川口河—横水河
1.1.49 毛六溪水	庙坪沟	1.1.68.4.1 漆水	涧渠河
1.1.50 皮周谷水	北峪沟	1.1.68.4.1.1 大峦水	曹家河
1.1.51 丘谷水	太碌大沟	1.1.69 中亭川水	漆水河
1.1.52 丘谷东溪水	太碌小沟	1.1.69.1 二坑水	澄水河
1.1.53 黄杜东溪水	灰条沟	1.1.69.1.1 乡谷水	武申河
1.1.54 钳岩谷水	秦岭沟	1.1.69.2 莫水	漠西河
1.1.55 楚水	赤沙河—小水河	1.1.70 洛谷水	西骆峪河
1.1.56 扞水	清姜河	1.1.71 芒水	黑河
1.1.57 （南山五溪水之一）	瓦峪河	1.1.72 就水	崴峪河
1.1.58 （南山五溪水之二）	石坝河	1.1.72.1 黑水（三泉之一）	塔峪沟
1.1.59 （南山五溪水之三）	龙山河	1.1.72.2 黑水（三泉之二）	东观沟
1.1.60 （南山五溪水之四）	沙河	1.1.72.3 黑水（三泉之三）	闻仙沟
1.1.61 （南山五溪水之五）	茵香河	1.1.74 田溪水	田峪河
1.1.62 陈仓水	戴家沟	1.1.75 漏水	赤峪河—大耿峪河

古水名	今水名	古水名	今水名
1.1.75.1 耿谷水	大耿峪河	1.1.85 鱼池水	沙河
1.1.75.1.1 柳泉	柳泉沟	1.1.86 石川水	石川河
1.1.76 甘水	甘峪河	1.1.86.1 郑国渠	—
1.1.76.1 涝水	涝峪河	1.1.86.2 白渠枝渠	清河
1.1.76.1.1 美陂水	锦绣沟	1.1.87 戏水	戏河
1.1.77 丰水	沣峪河—沣河—沙河	1.1.88 泠水	零河
1.1.78 鄠水	漆渠河	1.1.89 酋水	酒河
1.1.79 滈水	皂河	1.1.90 西阳水	马家沟
1.1.79.1 昆明池水	—	1.1.91 东阳水	康家沟
1.1.80 霸水	蓝桥河—灞河	1.1.92 竹水	箭峪河—赤水河
1.1.80.1 浐水	流峪河—灞河	1.1.93 白渠	—
1.1.80.1.1 石门谷水	峙峪	1.1.94 小赤水（灌水）	桥峪河—遇仙河
1.1.80.1.2 轻谷水	清峪河	1.1.94.1 禹水	金堆峪河
1.1.80.1.3 铜谷水	峒峪河	1.1.94.1.1 招水	车夫峪河
1.1.80.2 浐水	辋峪河	1.1.95 沙沟水	马峪河
1.1.80.3 长水	鲸鱼沟—浐河	1.1.96 西石桥水	石堤峪河—石堤河
1.1.80.3.1 狗枷川水	浐河	1.1.97 东石桥水	罗纹河
1.1.80.3.1.1 西川	扯袍峪河—库峪河	1.1.98 敷水	罗夫河
1.1.80.3.1.2 东川	岱峪河	1.1.99 余水	甕峪河
1.1.80.3.2 温泉	江村沟	1.1.100 黄酸水	柳叶河
1.1.81 成国渠	—	1.1.101 长涧水	长涧河
1.1.82 泾水	泾河	1.1.102 洛水	北洛河
1.1.83 白渠枝渎	—	1.1.103 沙渠水	白龙涧河
1.1.84 五丈渠	—	1.1.104 泥泉水	列斜沟
1.1.84.1 清水	清峪河		

资料来源：根据李晓杰主编《水经注校笺图释·渭水流域诸篇》附录四修订改制

主要参考文献

水经（存十二卷）（汉）桑钦撰 （北魏）郦道元注 国家图书馆藏南宋刊本

水经（十五卷）（汉）桑钦撰 （北魏）郦道元注 国家图书馆藏明《永乐大典》本

水经（四十卷）（汉）桑钦撰 （北魏）郦道元注 国家图书馆藏海盐朱希祖旧藏明钞本

水经（四十卷）（汉）桑钦撰 （北魏）郦道元注 国家图书馆藏明嘉靖黄省曾刊本

水经（四十卷）（汉）桑钦撰 （北魏）郦道元注 国家图书馆藏明万历吴琯刊本

水经注笺（四十卷）（汉）桑钦撰 （北魏）郦道元注 朱谋㙔笺 国家图书馆藏明万历李长庚刊本

水经注集释订讹（四十卷）（清）沈炳巽撰 台北商务印书馆 2008年影印清乾隆文渊阁《四库全书》本

五校水经注（四十卷）（清）全祖望撰 天津图书馆藏稿本

水经注释 （清）赵一清撰　台北商务印书馆 2008 年影印清乾隆文渊阁《四库全书》本

水经注（四十卷）（清）戴震校　美国哈佛燕京学社图书馆藏乾隆三十九年武英殿聚珍本

水经注疏 （清）杨守敬纂疏 （清）熊会贞参疏　台北中华书局 1971 年《杨熊合撰水经注疏》影印本

水经注钞（六卷）（明）锺惺辑　复旦大学图书馆藏明万历四十五年刻本

水经注删（八卷）（明）朱之臣辑　国家图书馆藏明万历刻本

水经注摘抄 （清）马曰璐辑　国家图书馆藏清抄本

水经注类钞 （清）倪涛辑　清华大学图书馆藏清抄本

水经注类纂 （清）徐德培撰　国家图书馆藏清稿本

水经注写景文钞　范文澜编　朴社　1929 年版

《水经注》选注　谭家健 李知文选注　中国社会科学出版社　1989 年版

水经注选译　赵望秦 段塔丽 张艳云译注　巴蜀书社　1990 年版

水经注选　陈庆元编　福建教育出版社　1991 年版

《水经注》选评　赵永复 赵燕敏撰　上海古籍出版社　2005 年版

水经注　陈桥驿译注　王东补注　中华书局　2009 年版

水经注 （北魏）郦道元著　叶当前 曹旭注评　凤凰出版社　2011 年版

水经注掇华　黄忏华著　广陵书社　2013 年版

水经注　张伟国导读及译注　中信出版社　2016 年版

水经注全译　陈桥驿主译　山西人民出版社　1995 年版

水经注全译　（北魏）郦道元著　陈桥驿 叶光庭 叶扬译注　贵州人民出版社　2008 年版

水经注　陈桥驿 叶光庭 叶扬译　陈桥驿 王东注　中华书局　2020 年版

《水经注》研究　陈桥驿著　天津古籍出版社　1985 年版

水经注研究二集　陈桥驿著　山西人民出版社　1987 年版

郦学新论——水经注研究之三　陈桥驿著　山西人民出版社　1992 年版

水经注研究四集　陈桥驿著　杭州出版社　2003 年版

水经注校笺图释·渭水流域诸篇　李晓杰主编　复旦大学出版社　2017 年版

水经注校笺图释·汾水涑水流域诸篇　李晓杰主编　科学出版社　2020 年版

水经注校笺图释·洛水流域诸篇　李晓杰主编　科学出版社　2021 年版

古本与今本：现存《水经注》版本汇考　李晓杰等著　复旦大学出版社　2021 年版

《中华传统文化百部经典》已出版图书

书　名	解读人	出版时间
周易	余敦康	2017 年 9 月
尚书	钱宗武	2017 年 9 月
诗经（节选）	李　山	2017 年 9 月
论语	钱　逊	2017 年 9 月
孟子	梁　涛	2017 年 9 月
老子	王中江	2017 年 9 月
庄子	陈鼓应	2017 年 9 月
管子（节选）	孙中原	2017 年 9 月
孙子兵法	黄朴民	2017 年 9 月
史记（节选）	张大可	2017 年 9 月
传习录	吴　震	2018 年 11 月
墨子（节选）	姜宝昌	2018 年 12 月
韩非子（节选）	张　觉	2018 年 12 月
左传（节选）	郭　丹	2018 年 12 月
吕氏春秋（节选）	张双棣	2018 年 12 月
荀子（节选）	廖名春	2019 年 6 月
楚辞	赵逵夫	2019 年 6 月
论衡（节选）	邵毅平	2019 年 6 月
史通（节选）	王嘉川	2019 年 6 月
贞观政要	谢保成	2019 年 6 月
战国策（节选）	何　晋	2019 年 12 月
黄帝内经（节选）	柳长华	2019 年 12 月
春秋繁露（节选）	周桂钿	2019 年 12 月
九章算术	郭书春	2019 年 12 月
齐民要术（节选）	惠富平	2019 年 12 月
杜甫集（节选）	张忠纲	2019 年 12 月
韩愈集（节选）	孙昌武	2019 年 12 月
王安石集（节选）	刘成国	2019 年 12 月
西厢记	张燕瑾	2019 年 12 月

书　　名	解读人	出版时间
聊斋志异（节选）	马瑞芳	2019 年 12 月
礼记（节选）	郭齐勇	2020 年 12 月
国语（节选）	沈长云	2020 年 12 月
抱朴子（节选）	张松辉	2020 年 12 月
陶渊明集	袁行霈	2020 年 12 月
坛经	洪修平	2020 年 12 月
李白集（节选）	郁贤皓	2020 年 12 月
柳宗元集（节选）	尹占华	2020 年 12 月
辛弃疾集（节选）	王兆鹏	2020 年 12 月
本草纲目（节选）	张瑞贤	2020 年 12 月
曲律	叶长海	2020 年 12 月
孝经	汪受宽	2021 年 6 月
淮南子（节选）	陈　静	2021 年 6 月
太平经（节选）	罗　炽	2021 年 6 月
曹操集	刘运好	2021 年 6 月
世说新语（节选）	王能宪	2021 年 6 月
欧阳修集（节选）	洪本健	2021 年 6 月
梦溪笔谈（节选）	张富祥	2021 年 6 月
牡丹亭	周育德	2021 年 6 月
日知录（节选）	黄　珅	2021 年 6 月
儒林外史（节选）	李汉秋	2021 年 6 月
商君书	蒋重跃	2022 年 6 月
新书	方向东	2022 年 6 月
伤寒论	刘力红	2022 年 6 月
水经注（节选）	李晓杰	2022 年 6 月
王维集（节选）	陈铁民	2022 年 6 月
元好问集（节选）	狄宝心	2022 年 6 月
赵氏孤儿	董上德	2022 年 6 月
王祯农书（节选）	孙显斌	2022 年 6 月
三国演义（节选）	关四平	2022 年 6 月
文史通义（节选）	陈其泰	2022 年 6 月